中國文化史

杜正勝 主編

王健文 陳弱水 劉靜貞

邱仲麟 李孝悌 著

三民書局

四版說明

　　本書自初版以來即深受讀者喜愛，書中提及的衣、食、住、行、經濟、教育、哲思、宗教等中國文化內涵皆與今日關連密切，而能引起讀者的好奇與探索。

　　書中針對不同領域的研究主題，延請專家學者重點講述各時期的發展，形成一部時序完整的中國文化史，希望深化基礎教育的內容，並著重歷史思考。相對於通史的講述方式，本書更偏重探討歷史事件對生活產生了什麼影響？以及從中衍生出哪些中國特有的文化？每章最後的「研究與討論」為開放式回答，希望讀者在看過各章內容後，能夠與歷史對話，得到一些反思。

　　本次改版除了重新校對內文，考量現代人的閱讀習慣改變，因此加大文字與排列的間距，減少視覺壓力，使文章更容易閱讀。另一方面，也希望透過此次改版，將歷久彌新的知識，以全新面貌推薦給讀者。由衷希望各位能夠享受閱讀帶來的充實感與純粹的快樂，進而認識到中國文化的魅力。

編輯部謹識

主編修訂三版序

　　為什麼要學中國文化史？問這個問題之先，其實要問兩個先決問題，一是為什麼要學歷史，二是為什麼要學中國史。第一個問題是對所有歷史學家和所有歷史教學者的大挑戰，可以有林林總總的解答，有的從知識的性質，有的從人格的成長，有的從現實的功用，有的從人生的理想來立說，我們在這裡無法一一申述，不過有一點是可以肯定的，地球上的生物只有人類有歷史意識，而且能記錄或建構自己的歷史，也可以說，歷史是證實人之所以為人的根本道理之一，所以生而為人，尤其是要做一個有知識的人，都應該學歷史。

　　歷史雖然是過去的事，但距離你我絕不遙遠，反而是很切近的；規範你我現在生命的客觀環境，以及影響你我前途的一些可能因素，很大的成分都要從歷史去探求才說得清楚。也可以說，我們的生命和生活其實是和歷史息息相關的，不信嗎？小至一人的言語思想，生活起居，大至國家社會的命脈，為什麼你我與美國人、日本人不同，為什麼我們的國家和瑞士、捷克不同，這都要從歷史去求得解釋。我們不是在宣揚過時的歷史決定論，不過像歷史這種看似不急之務但卻又與我們的前途息息相關的學問，輕忽它的重要性是不智的。一國之人如果都能培養歷史意識，有了歷史覺醒，了解我們的國家社會怎麼來的，也多少知道我們該往什麼路上走，這樣激發出來的生命力，其影響所及，當不限於國家總生產力而已。

　　年輕人處於這個時代和社會總難免有些迷惘，甚至失落。直到現在，國家定位的問題，意見仍然分歧，臺灣的中華民國作為主權獨立的國家，仍然沒有獲得國際的正視。過去這些年臺灣在政治民主化、經濟國際化、思想自由化和社會公平化，已交出不錯的成績單，然而她面對的一個最棘手的問題是與中國的不穩定關係。臺海能不能維持和平，中國的政治有沒有可能民主、自由，對臺灣人都是切身的利害，尤其對旭日方昇的年輕人不可能不引起關注。不是嗎？戰爭或和平，死於沙場或開創事業，是絕對不同的人生，面對這些問題，個人憑著自己的判斷，也會有不同的人生規劃。中國古人說：「知己知彼，百戰百勝。」當臺海兩岸緊張狀態尚未解除或緩和時，站在臺灣的立場，都有認識中國的必要。歷史即是其中的一條重要管道，我們沒有理由不去了解中國過去的歷史和文化，因為它與我們現實利害實在太切近了。何況從大的文化體系來說，大部分的臺灣文化也多屬於中國文化的範疇，研讀中國文化史也是一條了解自己的好途徑。從這些角度來說，即使官方不規定「中國文化史」為必修課程，稍有知識之人也應該知道探索中國文化的重要意義。

　　文化涵蓋的範圍甚廣，吃飯穿衣是文化，哲理玄思是文化，藝術創作也是文化，每人側重點不同，所謂中國文化史自然也有好多面向；本書基於以上的考慮，希望能幫助年輕人，提供他們一些思索自己命運的參考資料，故比較重視中國人在怎樣的政治社會型態中過生活。讀者也許能從這當中學到一些歷史教訓，進而了解中國文化的本質。全書正文從古到今分為四篇，分別由王健文（第一篇古代）、陳弱水（第二篇中古）、劉靜貞和邱仲麟（第三篇近世）以及李孝悌（第四篇近現代）執筆。五位作者與我經

過多次充分的溝通討論，基本上對幾千年來中國文化的發展有一個比較清晰的理路，把中國文化的特質放在時空脈絡中作適切的勾勒。我們盡量以淺近的文筆來表達，希望能獲得年輕人的共鳴。如果年輕朋友能細心體會，當能發現本書的一些特色，正文之處，即使每章所附的研究與討論，我們也都一再斟酌，希望能啟發讀者對時空環境的反省。

　　撰寫中國文化史，我們是初次的嘗試，本書難免有取捨失中之處，我們懇請專家學者和教師同學不吝批評指正。

杜正勝　再版謹記

民國九十三年四月

中國文化史

第三篇　近世──新傳統的成立

第四篇　近現代──新舊文化的交替

導　言

　　中國是一個廣土眾民、歷史悠久、文物豐富的國家，幾千年來中國人不論在產業技術、行為倫理、統治方式、文藝創作，或人生指引等方面都有特殊的創造，這些都構成所謂「中國文化」的一部分，其中有不少是對人類社會具有正面意義的。

　　「文化」是什麼？恐怕是一個言人人殊的問題。但我們可以確定的，吃米飯是一種文化，和吃麵包不同；使用筷子是一種文化，和使用刀叉不同。衣服是一種文化，衣著不拋頭露面和袒胸露腹是截然不同的穿衣文化。推而廣之，複雜緊密和簡單疏遠的親屬關係也是不同的文化，如英語世界的 uncle，中國人則有伯父、叔父、堂伯、堂叔、舅父、姑父、姨父等等之分，連帶的互相對待的行為準則以及權利義務關係也都有所不同。人民擁有比較高度自由自主的國家當然和獨裁專制的國家不同，這是政治文化的不同。再看精神層面，祭祀的儀式、崇拜的對象，和相關的義理，其間種種差異即是文化的不同。

　　文化的內容雖然林林總總，但終歸於生活方式，用筷子吃米飯，親戚朋友層層疊疊的人際網路，在以皇帝為首的中央集權政府之下過生活，政治雖專制，但宗教信仰卻擁有相當的自由，這些生活方式便是中國文化。一般人不會特意察覺自己「文化」的存在，只有在與不同民族、不同文化接觸時，才感受到。尤其是自己這套生活方式不能適應外來文化衝擊時，更容易激起對自己文化的反省，中國近現代面臨的新情勢就是最顯著的例子，於是

不斷有人追問什麼是「中國文化」？過去發生的「東西文化論戰」，我們看到不少人還企圖以一兩個簡單的概念，來囊括時空極其廣袤，內容極其複雜的中國文化，也有人不斷地想努力改造中國文化或維護中國文化，結果都不太容易達到目的，這是什麼緣故呢？如果我們能從歷史去考察，也許會得到一些答案。

　　因此，我們這本《中國文化史》不想捲入過去那些抽象的爭論，只想順著時間的軌跡，告訴大家中國文化是歷史發展的具體存在，它有本質性的、比較少變的成分，也有因時代情境而損益的部分。孔子說過：「殷因於夏禮，所損益可知也；周因於殷禮，所損益可知也；其後繼周者，雖百世亦可知也。」把他說的「禮」，改成「文化」，是再恰當不過的。在西潮衝擊下的中國文化，不是你想讓她「全盤西化」，她就全盤西化起來，也不是你想擋住浪潮，她的傳統就能維持得住。文化問題還是脫離不了孔子說的因革損益，那些可損，那些應益，我們在浪潮中的人不可能完全沒有選擇權，完全被動，讀歷史多少可以培養一點選擇的眼光，對日後文化的發展或許可以發揮一點導引作用。

　　從文化發展的觀點看，我將過去所說中國幾千年的歷史粗略地分成兩段，前一段稱作「古典」，大約在西元前 2500 年到西元前 500 年；後一段稱作「傳統」，大約在西元前 200 年到西元二十世紀。兩段之間隔著一個轉型期，約有三百年之久。所謂古典期，基本上符合傳統歷史所說的五帝和夏商周三代，而傳統期即是秦漢以下帝制王朝的時代。這兩期的時間大致相當，各有兩千來年，再加上中間的過渡，就湊成我們常說的五千年中華文化。當然今日考古學還能告訴我們早於古典期的各類型和各個階段的文化，我們如果以中國地區人類開始過定居的村落生活算起，這段時間

至少也有四、五千年，可以稱作「原始期」。原始期的社會組合是村落，古典期開始有國家，以城為中心連同附近的村落，我們稱作城邦，傳統期則是統一的帝國。所以我們站在「現代」回顧過去將近萬年的中國史，最簡單的歷史分期法便是西元前2500年以前的「原始農莊」，西元前2500～500年前的「古典邦國」和最後這兩千年的「傳統帝國」。

　　不過一般講歷史總是詳近而略遠，本書也不例外。本書把中國文化的發展分作四篇，第一篇古代包括上面說的原始和古典兩大段落，還有傳統的初期。中國歷史文化經歷幾次根本性的轉型，如開始過村落定居生活的「新石器革命」，開始出現國家的「城市革命」，以及開始形成中央政府集權體制的帝國，都在本書的古代篇內完成。中國文化最根本的質素，如禮的規範、家族倫常、帝制政府、小農戶的基礎社會以及超自然信仰也都可以在本篇找到答案。

　　西元前第三個千紀中期從村落轉為國家，西元前第一個千紀後半期從城邦轉為帝國，這兩次轉變基本上是以中國社會內部的動力為主，但到西元第三世紀，轉變的動力則有相當大的外來成分。外來民族加入中國的社會與政治，外來思想、學說、信仰滲入中國各階層的人心，外來文物與生活風尚傳染到中國社會各角落。西元第三世紀到第九世紀這六百年的中古時代為本書第二篇，從長距離的文化角度來觀察，是中國自古典以來長期定型的本土文化，受到外來文化影響所產生的文化大革新，中國文化加添許多新成分，尤其佛教剃頭跣足（而非如原來的衣冠禮樂）、出家解脫（而非如原來的家族綿延）、禮佛不拜帝（而非如原來的皇帝至尊），還有輪迴、地獄的死後世界觀等等，都和中國原來的文化極

不相同，但卻能並存下來。總之，中古文化更加多元化了。

　　歷史上不同時代的文化層層相因，前代對後代多少總有一些影響，一般來說，時代鄰近者影響深，時代懸隔者影響淺。譬如現代中國人的起居，使用桌子，坐用椅子，這是宋代以來才形成的新文化，所以我們今日不能適應孔子、杜甫席地而坐的生活方式了。大家也知道現在臺灣教育最大的病根是升學主義和文憑主義作祟，用傳統的話說就是重視科舉功名。科舉雖然起於隋代，但閉錮人的思想則是宋代以後的事。本書第三篇的近世從宋到清朝盛世，大約在西元 900～1800 年，屬於中國傳統兩千年的後期，與我們現代的關係更為密切，而和中古以前的傳統有較大的差別，可以稱作「新傳統」。新傳統文化的特色帶有濃厚的士人性和庶民性。科舉考試製造一個堅固的士大夫階層，他們是社會中堅，也佔據整個官僚體制，在皇帝意旨之下與皇帝「共治天下」。而人們在開放的新型城市享受多彩多姿的休閒生活，儒家道德透過各種休閒媒介如說書、戲曲而深入人心。

　　中國近世九百年社會階層並不僵化，上下階層的流動相當頻繁，人民的活動力也很出色，但在中央集權政府的專制格局中，求知識的唯一出路是做官，整個文化是比較缺乏創造力的。到了十九世紀，這個古老帝國的舊文化面對西方大力衝擊時，便暴露種種的不調適，借用一句俗話：屋漏偏逢連夜雨，中國人過去這一百五十年手忙腳亂的窘相，幾乎是本書第四篇近現代的最佳寫照。中國從世界中心變成「遠東」，中國文化從輝煌文明變成貧弱愚的「野蠻」，中國人從睥睨四周小國到處處不如人，不能不說是天旋地轉的大變化。這一百多年來，中國人一步步喪失過去的自信，但也一步步在尋找新的立足點，摸索一種新的文化──也就

是一種新的生活方式。

　　有一派看法，把文化視同生命體，也會經歷生、老、病、死的過程。就中國的歷史來看，中國文化曾經衰微過，但不曾滅亡。無可諱言的，現在的中國人正趕上中國文化退潮的流水，一味美化中國文化，即使別有苦心，恐怕也難免「色厲而內荏」的流弊。中國人應該客觀面對事實，才是健康的態度。對待文化的態度，終歸還是孔子那句老話，因革損益，中國文化既有第一次文化大革新的經驗，也應該有能力吸收近現代外來的文化，加以消化，而注入傳統文化之中。這是就整個中國文化而言，但對於進入二十一世紀住在臺灣的人們來說，對中國文化或許還有另外一份更複雜的心情，讀者諸君，你到底抱著什麼樣的心情呢？請先看看我們這本《中國文化史》再說吧。

第一篇　古代

古典與傳統的
文化原型

總　　論

　　本篇橫跨幾千年，是觀察中國社會群體結構與型態變遷的好樣本，首先是新石器革命後，農業生產方式及定居農作所形成的農村聚落，一方面反映了生產力的提昇，另方面也使得人類的文化創造加速發展，人類文明的第一道曙光開始照耀。

　　其次，距今四、五千年前，更複雜的人群結構出現，社會分化益為深刻，統治者以祀天祭神的禮器為象徵，構築城郭溝池以守衛，並建構一套尊卑上下，秩序井然的社會倫常，作為社會綱紀。國家出現了，但這時的國家仍非後世廣土眾民概念下的國家，而是以小國寡民的城邦為基礎，城邦之上再以一套封建體制連繫天下秩序。

　　最後，在社會經濟大變動的衝擊下，禮壞樂崩，君子小人陵夷，編戶齊民取代宗族成為國家的社會基礎，郡縣體制取代封國采邑，成為國家的政治機制。大一統的帝國時代開啟了，從秦始皇滅六國，統一天下，到二十世紀初清皇朝遜位，足足延續了兩千一百年。

　　大一統帝國的建立，及華夏中心的族群觀念，其實都是在這段歷史的尾端，也就是距今約二千多年前才逐漸成形。但是因為這兩種觀念的長久持續存在，也往往讓我們對中國歷史文化的多元起源和發展，欠缺完整的認識。也因此對各種不同的族群與文化，欠缺尊重與理解。

第一章
早期中國文明的發展

第一節　中國文化起源的幾種說法

傳播論與西來說

中國是世界著稱的古文明國，不但時間綿延長久，而且持續發展。兩千多年來，我們把所知的世界稱為「天下」；自認為居於天下的中心，謂之「中國」；皇帝則是天的兒子，承受天命，調理人間秩序，稱為「天子」。如果從傳說中的黃帝算起，過去我們說中國有五千年悠久且燦爛的歷史文化，同時以為中國之外的四夷，大抵皆未開化的蠻族。

這樣的自信與驕傲，至少持續了近兩千年，然而在一百多年前鴉片戰爭所開啟的西方列強入侵後，中國長期處於積弱不振，卑屈挨打的局面。帝國主義者對中國予取予求，中國在戰亂與貧窮下，民族自信心備受挫折，轉而崇尚西方。

二十世紀初，瑞典地質學家安特生 (J. G. Andersson) 在河南澠池縣仰韶村發現彩陶，引起世界考古學家的興趣。在此之前，彩陶出現於中亞，分布頗廣。當時西方學界盛行文化傳播論，仰韶村所發現的彩陶，屬彩陶文化的晚期，而安特生後來在甘肅一帶發現較仰韶原始、又較中亞進步的彩陶，於是仰韶彩陶文化自西方傳來的假說似乎鐵證如山。

除了彩陶外，舉凡農業、畜牧、鑄銅，各個文化部門都有類似的論調。這樣的「中國文化西來說」，在科學的證據和西方學者的偏見，甚至是中國人在長久的屈辱後所衍生的自卑崇洋心理下，乃喧騰一時，成為流行的見解。

西來說辨正

中國文化西來說之所以能在民國初年成為顯學，除了心理因素外，根本的理由是中國考古學在當時還是一片空白，無法據以建構自主的學術研究，而必須接受當時比較先進的西方學說。但是隨著中國本身考古學的逐漸進展，西來說乃成為明日黃花。

1950 年代，考古學家發現西安半坡村的彩陶文化遺址，年代大約在西元前 4000 餘年，比起安特生所估計仰韶文化的西元前 2000 年左右早得多了。學者又發現中原仰韶文化疊壓在甘肅仰韶文化之下，彩陶自西方經甘肅傳入中原的基本假設於是推翻。

學者又根據逐漸豐碩的考古資料，糾正其他文化範疇西來說的偏見。如農業方面，北方小米，南方稻米，是中國新石器時代的主要作物。西亞首先栽培成功的小麥在中國較晚出，也不是大眾的主要糧食。又如畜牧方面，中國早期的家畜以豬為主，與西亞山羊不同。再者，中國最早出土的青銅器為殷商的安陽遺址，其製作之精美，也曾令人質疑不能憑空產生，當是外地傳入。但是後來考古發現證實，在安陽之前，中國本土早有淵源甚早且長期發展的青銅文化。

各種文化之間的相互傳播與影響，隨著人與人、空間與空間的交流是必然的事。但是早期因考古成績貧乏而產生的文化一元傳播理論，顯然經不起逐漸出土之證據的檢驗，文化起源的多元

論是現在比較可信的學說。

仰韶文化與龍山文化

中國文化既是本土自發，那麼在中國自身，是一元，還是多元呢？

1930 年代，考古學家在山東歷城縣龍山鎮城子崖發現異於仰韶彩陶文化的黑陶，史前文化似乎可以區分為西方的彩陶文化與東方的黑陶文化。這兩種文化之間的關係，學者議論不一，較早的觀點以為龍山與仰韶為東西二元文化，二者各自的發展，在河南省的北部碰頭。

但是自 1950 年代起，學者開始質疑東西二元論，並推測仰韶與龍山是兩個前後相繼，而非分布不同的同時文化。尤其一位學者提出所謂「龍山文化形成期」的假說，認為中原文化的核心區在渭水流域、晉南、豫西，即仰韶文化區，後來，西部的彩陶文化向東伸展到中國東部大平原與東南丘陵河谷地區。而文化擴張是因為中原人口的壓力，與農耕技術的進步，使得中原文化自核心地區向東部人口稀少但適合農耕的地帶，在短暫期間內快速擴張。

對這樣的假說，學者又有質疑。有人以為人口壓力說無有力證據，快速擴張說又不合邏輯；有人則認為該說過於偏重龍山文化形成期各地文化的共同性，卻忽略了其歧異處。如果從相異處觀察，可以發現各地所發掘的新石器文化，皆有其特色存在，不是一元傳播理論可以解釋的。

多元的文化起源

前面所討論的，基本上是圍繞著黃河流域早期文化發展的爭

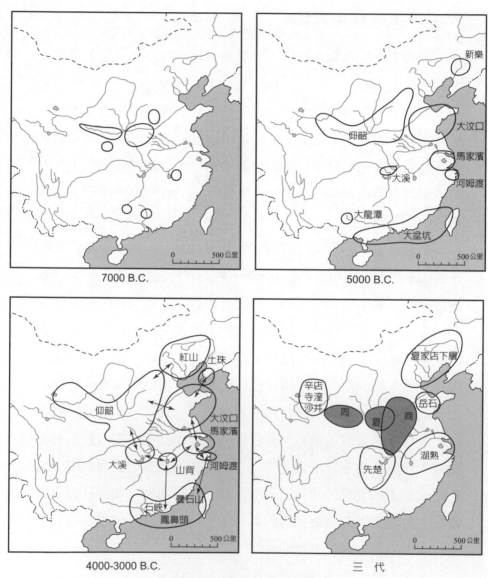

圖1-1　中國古代文化圈

議，愈來愈多的考古發掘證明，不只在黃河流域具有多元並立的文化源頭，在黃河流域之外也有各具特色的早期文化。如長江中游的屈家嶺文化和長江下游的河姆渡文化，都以水稻耕作而有別於黃河流域的小米為主要農作形態。而河姆渡文化和許多南方地區的木構干欄式建築，也是為了適應當地多雨潮濕、瘴癘蛇蟲的特殊自然環境所發展出來的，與黃河流域地面或半地穴的住屋大異其趣。

中國新石器時代文化的討論，在民國以來，大抵可分為四個階段，從中國文化西來說，到東西二元對立，經「仰韶」、「龍山」相繼，再到多元並立。經過了漫長而曲折的學術議論，今天考古學家一般認為中國早期文化可分為六大區；即以燕山南北、長城地帶為重心的北方；以山東為中心的東方；以關中、晉南、豫西為中心的中原；以環太湖為中心的東南部；以環洞庭湖與四川盆地為中心的西南部；以鄱陽湖——珠江三角洲一線為中軸的南方。這些地區各有自己的傳統，但亦互相影響，所以中國文化起源多元說是現階段比較具有說服力的觀點。

第二節　新石器革命與原始農村聚落

新石器革命

遠古人類歷史，若依使用工具的材質，大致可以分為：石器時代、青銅時代、鐵器時代。距今約一萬多年前之前為舊石器時代；大約四千年前到一萬年前為新石器時代；四千年前到二千年前，即傳統所說的夏、商、周三代為青銅時代；東周以後開始使

用鐵器。

　　舊石器時代人類使用極其簡陋的打製石器，只能從事漁獵採集生活，終日栖栖遑遑求生存之不暇，談不上有什麼有意義的文化活動，數十萬年間文化的進展極為緩慢。大約在一萬年前，人類普遍地經歷一次文化的大變革，以磨製較精緻的新石器為工具，開始農業生產，出現農村聚落，考古學家稱之為「新石器革命」。從新石器革命開始，人類走上了真正文化的開端。這樣的變化，在中國至少發生在距今八千多年前。

　　所謂「新石器革命」，最初的界說當然是以石器的製作技術為依歸，從打製石器的舊石器時代，走到了磨製石器的新石器時代。但是新石器革命的意義卻不僅於此，而在於人類從依賴自然界攫取食物為生，到主動地利用自然界的資源來創造食物。同時因為生產力的提昇，也帶動了不同的人群組織型態，發展了嶄新的文化表現。

　　在舊石器時代，人類以漁獵採集為生產手段，食糧來源不穩定，單位面積所能養活的人口很少，人群組織大致停留在不出三十人的游群階段。但是新石器時代出現了農業與畜牧兩種新型態的經濟生產方式，將天然植物的種子加以人工的播種、培育；把野生的動物加以馴服、飼養。這種新的生產方式，改變了人與自然的關係，使人類從依賴自然食物的寄生者，轉變成食物的培育者及生產者，減輕了人類對自然食物的依賴，提供比較可靠的保障，人類於是才有餘裕從事其他的文化活動。

　　人類進入新石器時代，文化發展的步伐比以前快速。定居的農業生活，產生了長期而穩定的人群聚落，使得群居生活日趨複雜；文字和藝術也在此時出現，從此可以用抽象的符號表示具體

的事物，使人與人之間溝通的管道擴大而且深入。人類從此不再僅僅面對自然資源爭取生存，也必須面對自己所創造的環境，學習與同類相處，迎接新的挑戰。

半坡、姜寨所見的原始聚落遺址

河南新鄭裴李崗和河北武安磁山發現的遺址，距今約八千年，是目前所知較早的新石器文化遺址。遺址中有房基、窖坑、陶窯與墓地，遺物有農業生產工具、粟及家畜骨骼，可說是典型的農村了。但是考古發現更具規模的新石器時代農村遺址，在約晚一千多年的半坡和姜寨，可以讓我們進一步地重建原始農村的基本型態。

距今將近七千年前，在今天西安市郊，滻河邊臺地上的半坡村，曾經有著這麼一個聚落：分居住區、墓地和製陶區三部分。居住區中心為一大型的近方形房屋，大房子北面有數十座中小型房基，這些房基的建成時間雖稍有先後，分布也並不規則，但大

圖 1–2　半坡出土的人面魚紋彩陶盆

體朝南，形成了一個面向大房子的不規則半月形。圍繞著居住區有寬深各五、六公尺的壕溝。壕溝之北的公共墓地，有百餘座成人墓葬。壕溝東面是製陶工場。

　　在今天陝西省臨潼縣的姜寨，發現比半坡更為完整的聚落遺址，年代與半坡相彷。整個聚落同樣分居住區、製陶區和墓地三部分。居住區中心為一面積較大的廣場，廣場四周地勢較高，有五組建築群。每組建築群以一大型房屋為主體，大房子附近分布著中小型住屋，共百餘座。所有房屋的門皆面向中心廣場。居住區周圍，挖有兩條寬、深約兩公尺的壕溝。溝外東北及東南部有三片公共墓地，有一百多座成人墓。主要窯場在居住區兩面臨河岸邊，整個村落略呈橢圓形。

　　半坡與姜寨的聚落遺址，其空間格局雖不盡相同，但都呈現了有意識的安排。如墓地和窯場基本上在居住區及其外圍的壕溝之外，成人葬於公共墓地，兒童或與成人同葬，或以甕棺葬於居住區周遭。壕溝圍繞著居住區顯然是作為防衛之用，居住區的大房子和中小房基的對應關係，似乎暗示著一種人群組織的形式；尤其姜寨的五組建築群又面向著中心廣場，似乎是五種人群組織單位結合為一聚落。究竟那是如有些學者所言，幾個氏族集聚的部落居址，而大房子是氏族公共會所？或者中小房基為一家庭的居住單位？我們不敢肯定地論斷，但無疑地，至少在八千年前，黃河流域已有相當於村落規模，出現有秩序的社會組織。

聚落規模與住屋格局

　　半坡聚落推估全部住屋二百餘座，每座若居住二至四人，全村人口約在五、六百人之間。姜寨遺址發現房基約一百二十座，

圖 1-3　姜寨原始村落復原圖

推算大小房子容納的人口，大約五百人左右。兩個聚落都已是規模不小的大型農莊。多數年代相近的北方仰韶文化遺址的聚落建築格局大抵相近，形狀或圓或方，有的半地穴，有的地面建築。以一座半坡中型大小的半地穴方形房子為例，其面積大概二十平方公尺，凹入地下不及一公尺，用坑壁作牆，上架屋頂。門道斜狹長，僅容一人出入，門檻是矮小的隔牆，可以防止雨水倒灌。門檻內有個火塘。屋內立柱，四壁地面的木椽傾斜交結於中柱上，椽間填塞茅草與枝葉。地板與牆壁皆塗抹草泥土，屋頂蓋茅草或塗草拌泥土，但柱頂附近有孔隙以排煙通風。

　　若以半坡居住區中央的大房子而言，估計面積可達一百六十平方公尺，約為前述中型房屋的八倍大。考古學家的復原圖顯示，該屋呈長方形，進門為一大間，後面隔為三小間。有人以為這已呈現出「前堂後室」的基本格局，前堂也許是公共議事或祭典舉行的廳堂，後面三室或為氏族長的居室。空間區分利用是否如此，有待進一步研究，但大房子本身體現了社會組織中公共事務的進行空間，應當是沒有疑義的。

　　前面所說的都是北方仰韶文化的居住遺址，但是在氣候潮濕的南方則又不同。以河姆渡文化遺址為代表，我們可以看到迥然不同的住屋形制。由於鄰近沼澤，地面潮濕，乃營建干欄式房屋，將居住面抬高。以其中一座長條形建築為例，寬面超過二十公尺，進深約七公尺，門口還有一公尺餘的前廊。地板高出地面將近一公尺，柱高超過兩公尺半。人居高架的地板上，可免潮濕瘴癘與蟲害。這樣的居住方式，普遍存在於廣大的南方地區。

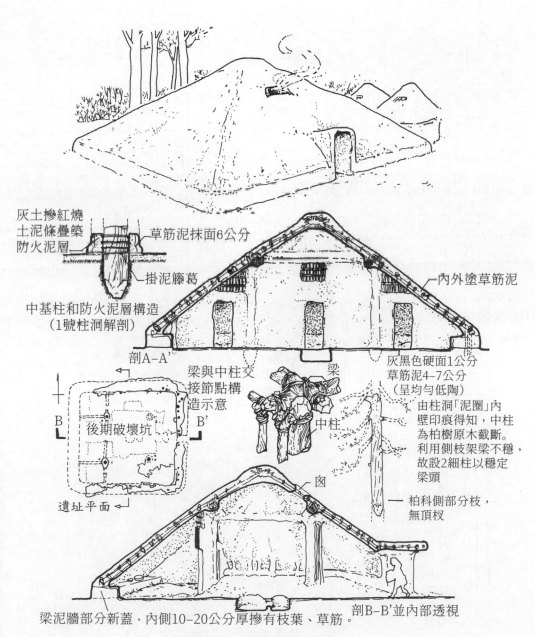

灰土摻紅燒
土泥條疊築
防火泥層

草筋泥抹面6公分

掛泥藤葛

中基柱和防火泥層構造
（1號柱洞解剖）

剖A-A'

內外塗草筋泥

灰黑色硬面1公分
草筋泥4-7公分
（呈均勻低陶）

梁與中柱交
接節點構
造示意

梁

中柱

後期破壞坑

遺址平面←

囱

由柱洞「泥圈」內
壁印痕得知，中柱
為柏樹原木截斷。
利用側枝架梁不穩，
故設2細柱以穩定
梁頭

柏科側部分枝，
無頂杈

梁泥牆部分新蓋，內側10-20公分厚摻有枝葉、草筋。

剖B-B'並內部透視

圖1-4　半坡大方屋復原圖

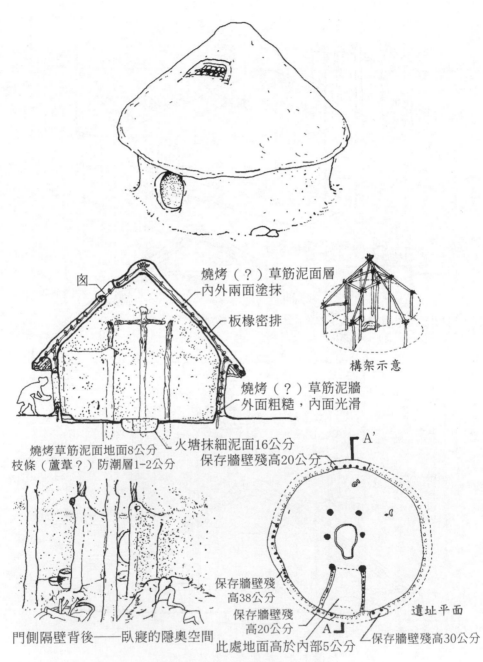

燒烤（？）草筋泥面層
內外兩面塗抹

板椽密排

囱

燒烤（？）草筋泥牆
外面粗糙，內面光滑

構架示意

燒烤草筋泥面地面8公分
枝條（蘆葦？）防潮層1-2公分

火塘抹細泥面16公分
保存牆壁殘高20公分

A'

門側隔壁背後——臥寢的隱奧空間

保存牆壁殘
高38公分

保存牆壁殘
高20公分

此處地面高於內部5公分

A

遺址平面

保存牆壁殘高30公分

圖1-5　半坡圓形小屋復原圖

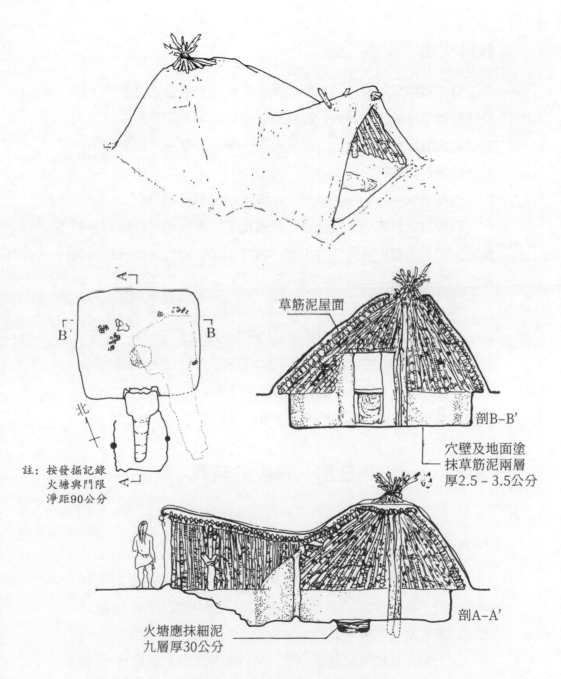

草筋泥屋面

剖B–B'

穴壁及地面塗
抹草筋泥兩層
厚2.5－3.5公分

剖A–A'

註：按發掘記錄
火塘與門限
淨距90公分

北

火塘應抹細泥
九層厚30公分

圖1–6　半坡方形小屋復原圖

經濟生產

　　新石器時代的文化遺址既然多座落在濱河的臺地或丘陵，當時的經濟生活除了農耕外，漁獵與採集仍為輔助的生產手段。大抵早期漁獵所佔的比重大，愈到晚期，農業愈進步，漁獵所佔比重乃逐漸減輕。

　　包括半坡在內的黃河流域文化遺址中，普遍發現有小米窖藏。而以河姆渡為代表的長江流域文化遺址中，卻以稻米種植為主要農耕作物。大體而言，北方小米，南方稻米，食的文化分這兩大系統，在七、八千年前已經確立。

　　華北黃土高原被溝谷切割，長江中下游河流湖泊縱橫，使得中國早期文化因而缺乏開闊的牧場，中國古代畜養的不是牛、羊等食草動物，而以豬為主，或許與此有關。以豬為主的家畜飼養，與小米、稻米的農耕，共同形成中國本部古代「食米吃肉」的文化，有異於塞外乃至於歐洲草原地帶，而形成了獨特的飲食文化圈。

第三節　傳說的時代

炎黃子孫

　　大家從小都這麼學著：「中國有五千年悠久燦爛的文化，我們都是炎黃子孫。」這是古典傳說最根深柢固於中國人心中的認識，這樣的說法又是怎麼來的呢？

　　五千年，是根據司馬遷《史記》有關黃帝的記載推算而得的約數。傳說中黃帝是少典氏的兒子，炎帝是他的親兄弟。當神農

氏衰微之時，諸侯相征伐，尤其以蚩尤最稱殘暴，而炎帝則侵陵諸侯，於是黃帝分別戰勝炎帝、蚩尤，代神農氏而為天子。

　　司馬遷的《史記》記事始於黃帝，自然說明了黃帝是中國歷史上的一個重大里程碑。據說所有重要的文化都在黃帝時出現了。黃帝的妻子嫘祖教人養蠶吐絲，製作衣裳；黃帝的大臣倉頡發明文字，不再結繩記事；羲和等人占測日月星氣，容成藉以制定曆法；雍父作杵臼；胲作駕牛，相土乘馬；……黃帝幾乎是所有文化的始祖，於是華夏民族便自稱為黃帝子孫，或者，把傳說中黃帝的兄弟炎帝也算上，稱作「炎黃子孫」。

傳說的解讀方式

　　真實的歷史可能在如此短暫的時期內，擁有這麼燦爛的文化創造嗎？炎帝真的是黃帝的親兄弟嗎？我們真是炎黃子孫嗎？

　　讓我們先來看看有關炎帝、黃帝的另一則傳說。在遙遠的過去，少典氏娶了有蟜氏，生黃帝、炎帝，黃帝、炎帝分別在姬水和姜水長大，所以一個姓姬，一個姓姜。黃帝有二十五個兒子，得到姓的有十四人，分別為十二種不同的姓，其中只有兩個與黃帝同姓姬。

　　這樣的一則傳說是不是讓大家看得一頭霧水呢?今天的理解，少典氏和有蟜氏是炎帝、黃帝的父母，但是兄弟二人卻分別是兩姓。黃帝的兒子更有十二姓之別，甚而只有二子與父親同姓。還有，有十一個不得姓的兒子又是怎麼回事？

　　要解讀這一段離奇錯亂的傳說，首先必須認識「姓」與「氏」的古典義，其次必須知道傳說的特殊「說故事」方式。「姓」、「氏」的涵意兼具親緣團體的族稱，同時也是統治階層的專利兩

種意義。先秦時貴族有姓，平民無姓，正反映了這個現象。而傳說中的「人名」卻不是單一個人的名字，而是族群的代稱。不管是少典氏、有蟜氏、黃帝、炎帝，還是黃帝的二十五個兒子，都當作如是觀。所以，這段傳說所反映的歷史是：少典與有蟜兩個族群相互通婚，發展出了炎帝與黃帝兩個新的族群，分別以姬水和姜水為活動區域。在長期的繁衍分化後，黃帝族群又發展出二十五個新的族群，其中十四個族群，各有發展，分別為十二姓，但另外十一個族群也許沒落了，不知所終，無從追究其「姓」。

　　古典傳說往往以象徵的手法隱喻真實歷史，不能由字面意思了解。炎帝既非黃帝的親兄弟，同樣地，黃帝作為文化的開端，是傳說將歷史壓縮凍結在特定時間段落中，把一切文化的創造歸諸黃帝，彷彿天地一聲雷，雲開乍現，世界就這麼成了。

羲皇上人

　　真實的歷史當然是經過了長久的發展，才逐漸地出現了各種文化的要素。傳說中在黃帝之前，也就是中國文化的早期雛型，是羲皇上人的時代。如果黃帝代表的是社會組織進入較複雜的部落聯盟的階段，黃帝以前就是單純的氏族社會，或至少是社會階層尚未明顯分化的階段。也就是古人所謂「安居自得，與麋鹿共處，耕而食，織而衣，無有相害之心，至德之隆」的時代。

　　在這個更早的階段，傳說中，燧人氏鑽燧取火，以化腥臊；有巢氏構木為巢，以避禽獸蟲蛇之害；伏羲氏作結繩而為罔罟，用來打漁田獵；神農氏斲木為耜，揉木為耒，教民稼穡。這些傳說中的古帝王，是否真有其人，不必多作追究，但是傳說所反映的，是遠古社會發展的幾個不同階段，從懂得用火，到建築屋舍，

乃至於漁獵、農耕兩種不同生產方式的變遷。

堯舜禪讓

從黃帝開始，是傳說中的五帝時代。五帝的說法起於戰國時代的陰陽五行學說，歷來有各種不同的人選與排列次序。我們從小學習的「黃帝、顓頊、帝嚳、堯、舜」只是其中的一種，出自司馬遷的歷史敘事。而關於堯舜的事蹟最為後人傳誦的，則是禪讓天下之事。

堯舜禪讓，今人懷疑原是古代部落聯盟推舉共主的制度痕跡，並不是像儒家所說那般聖德的表現。其實早在先秦百家爭鳴的時代，就有種種對堯舜禪讓的異說。如道家對堯舜乃至於其他的讓王傳說極盡嘲諷之能事，對他們而言，禪讓只是統治者玩弄權力的把戲，而且涉入政治只會扭曲人的本性，沒什麼值得歌頌的。韓非一則認為禪讓背離「君臣之義」，破壞了安定的政治秩序；二則從歷史演化的觀點，認為古之天子生活甚為勞苦，無利可圖，根本沒人想當天子，禪讓只是把手中的燙山芋扔出，也不是什麼了不起的事。

先秦各家對堯舜禪讓的異說，往往站在自己的基本學說立論，未必有當於古史真相。但是各家都認定堯舜禪讓的前提，進而各抒己見，禪讓之事，似非子虛烏有。一般而言，禪讓反映的是古代某種傳位制度，而非只是特定聖王的特殊表現，這是今天比較多學者採取的論點。

大禹傳說的歷史意義

禪讓作為一種傳位制度，在傳說中與傳子制度形成強烈的對

比。而堯傳舜，舜傳禹，禹卻傳給了他的兒子啟，中國歷史也在禹的時代劃下了重大的界標。禹最重要的歷史業績是治平洪水，而洪荒之後也標識了文化另一個階段的開始。孟子說，洪水治平後，人們才得以安居；然後后稷教人耕種，使人不虞飢渴；契教以人倫，於是人類的文化再一次的燦爛成熟了。而這一切都是以禹的治水為契機。

在傳說中禹又是中國第一個王朝的開創者，這又表現在禹開始樹立了傳子的家天下的新局面。從禪讓的「公天下」到傳子的「家天下」，現代史家的詮釋是由部落聯盟的推舉制轉變到統治地位由特定家族繼承，換言之，禹所建立的夏王朝象徵著中國古代政治社會史的一大里程碑──「國家」出現了。

研究與討論

1. 文化有本土創發的，也有外來傳播的，本土與外來有的會融合，有的產生衝突，臺灣是多種文化交會之地，請就生活中食、衣、住、行、娛樂各方面，各舉出一些具體事例，說明哪些是臺灣本地的文化特色？哪些是自中國大陸帶來？哪些是日本風情？哪些是受西方的影響？並由此思考文化傳播、融合或衝突的各種問題。

2. 農業與定居生活帶來了「新石器革命」，改變了人類文化型態。從農業到工商業，從鄉村到都市，則是近現代史的重大變遷。試討論這樣的變遷對人類文化是否也造成一些衝擊？表現在哪些方面？

第二章
古典時代的禮制與倫理

第一節　從村落到國家

大同與小康

　　《禮記‧禮運》篇中記載了孔子和學生言偃的一段對話，孔子追述遙遠的大同時代，緬懷那「老年人得以安養終老，壯年人能施展才能，幼童能得到培育，鰥夫、寡婦、孤兒、老而無子及殘障疾病的人都能得到奉養」的理想境界。大同時代之後，則是夏商周三代聖王的小康時代，雖不及大同世之完美，卻也是今天難以企及的黃金年代。而小康世的特色則是：「人人各自親敬自己的父母親，各自愛撫自己的子女，各自私有貨財，努力工作是為了自己打算。統治者有的兄終弟及，有的父死子繼。圍起城郭、外繞護城河以守衛。又制定禮義作為紀綱，以禮義來端正君臣，篤愛父子，和睦兄弟，諧和夫婦，設立制度，規範田地里居，尊禮勇者智者，酬賞有功於自己的人。」

　　關於「大同世」與「小康世」的描述，向來多以為那不過是孔子理想的抒發，不是歷史的真實呈現，但是就我們對古代社會政治史的認識來看，那正好揭示了從村落到國家的兩個不同歷史發展階段。而「小康世」所透露國家形成的要素，大體有以下四點：

　　一、「家」成為社會的基本單位。

二、社會權力分化後，出現明顯的統治階層，統治權由固定
　　的家姓世襲。

三、聚落出現城池，即古典文獻中的「國」。

四、確立維繫社會政治秩序的禮，作為社會階級的規範。

國家的出現

「新石器革命」是文明的第一次大躍進，讓人類由近於禽獸
似的本能生活，與處於生存線上的戰鬥，提昇為有更複雜的文化
創造，並形成了較複雜的人群聚落，經營社會生活。人口愈集中，
社會分化愈深刻，於是有明確的階級劃分，有人從生產行列中分
離出來，不事勞動，以管理公共事務為職業，而接受生產勞動者
的供養。就身分而言，這是統治階層；就社會結構而言，這是政
府。孟子所謂：「勞心者治人，勞力者治於人；治於人者食人，治
人者食於人。」是對這種社會結構最貼切的說明。

這又是個戰爭的時代，統治階層往往構築城邑以自衛，並以
城邑的空間區隔，有的住城外，有的居城內，身分地位有所區別。
城邑同時也是歷史學者藉以界定國家出現的重要指標。若以距今
三千餘年，商代的鄭州城為例，夯土牆周長將近七公里，平均底
寬約二十公尺、頂寬約五公尺、高約十公尺。以當時的勞動條件，
即使動用萬名工人，也須費時數年才能完成。這麼龐大的工程，
包括設計、測量、取土、運土，以至版築夯實，不但需要相當成
熟的行政組織以指揮大批人員，更需要相對的剩餘糧食以養活築
城的勞力。所以城邑的出現，標識著資源集中、人力控制和行政
組織的複雜化。少數人壟斷大量生產資源，並且發展出一套組織
以駕馭人力，正是構成國家的重要條件。

早期城邑與國家的發展

　　鄭州商城的規模，和秦漢帝國以後的一般縣城大致相仿，不是最早的城邑典型。目前所知比較早期的城邑雛型，可以河南登封告成鎮的王城崗和河南淮陽的平糧臺兩座古城為代表。

　　王城崗古城分東城與西城，略呈正方形，兩城並立，西城東垣即東城西垣。從現存殘牆遺蹟推估，每邊城牆長約一百公尺。平糧臺古城東西、南北各長約一百八十五公尺，現存城牆頂部寬八～十公尺，底部十三公尺，殘高三公尺餘。

　　這兩座古城的年代都早過鄭州商城，王城崗大約在西元前2400年或稍晚，平糧臺約在西元前2300年。這樣的年代有著什麼意義呢？前面提到，在傳說中小康世起於夏禹之時，而古籍嘗謂：「禹都陽城」，清代學者即推斷陽城在今告成鎮。古籍又云：「鯀作城」，傳說中鯀築隄以堙洪水，隄防和城牆的建築原理相同，也暗示著鯀是築城的先驅者，而鯀又是傳說中禹的父親。考古城址與傳統地望契合，有的學者以為已經找到夏禹建都的故城。不過古史傳說渺遠，王城崗古城是否夏禹故都尚難定論，但仍可作為古代國家形成的雛型代表。平糧臺古城的規模已顯著超過王城崗，但代表什麼程度的國家，現在都還不容易說清楚。

第二節　禮制的世界

　　從村落到國家，是自八千年前「新石器革命」以來另一次重大的變革，有的學者稱之為「城市革命」，大約發生在距今四千年前，傳說中的夏代或稍早的堯舜時代。此後約兩千年，也就是夏、

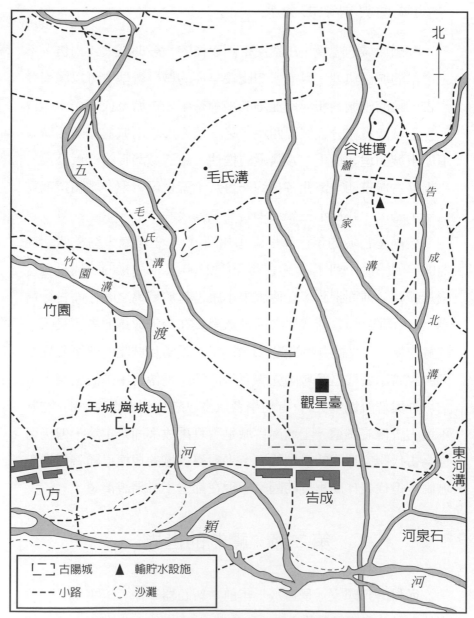

圖 2-1 登封告成王城崗遺址及東周陽城位置圖

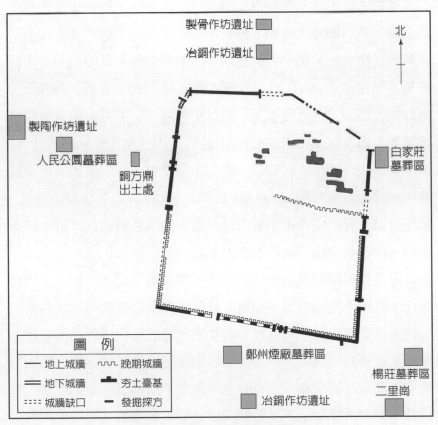

圖 2-2 鄭州商城遺址位置圖

商、周三代,「城邦」扮演了極重要的角色。這個階段,在考古學上稱作「青銅時代」。青銅製作的禮器和兵器成為國家的象徵。

禮器的出現

　　從考古出土的玉器和青銅器,可以讓我們了解社會貴賤分化的事實。新石器時代晚期,分布在長江三角洲,經太湖流域至杭州灣的良渚文化,出土了大量精美的隨葬玉器,其中最引人注目的是玉璧和玉琮。古代禮書曾經這麼描寫:「用玉作成六種禮器,來敬禮天地四方,蒼璧禮天,而黃琮禮地。」於是有學者解釋良渚隨葬玉器含有祭祀天地的作用。也有人因為玉琮形制內圓外方,而連繫古人天圓地方的觀念,認為琮是貫通天地的法器。良渚遺址中同時還發現有類似「神徽」文飾的玉器,與類似權杖的玉鉞。這些禮器性質的玉器出土於部分古墓,顯示通過宗教祭祀,禮天敬神,部分人取得了統治的權力。

　　更重要的禮器是這時代的表徵:青銅器。從距今約三千六百年前,在河南西部的二里頭遺址發現了青銅鑄造的禮器與兵器。二里頭遺址年代與活動區域,與文獻傳述的夏代接近。但是從二里頭到許多商代遺址,都出土了鑄銅作坊與象徵統治權力的大型宮室相鄰存在的現象,這也許說明了自早期國家形成期以來,青銅就由政府所控制了。當時的統治者用青銅鑄造兵器以對內執行統治,對外抵禦敵人;鑄造禮器崇神祭祖,表徵特別的身分。

　　中國青銅時代的生產工具仍舊由石、木、角、骨等原料來製造,青銅並未使農業生產工具發生本質性的改變,所以中國古代國家的起源,顯然也不宜由生產技術的革命來理解。從考古資料所呈現的統治階級之茁壯來看,可能是戰爭征服之餘,少數人運

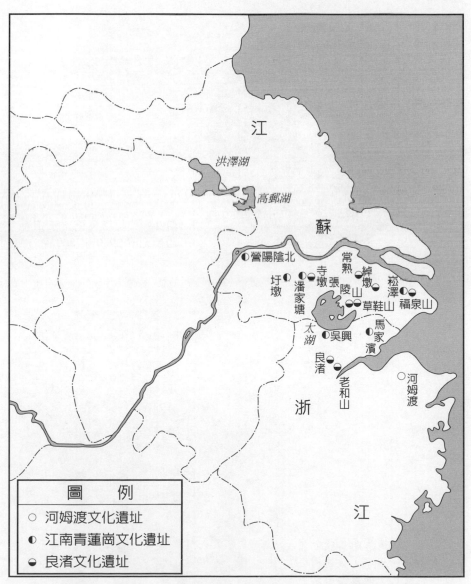

圖 2-3　河姆渡、青蓮崗文化、良渚文化出土玉器遺址分布圖

圖2-4　良渚文化出土玉璧
約西元前2900～2200年

圖2-5　西周前期鳥紋方鼎
銘文共三十五字，敘述周公
攻伐位於山東的幾個國家，
回到周代皇室宗廟祭祀，以
告成功

用祭祀與軍政的優勢，壟斷大部分資源的結果。也就是說，中原國家的形成，社會性重於經濟性與工具性。

絕地天通

　　禮器之所以能夠成為政治權力的象徵，與古人的宗教信仰形式有關，這從一則著名的古典神話中可以看出。據說在最初的時候，民神不雜，神人之間仰賴著巫覡作為上下連繫的媒介。但是後來南方的九黎擾亂了這個秩序，人人自行祭祀神祇，使得神人混雜，褻瀆神聖。傳說中的古帝王顓頊乃命重黎二人，斷絕天地的通路，讓神人兩個世界再次分離。這個神話反映了兩個觀念，第一，古人相信有神、人兩個不同的世界，其中神的世界位階較高，神可以來指導人世的運作。第二，神的旨意不是人人可得而知，必須由特定的角色來傳達，這種角色，由巫覡或王者承擔。換言之，誰能夠掌握溝通神人的奧秘，誰就在人世間得到領導地位。而玉或青銅禮器，正是禮天敬神的工具或媒介。

禮義以為紀

　　禮器作為神人溝通的工具，是由統治者所壟斷的。而政治社會秩序的規範，則稱為「禮」。國家社會形成的前提，必須在人群中建立角色的分化，有君臣，有父子，有夫婦，有長幼，再以禮來規範各種不同角色的相對待之道。每個不同角色在

圖 2-6　良渚文化出土玉琮　年代約西元前 2500～2000 年

整體社會政治秩序中有其分位，也各有相應於其身分所當行之禮。

身分無形，必須要靠著有形的媒介才能體現，這種媒介即習稱「禮器」。禮器之別於一般器物，不止於物質的昂貴，更重要的是藉以表徵社會價值，標識個人的身分與階級。尤其在封建時代，規範封建紀律的禮器儀物，幾乎任何器物都有等差次序，反映使用者之階級身分意義。因不同身分之貴賤尊卑，而在器物的使用上，有多少、大小、高下、文飾與樸素之別。禮的根本意義即在以器物運用的區別，在生活實踐中不斷地肯定每個人身分角色的差別，「別」是其基本精神。而身分的分別，則在生活的排場與享用中具體表現出來。荀子說：「君子既得其養，又好其別。」用「養」（享用）和「別」（身分等差）這兩個概念說禮，正好說明了禮的政治社會意涵。個人因其階級身分而有不同的「養」，人人遵循階級秩序，完成他的本分，便能維繫政治社會秩序。

第三節　家族與倫常

孟子所謂「千乘之國，百乘之家」，「乘」是車輛的單位，一個「家」可以擁有百輛馬車，而且可以和「國」並稱，這裡的「家」，顯然和今天以父母子女所組成的小型親緣團體有所不同。簡單地說，先秦的「家」是以大夫以上的貴族所主導，兼具戰鬥、行政、祭祀與財產等多項功能的共同體，「家」是個政治單位，其實質內涵恰如由諸侯所主導的「國」。這樣的政治單位，既不同於現代家庭的概念，也與現代「國家」概念有所出入，但它是以家庭為核心骨架，而具有政治社會功能的組織型態。因此，要了解封建時代的「國」、「家」，還必須從當時的家族結構與運作來觀察。

說家族

以古代禮書的記載看，家由共祖的三代所組成，家的成員有同居共財的權利與義務。家之外，共高祖的血親及其配偶，上下九代，則構成族的範圍。家、族有別，在春秋以前，族才是社會的基本單位。

前述的家族界線，基本上是所謂「小宗」的內涵。在封建時代，以一套宗法制度來建立族的結構。「宗」的本義即祭拜祖先的廟，會祭於同一宗廟的親族成員是同宗的宗族。但「宗」又有大小宗之別，凡祭祀能上及天子或首先接受封邑的諸侯卿大夫者，稱「大宗」，大宗的宗廟應該永遠存在，作為宗族世世代代成員凝聚的中心；相對於大宗的祖廟稱「小宗」，小宗的成員經過五代，因為時間久遠而彼此疏遠，不再是同族的成員。

宗法制度必須放在周初東進武裝殖民的過程中，才能了解其真實內涵。在周人向東發展的過程中，分封子弟到廣大的新領土中，天子分封諸侯，諸侯分封卿大夫，而卿大夫一級，即前述可以主導 「家」 這麼個政治體的層次。諸侯的 「國」，卿大夫的「家」，都可以建立宗廟，永遠奉祀其受封之始祖，即前述之大宗。但是東進發展到一定程度，不再能夠無限制分封領邑，於是未能受封的族人，自己不能有宗廟，而且附屬在大宗之下。

周代宗法的特色在於使人不「數典忘祖」，提醒周之子孫，族群的根源要追溯至周王，所以尊祖、敬宗、收族三者相互為用。因為尊崇始祖，所以敬重宗族領袖，又藉著宗廟與宗族活動來搏聚宗族成員。有大事，同宗族的子孫聚集於祖廟，共同祭祀，祭祀完畢，宴飲合歡。男子加冠，男女婚嫁，族人有喪，則相互通

告，致賀或舉哀服喪。這是封建時代聯繫族人情感與向心力的具體表現，其實一直到千百年後的傳統中國，宗族之間的聚合，雖然在細節有別，但精神上仍是一貫的。

家、國、天下

「禮」是政治社會的紀綱，而古典時代有一種特殊的政治社會秩序觀念，那就是以「家」為核心，漸次擴大到「國」、「天下」的同心圓結構。在一定的程度上，「國」和「天下」，是以「家」作原型而擴大的，由於宗法制度一以貫之，「家」的精神乃貫穿於各級政治秩序之中，成為各級政治秩序的基型。孟子所說：「天下的根本在國，國的根本在家，家的根本在個人。」〈大學〉「修身、齊家、治國、平天下」的連續性理念，也都是在這樣的社會環境下孕育而生。

但是，家、國、天下的貫通，卻也使家與國、天下之間糾纏不清，尤其到了秦漢帝國時代之後，更是突顯。《孝經》中說：「資於事父以事君。」把父子親恩與君臣之義混為一談。漢代初期，蕭何說：「天子以四海為家。」竇嬰說：「天下者，高祖天下，父子相傳。」把屬於公共領域的國和天下，透過家的結構，轉化為私人領域的私產，也轉化為私人領域的運作形式，為中國傳統的政治思想，留下了難以澄清的疑難。這樣的問題，也混淆家族倫理與公共倫理的分際。

家族倫理與公共倫理的衝突困境

春秋時代的一個小國國君葉公曾經很得意地告訴孔子，他的境內有個正直的人，父親偷羊，兒子卻證實了父親的罪行。孔子

不以為然，他說，所謂正直，應該是「父為子隱，子為父隱」。也就是父子互相迴護，而非「大義滅親」。

孟子的學生桃應向老師提出個假設性的問題：舜作為天子，皋陶擔任打擊不法的職務，若舜的父親瞽叟殺人，舜應該怎麼辦？

這個問題和一、兩百年前的孔子所面對者是類似的價值衝突，也就是作為兒子對父親的孝道，與維護公共秩序的法律正義之間，無法兩全時，應該如何抉擇。我們看到，不管是春秋中晚期的孔子，還是戰國中期的孟子，都選擇了父子親情為優先的價值。其中，孟子所面臨的困境尤甚，因為舜不只是個在公共秩序中遵循法治原則的一般人民，他還承擔了推動並且執行法律正義的職責。因此孟子以為舜應當放棄天子的職位，脫離了天子的身分，回到單純的兒子身分，再帶著父親逃到一個王法所不及的地方。換言之，孟子已經不像孔子那樣，簡單地在這兩種衝突的價值中作出選擇，而是必須要在照顧父子親情的同時，迴避對公共秩序所可能產生的衝擊。這也許反映了孟子感受到法律正義的地位，儘管還不能超越家族倫理的孝道，卻也是不能輕易放棄的重大價值。

葉公和桃應代表的是在舊的封建宗法體制崩壞的時代，新的公共倫理對舊有家族倫理價值的挑戰。戰國晚年的韓非更指出，家族倫理，尤其是孝道，不是一個明智的統治者應該提倡的，因為它和忠君的倫理可能恰恰背反。從這些不同主張當中，正好讓我們觀察到時代變遷的軌跡。禮壞樂崩，新的政治體制，與新的社會基礎逐漸取代了舊有的封建秩序，人們所崇尚的倫理價值跟著鬆動。法律正義層面的公共道德，最後被歸結到忠君一環，而忠孝之間的糾葛，國與家之間，集體與個體之間的牽涉與抉擇，始終是中國傳統歷史中的永恆課題。

研究與討論

1. 從村落到國家，表徵了明確政治權力的出現。古人有時候說：「天高皇帝遠」；「日出而作，日入而息，帝力於我何有哉！」現代卻有人說：「政治是無所不在的，你不去管它，它卻來管你。」你覺得政治和現代國家的國民究竟存在怎樣的關係？在我們的生活當中，哪些地方會受到政治的影響？現代國民對政治持有怎樣的態度才合理呢？

2. 傳統有些格言說：「忠臣必出於孝子之門」；「忠孝若不能兩全，則移孝作忠。」也有說：「覆巢之下無完卵，沒有國哪有家。」但孔子和孟子卻說要以孝道為重。你覺得哪一種說法對呢？忠和孝，國和家，國家興亡和個人幸福的關聯如何呢？

第三章
禮壞樂崩──古典時代的沒落

第一節　高岸為谷・深谷為陵
──春秋戰國的鉅變

從一次大地震談起

　　西元前 780 年，陝西渭河流域，也就是周王朝的發源地，發生大地震。大夫伯陽父預言周將滅亡，他從過去歷史的經驗判斷，伊水、洛水枯竭而夏亡，河水枯竭而商亡，山崩川竭，正是國家滅亡的前兆。果然，就在那一年，河川乾枯，岐山崩頹，不久之後，王室陵夷，平王東遷，自此諸侯力征，彊併弱，眾暴寡，西周初年所建立的封建體制開始鬆動而搖搖欲墜了。

　　兩百多年後，春秋晚期的一位史官曾引述《詩經》中對這場大地震的描述：因為山崩川竭，使得「高岸為谷，深谷為陵」，來譬喻封建解紐而導致政治社會各階層天翻地覆的狀態，並說明當時「社稷無常奉，君臣無常位」的現象。

禮壞樂崩

　　西周時周天子仍有力量干預諸侯國之事，但自西周晚期以降，天子威權旁落，封建貴族間彼此爭奪權益之事屢見不鮮。春秋初期，鄭國向周王公然挑戰，射傷周王。七十年後，鄭國囚禁周大

夫伯服，另一位大夫富辰勸周王忍氣吞聲，因為周王室的東遷，
事實上是仰賴著晉國與鄭國的扶持，鄭國是得罪不得的。這些事
實，正開啟了「禮樂征伐自諸侯出」的霸政時代。

　　另一方面，封建禮制是維繫周代政治社會秩序的基本框架，
自天子至於庶人，在祭祀、喪葬、飲食等生活的各層面，都有嚴
格的等級區分。從考古墓葬資料看來，直到春秋中期，西周中期
以來所形成的反映階級身分的禮器、秩序逐漸混亂，貴族僭越，
平民模仿貴族，而原來象徵身分的禮器也逐漸由代表財富的珍貴
用品與日用品所取代，這一切都顯示出由貴賤之別到貧富之分的
社會價值觀念之轉變。

　　先秦儒家慨歎禮壞樂崩，使得君不君、臣不臣、父不父、子
不子。從平王東遷到秦滅六國，統一天下，戰亂連年，強凌弱，
眾暴寡，臣弒其君，子弒其父者所在多有，諸侯亡國而社稷不保。
不過五百年光景，由邦國林立，至於天下一統。學者稱這是中國
史上的一大變局。

初稅畝

　　禮壞樂崩又不只在社會階層秩序的動搖，更表現在經濟生活、
社會基礎、思想文化各方面的變革。春秋中期的「初稅畝」是觀
察經濟變遷的重要里程碑。

　　過去一般說周代施行井田制度，所謂井田，八家各有私田百
畝，又共耕公田百畝，九百畝為一「井」字，私田收穫歸自己所
有，公田收穫則歸領主所有。當時是否真有如此精密規劃的田制，
學者多表懷疑，但是一般農民以助耕的形式，將公田穫繳交領主，
在周代是存在的。

相對於助法的稅制，據說夏代行貢法。貢法是制定稅率的常數，不論凶年豐歲，每年繳納固定數額的收成。若是豐收倒還罷了，碰到凶年饑饉，卻還是要繳交同樣的稅額，未免是凌虐百姓了。《春秋》經中記載了在西元前 594 年「初稅畝」之事，當代史家譏為非禮。所謂非禮，其實就是違反傳統藉民之力助耕公田，私田不再出稅的舊制，而在承受公田之收穫後，更對私田另徵新稅，加重農民負擔。

「稅畝」新制，基本上是統治者為了增加收入，對農民加緊剝削的手段，類似的作法還有在封疆的「關」，城中的「市」，對行商坐賈，往來貨賄徵收商稅。換言之，「稅畝」是新增的土地稅，「關市之徵」則是新增的商稅。新增的稅收可以供統治者建築華麗宮室，享用奢侈品，也是對外征戰的軍費來源。

新稅制的出現，從另一個角度看，也反映了社會上一些新興現象。以商稅而言，封建時代的采邑、農莊自給自足，工商交易的現象並不普遍。但是當商旅往來天下，各種生產的交換成為勃興的社會事物時，統治者的目光總是不會放過。同樣地，當人們離開故里，向外開墾新的農地，耕地範圍擴大時，舊有的助法不見得能在這些新開發的地區順利實施，這時，計算耕地面積，釐定稅率，對統治者來說最為便捷。事實上，這種新的賦稅方式與孟子所批評的貢法在形式上是相近的。助耕與稅畝，基本上是適應兩種不同社會型態的稅制，但當田地以畝數計稅，脫離了封建時代領主與農民的人身連繫關係，使得土地私有化與商品化成為可能。換言之，稅畝制度源於封建鬆動之後的新社會條件，但它同時促使封建的崩壞加速進行。

商鞅變法的歷史意義

　　從春秋中期稅畝制度所反映的經濟變遷，加上禮制的崩壞，宗法親族關係日漸淡薄，工商活動逐漸繁興，到戰國時代，造就了一個與封建時代迥然有別的新社會。戰國時代列國紛紛進用改革家執政，建立新制度，即所謂的變法。其中，西元前 360 年開始，商鞅在秦國的改革，提供了很好的典型。

　　商鞅變法，首先改革秦俗，其次擴大而普遍施行郡縣制，以便加強中央（國君）的權力，相對的削減了封建貴族的力量。又以戰功為得官與升遷的唯一途徑，無軍功者，雖宗室亦不得有秩爵，即使富有，也不能享受榮華。而舊日之庶人，只要有軍功，即可拜官受爵。於是貴賤之分，不再根據出身的高低，而由軍功來決定。這是當時社會制度的一大變動，也是對舊有宗室貴族的重大打擊。新興貴族亦因俸祿制度的改變，不再擁有土地、人民，只能是君王所僱傭的官僚，不復有舊日貴族的地位，政權遂集中在國君之手。

　　商鞅變法的內涵及其精神，事實上與當時其他的改革者並無二致，而在這樣的改革中，舊日貴族的地位不斷被削弱，相對地，國君威權日漸高漲。因此，幾乎無一例外，主持變法的改革家，與舊有當道的宗法封建貴族每每形成對立，吳起在楚，商鞅在秦，最後都遭到宗室大臣勢力的反撲而身亡。但是在君王的支持下，在時代潮流的推移下，列國還是一步步地迎向新的局面，在社會經濟的基礎上，完成了體制的改造。

　　從經濟、社會、政治各個層面，這個時代都處於急劇的變動當中，社會國家機制的各個範疇也各有調整，那麼，身處此千古大變

局中的士人，他們又如何思索時代的新問題，提出什麼答案呢？

第二節 百家爭鳴的時代

戰國時代變法的改革家與反對勢力之間的辯論，常常集中在「法古」與「變古」兩種不同的態度上。不管是「法古」還是「變古」，其實都是對現實情境的不滿，只是雙方的社會改革藍圖不同，前者希望能回歸美好的過去，後者則希望迎向光明的未來。就在這個時代急劇變動，思想家各有改革藍圖的時刻中，過去的價值體系受到衝擊，思想解放了。

從王官學到百家學

百家爭鳴，百花齊放，是封建時代瓦解，禮壞樂崩以來的新景象。舊的世界觀解體，思想上失去了大家共同接受的規範，諸子馳騁異說，但是他們多半相信還有個最高的原理「道」的存在，只是許多人迷失了方向，未能認知真正的「道」。荀子說：「萬物只是『道』的一部分，一物只是萬物的一部分，那愚昧的人只知道一物的一部分，卻自以為了解『道』，真是無知啊！」而對種種異說的流行，莊子形容那是「道術為天下裂」，用現代的話來說，瞎子摸象，各得其一偏，卻無從認知其全貌。

所謂「道術分裂」，在學術史的脈絡是從「王官學」到「百家學」的轉變。封建時代最主要的知識範疇在於以禮樂規範人世秩序，而禮樂是貴族的專利，有關禮樂的典冊也是貴族和其王官系統所獨有，換言之，一切的知識都在「王官」的壟斷之中。在舊時代中，治人者的貴族與治於人者的平民各安其分，禮樂傳統能

夠有效地調理政治社會秩序，因此，最多只是人們對禮制遵守程度或多或少的差別，卻難得見到對禮樂秩序的根本挑戰。但在封建崩潰之時，知識逐漸下及民間，私家可以各有主張，而這燦爛多元的秩序藍圖就形成了百家之言互競長短的局面。

用世思想

　　百家雖各持異說，但是其基本關懷都在建構新的人間秩序。有的嚮往三代聖王之制，以堯舜及夏商周三王為張本，又聚集在周代的舊有封建秩序上，這是儒家。有的同樣推崇堯舜三王，但是選擇刻苦自勵的夏道為學習對象，這是墨家。有的鄙夷三代的權力政治，遙想伏羲、神農的自然無為，追求人的純真生命，這是道家。有的認為時移世變，古聖王不足法，因應新時代，主張尊君卑臣，依法而治，建立更嚴密的政治社會體系，這是法家。緬懷過去，不見得是保守；追向未來，也未必是激進，因為這些不同的態度，都是對現實的反映。整體而言，先秦諸子最終目的多要淑世，唯提出的主張有別而已。

個體與群體

　　先秦諸子的改造方案，往往表現在對個人、社會、國家，乃至於天下之間的構想。換言之，即對人間秩序的不同安排。

　　孟子曾說：「天下之言，不歸楊，則歸墨。」楊指的是楊朱，也就是據說「拔一毛利天下而不為」的那位思想家。墨是摩頂放踵，勞碌奔波，主張兼愛、非攻、節用的墨子。孟子認為楊朱強調個人，忽視君臣倫理；墨子則主張兼愛而漠視父子之親。一個「無君」，一個「無父」，如同「禽獸」一般。因此，孟子以聖人

之徒自任，以排拒楊墨「邪說」，捍衛孔子之道為職志。

　　孟子用「禽獸」一詞來批判楊墨，可以見得他和楊墨思想之間勢如水火，非去之而後快。《韓非子》的〈顯學〉篇說儒墨是當時的顯學，但楊朱在先秦古典中卻難得一見，何以孟子將他與墨家相提並論，作為兩大思想論敵呢？若由思想內涵觀察，楊朱重視個人生命的自由舒展，反對因為外在政治社會秩序的干預而傷害了生命的本然純真，基本上是當時道家或隱者的思路，他們所嚮往的是羲皇上人時的自然無為時代。而墨家主張兼愛，破除人間因宗族倫理所樹立的藩籬，打破宗族的界線，以求建立超乎宗族之上的集體意識。墨者集團的紀律嚴明，可說是最好的說明。

　　換言之，楊朱主張個體的自由與解放，墨子則強調集體的新秩序，恰好是在個人與集體光譜的兩端。從楊朱的一端，排除了君臣倫理所建構的政治秩序；而墨子的一端，則取消了宗族倫理所支撐的社會秩序。而這兩者，恰是對儒家倫理核心「父子之親」、「君臣之義」的最大挑戰。

　　春秋戰國以來，國君威權的日漸高漲是歷史的潮流，戰國列國的變法改革，正是要將這種趨勢在制度上落實。有人要強化政治體制的功能，推尊統治者的地位；相對的，有另一些人卻主張要削減，甚至要解消政治機制的運作。這方面，除了道家強調個體解放之外，以許行為代表的農家主張打破統治者與生產者的社會分工，統治者必須與人民並耕而食。許行代表對政府機能日益昇高的反動。

　　但是，封建瓦解，貴族階層的式微，畢竟不能帶來普通人民的徹底解放，而是另一個統治機制取代了舊有的封建領主。沒有了世家大族強大貴族的牽制，國君威權更是如日中天，君王與人

民之間的距離愈為懸隔。為這個新時代完成思想奠基與制度落實的，是所謂的法家。

先秦諸子各自提出了用世方案後，還必須尋求國君的支持，才有實踐的可能。思想家們奔走各國，推銷自己的理念，這樣的「士」，我們稱為「游士」，而這個時代，也可說是游動的時代。

第三節　游動的時代

孔子的學生子夏說：「仕而優則學，學而優則仕。」封建時代學得一些統治技藝，找到領主，便有機會治民。新時代裡學仕結合的程度並不比封建時代鬆散，不過有一點差別，士無定主，他們有更大的自主性了。

游動的時代

社會游動起來了。士人游走各國，以干俸祿；商人游走各地，以通有無。「游」是這個時代的一大特徵，不只地理上人不再束縛於原來出身的狹小空間，在社會地位上也有著頻繁的社會流動，貴族階層的「君子」陵夷，庶民階層的「小人」上昇。階級社會逐漸轉型為「編戶齊民」的社會；君臣之間不再是生死以之，無所逃於天地，而是有利則聚，利盡則散。換言之，所謂「游」，有空間、社會地位，以及人際關係上的多重意義。在長期穩定的舊秩序崩潰後，各種新的現象、新的觀念及新的價值不斷湧現，「上帝不再，諸神並立」，整個時代熱鬧得像是要沸騰了起來。

游者主事

這個時代再沒有人理會周天子，周王室其實一直到秦滅六國前不久才終結，但整個戰國時代，它彷彿不存在似的。戰國七雄的國君，個個以一統天下為最高職志，於是各國在高度的競爭下，對人才的需求到了最高點。「游士」尋求晉身之階，國君需才孔急，好比在市場中，一個要買，一個要賣，於是形成了熱絡的人才市場。

戰國時代著名的策士蘇秦，曾經出游數年，一無所獲，回家受到親友譏諷，乃閉門苦讀，並策勵自己，一個「士」受業讀書，若不能求取尊榮，讀再多書有什麼用？後來果然風雲一時，佩六國相印。這和孔子所說：「士志於道，而恥惡衣惡食者，未足與議也。」是截然不同的景象。秦國重臣李斯，最初跟著荀子讀書，後來看到人才市場行情大好，決定投身賣藝。他在辭別荀子時說：「斯聞得時勿怠。今萬乘方爭時，游者主事。今秦王欲吞天下，稱帝而治，此馳騖之時而游說者之秋也。」李斯的話，正精確地指出游士與國君相互需求的真實情境。

天下以市道交

戰國時代趙國名將廉頗，征戰四方，屢建奇功，由於權高勢大，門下食客眾多。一朝失勢，賓客四散，門前冷落。後來復用為將，故客又紛紛回到門下。個性剛烈的廉頗深覺不堪，要逐客出門，賓客卻對他說了一番話：「如今天下人都用市場交易的規律往來，你有權勢，我就追隨，若權勢不再，我自然要離去，這是一定的道理，有什麼好怨恨的呢？」

　　當時著名的「四大公子」之中的孟嘗君也有類似的遭遇，深感不平，賓客馮諼卻勸他：「富貴的人附從之士多，貧賤的人朋友寡少，是必然的道理。譬如早晨開市時，人馬雜沓；傍晚閉市後，經過的人，卻不回頭看一眼。不是喜歡早晨而厭惡傍晚，而是閉市後，市場中已沒有他要的東西了。」

　　馮諼的話同樣以「市道」來說明當時的賓主遇合。「天下以市道交」這六個字標誌了一個新的時代和新的價值觀的展現。相對於春秋以前以禮義為本，忠君不二，甚且生死以之的君臣關係，廉頗和孟嘗君的時代，君臣相交卻是以金錢、權勢或其他外在利益來計算。當然並不是每一個戰國時代的人都是如此，在冷酷勢利的君臣與賓主關係下，還有像豫讓那樣以死報其主的忠義之士，也有像孟子那樣峻別義利，孳孳求行道於天下的大儒。但是那是少數特立獨行之士，孟子努力辨明義利，正反面說明了「利」字當道的時代。

曇花一現的自由

　　由於封建體制的瓦解，而新的郡縣帝國尚未建立，使得春秋戰國時代的過渡，顯得空前開放，也具有著一切的可能。由於思想的解放，道術分裂，百家爭鳴；由於身分的解放，社會流動，階級泯滅；由於封建倫理的解放，禮義淡薄，利字當道。經過數百年的發展，逐漸孕育而生新的政治、社會體制。在這個新時代中，人民不再受貴族役使，卻可能受富者欺凌；思想不再由王官獨攬，卻也不再奔放；戰國時代風光一時的游士，也不再能左右逢源，驕亢人主了。

研究與討論

1. 「禮壞樂崩」與「百家爭鳴」代表新舊時代的交替，臺灣這些年來也在各方面有著急劇的變遷。試舉出你所觀察到近年來，有哪些傳統的舊觀念逐漸消逝？又有哪些新觀念普遍為人所接受？而新舊交替之間，你個人又有什麼看法？不妨再訪問一些長輩，看他們的意見又如何？

2. 戰國游士當中的一些人用市場的交易法則來看待人與人之間的關係，甚至把自己當成商品。你覺得人的價值應該由自己來決定還是由他人評定？人與人的相處，除了追逐利益之外，是否還有其他可以珍視的地方？再檢查一下，你的這些想法是怎麼來的？有沒有從中國的古典文獻獲得啟發？

第四章
帝制中國與編戶齊民的社會

第一節　大一統帝國的建立

天下定於一

　　春秋戰國時代道術分裂，一連串政治社會的變遷促成王室陵夷，諸侯力征，禮樂征伐不再出自天子。長久的分裂，天下沒有穩定的力量來維繫秩序，戰亂頻繁，生靈塗炭。在這樣的動盪中，許多人心裡都在想，到底最終會是怎樣的結局。孟子見梁襄王，襄王問他：「天下怎麼才能安定？」孟子回答：「天下統一才可能安定。」在另一個場合，孟子問齊宣王，興兵動武，為的是什麼？齊宣王暗示是為了要完成他的大志：「開辟土地，威服秦楚，坐鎮中國，安撫四夷。」這兩個例子讓我們看到，一統天下，一方面是國君的野心，另一方面也是如孟子般的儒者的期盼。

　　但是，孟子在回答梁襄王問：「誰能統一天下？」時說：「不嗜殺人者能一之。」對孟子來說，這已是迫於現實的讓步了。真正的理想是「行一不義，殺一不辜而不為」的古代聖王。在這個所有統治者都嗜好殺人，人民憔悴於暴虐政治的時代，統治者只要不那麼壞，天下人就額手慶幸了。

　　歷史的真實發展總是和理想的人道主義者背道而馳，在孟子身後一百多年，天下果然統一了，卻不是由「不嗜殺人」順天應

人的王者，而是經歷無數殘酷戰爭，由殺人無數的秦國完成的。

封建與郡縣

　　秦始皇併吞六國，一統天下之後，有人建議師法周初封建故技，立諸子為王，鎮撫東方新滅各國。李斯獨持異議，於是始皇表示：「天下皆苦於戰鬥不休，正是因為有侯王分立。而今天下初定，若再立諸侯國，豈非再掀起戰端！」乃分天下為三十六郡，直接由朝廷任命官僚治理，地方守吏只得俸祿，不得世襲其位、世有其地。於是，周代數百年的封建體制正式告終，走入中央集權帝國的郡縣體制。

　　秦祚短暫，十五年而亡，繼起的是劉邦所建立的漢帝國。劉邦是中國歷史上第一個「白手起家」的皇帝，他的成功與秦以前的政權迥然不同，因為他沒有久遠豐厚的實力基礎。史家以為劉邦之驟成帝業，恰因繼暴秦之後，「收孤秦之弊」。漢初改行郡國並行制，長安為中心，附近地區設郡縣，由中央直轄，東方與南方地帶則分封王侯。這樣的制度設計，一方面是為了安撫功臣，另方面則因秦亡之際，孤立無援，故引以為鑑。

　　歷史的事實是藩國尾大不掉，不斷挑戰朝廷的權威。雖然劉邦、呂后在位時，已逐一除去異姓諸侯王，然而同姓王的威脅卻不曾稍減。朝廷與藩國的衝突，後來激起「七國之亂」。藉著朝廷在戰爭獲勝的餘威，景帝、武帝時，逐漸削減侯王權力，又藉細故撤消許多王侯的冊封。可以說，到武帝之後，又回到秦所建立的中央集權郡縣制。

君尊臣卑

從封建到郡縣，不只是政治體制上的變革，同時也意味著由分裂多元走向統合的時代。秦始皇事必躬親，「天下之事無小大，皆決於上。」李斯也對秦二世建言，王者必須「獨制於天下而無所制」，「獨擅天下之利」，「獨斷」，「獨操主術」。當然，並不是每個傳統帝王都如此專制獨裁，但是新的體制造就了帝王「獨制於天下而無所制」的可能性。君尊臣卑，君權獨大，這都是封建時代未曾有的現象。

封建時代君臣之間的地位並不懸隔，君臣對待以禮規範，而不是絕對地尊卑之別。孟子說：「君之視臣如手足，則臣視君如腹心；君之視臣如犬馬，則臣視君如國人；君之視臣如土芥，則臣視君如寇讎。」是這種君臣倫理相對觀的最好例證。封建禮制中的各種身分，皆有其定位，也各有其本分，沒有哪個人對另一個人只有絕對的權利而無自我的義務。孔子所期許「君君，臣臣，父父，子子」的社會，正是要求每個人都要扮演好自己的角色。

到了帝制中國時代，牽制君權的貴族階層消逝了，君是一切權力的根源，臣是游走的才能販子，帝王天威如雷霆之屬，卻沒有任何政治力量可以有效制衡。君臣之間乃勢若雲泥。

第二節　思想、文化與士風

君道與師道

封建時代學的目的在於出仕，但是孔子卻進一步提出「古之

學者為我」，「三年學，不志於穀，不易得也」等新精神，求學不再是做官的工具。戰國時代的孟子也提出道德標準的「天爵」概念以超越政治地位的「人爵」，可以說是孔子「為己之學」的宏揚。

孔子說：「君子固窮，小人窮斯濫矣！」孟子說：「無恆產而有恆心者，惟士為能。」這兩句話其實標識了士人政治、經濟地位兩失的現實。封建末世，士君子似乎已至窮途末路，他們還能堅持什麼呢？在先秦儒家的理念中，過去的古典盛世，君子德位兼備，天下道政合一。但是世衰道微，德與位，道與政，卻都分離了，士人怎麼為自己再定位呢？

孔子曰：「所謂大臣者，以道事君，不可則止。」孟子說不可「枉道而從彼。」荀子也說：「從道不從君。」他們都樹立了「道」的崇高與規範性格，士君子之行事，出處進退，「道」是最高的標準，現實的政治勢力則須退居下風。換言之，他們樹立了在政治之外的道德標準，也就是以道統來制約政統，以道德來制衡權位。因為道有其源流、脈絡，負載於《詩》、《書》、《禮》、《樂》等教材中，傳授學術的儒家主要教的是《詩》、《書》、《禮》、《樂》這些典籍，因此取得了「道」的詮釋權。荀子強調師法正突出了「師道」的重要性。「師」不只一時之所仰賴，也可以為百世師。儒家一方面汲汲於出仕以行道，一方面又在道不行的時候，以師道堅守「道」與「德」，和代表「政」與「位」的當政者展開了既聯合又抗衡的微妙關係。因此，當儒家所信守的「道」也成為當政者所宣稱的意識型態時，對「道」的詮釋權，包括在教育體制內，如何制定學習的內容、進程與方向，掌握政統的君與維護道統的師之間，便展開一場無止盡的角力，幾乎與

傳統兩千年的中國歷史相始終。

從焚書坑儒到獨尊儒術

政治和學術的角力，第一場激烈的戰事發生在秦始皇時。始皇三十四年，僕射周青臣頌揚始皇「神靈明聖」，改封建為郡縣，天下太平，人人安樂。博士淳于越卻表示要師法古人的智慧，封建才是長治久安之道。而今皇帝有錯，周青臣不但不勸說，還阿諛奉承，不是忠臣。始皇問群臣的意見，李斯主張：當今天下已定，有的學者卻不遵從今制，以古非今，太不應該。請將《秦記》以外的史書，民間所藏《詩》、《書》、百家語，都焚燒乾淨；討論《詩》、《書》的處死；以古非今的處族刑。只有醫藥、卜筮、種樹等著作可以留下；若要學法令，以吏為師。始皇聽從其議。

第二年，兩個儒生批評始皇剛愎自用，以刑殺為威，又貪於權勢。兩人事後逃亡。始皇知道後，勃然大怒，坑殺儒生四百六十餘人於咸陽。

這兩個事件，即歷史上著名的「焚書坑儒」。不管是焚書還是坑儒，同樣都是政治力量以赤裸裸的暴力來統制思想，摧殘士人。也代表政治權力掌控思想，企圖一元化的表現。

秦朝二代而亡，漢繼之而起，惠帝廢除禁止民間持有《詩》、《書》、百家語的「挾書律」（西元前 191 年），在秦焚書後二十三年，民間重得流傳書籍的自由，不絕如縷的學術香火，得以持續不滅。但漢初盛行黃老治術，儒家思想並非學術主流。

武帝即位，丞相衛綰上奏，以為朝廷所舉的賢良，所研究的申不害、商鞅、韓非、蘇秦、張儀，都是縱橫策士，擾亂國政，應皆罷黜。西漢大儒董仲舒在給皇帝的對策中也提到：大一統是

天經地義的道理，如今各種異說紛起，「上無以持一統」，致「法
制數變，下不知所守」。因此，凡不在六藝之科，非孔子之術的，
都斷絕他們晉昇的管道。

　　衛綰、董仲舒的主張，雖然深獲武帝贊同，但是由於篤信黃
老的竇太后還在管事，一時無法實施。不久竇太后去世，武帝設
五經博士，獎勵儒術，貶抑黃老刑名百家之言，於是開啟了中國
歷史上儒學成為學術思想主流的時代。其後雖然在不同時代，各
種異說，如佛、道各家亦曾與儒學分庭抗禮，但是，大體上直到
清末，將近兩千年間，儒學始終是主導中國學術思想的最大力量。

　　始皇焚書坑儒，用暴力遂行思想統一；武帝獨尊儒術，以祿
利獎勵儒學。手段不同，動機互異，但是都藉著政治力量對學術
進行操控，也都在一定程度上反映秦漢大一統帝國建立後，政治
權力將道術分裂的思想界，再次地造就為「道術為一」的企圖。

經學典範的成立

　　儒學根源於封建禮樂，繼承封建時代正統的學術。戰國儒術
號稱顯學，但現實上縱橫策士與法術之士卻得到重用，尤其經秦
始皇焚書坑儒，至漢初黃老治術當道，百十年間，儒學是相當微
弱的。自從漢武帝獨尊儒術，又在制度上提供了許多儒學之士晉
身之階，利之所在，儒學乃成為唯一的顯學，而儒學基本典籍的
六藝（《詩》、《書》、《禮》、《樂》、《易》、《春秋》），也成了千百年
來皓首窮經的儒生的思想基礎。在經書基礎上推崇三代聖王之道，
成為傳統中國思想不可質疑的典範，也就是所謂的「經學」。儒家
經學典範長久以來規範了中國人的思維，也限制了其他的可能性，
最後，隨著清末民初的西力衝擊，才宣告退位，由陸續傳入的西

學所取代。

東漢的士風

漢武帝接受董仲舒的建議，訂定規章，獎勵通達經書的士人，得以晉身官僚。據司馬遷的描述，從此公卿大夫多半出身儒生。雖然功名利祿成為皓首窮經的誘因，每為識者所譏，但是儒學亦自有其理念，儒生常以平治天下為職志。飽讀經書的儒生，成了社會國家的一股清流。

東漢末世，宦官當權，士大夫羞與為伍，批判時政，聲氣相通。以范滂為例，他在冀州饑荒盜賊群起之時，奉命按察。據說才到冀州境內，守令有貪贓枉法的，聞風逃去。但是當他的正義之氣衝撞到更高的權貴時，情況就不同了。他曾糾舉彈劾二十多位刺史、二千石的高官，卻碰了釘子，反而被指挾私誣陷。范滂雖不得志於仕途，卻深受士大夫愛戴；他曾遭冤獄，後來釋放，汝南、南陽士大夫迎接的多達數千輛車。

清流之士與當朝權貴的衝突愈演愈烈，幾次有人上書皇帝，指士大夫們集結成黨，非議朝政，疑亂風俗。皇帝乃下詔拘捕殺掠黨人，並禁錮其門生故吏，父子兄弟。當時任京師首長的李膺也在禁錮之列。太尉陳蕃以為收掠禁錮者皆「海內人譽，憂國忠公之臣」，不肯副署。皇帝更加忿怒，仍下李膺等於獄中。後來李膺大赦出獄，隱居山中，天下士大夫卻多推崇李膺，鄙薄朝廷。

清流與權貴的鬥爭一連數起，李膺、范滂及當時許多名士最後都難逃一死，牽連受害者數以千計，史稱「黨錮之禍」。「黨錮之禍」是士大夫持守其道，與政治權力的第一次大規模衝突，收場卻極悲壯。這段歷史值得省思的，當不只是士大夫前仆後繼的

無畏精神，更在於創造怎樣的政治社會機制，可以不必拋頭顱，
灑熱血，而能夠澄清天下。

第三節　編戶齊民的社會

編戶齊民

　　漢代為了防範北方的匈奴，派兵戍守邊疆，也曾幾度移民實
邊。後世在今甘肅居延一帶發現許多木簡，其中有些簡上面寫著
這類的內容：「戍卒汝南郡西平中信里公乘李參年二十五，長七尺
一寸。」這是戍卒的名籍，記載的是戍卒的姓名、地望、爵位、
年齡及身高。

　　在今湖北雲夢睡虎地所發現的秦墓竹簡中，也出土了一些法
律文書，其中一份資料記錄戶籍狀況，寫著：「某里的無爵平民甲
的家屋、妻、子女、奴婢、家財、畜產如下：家屋一棟二室，各
有入口，室皆瓦蓋，設有木造的門；種有桑樹十株；妻某在逃，
不予查封；成年女兒某，未婚；未成年男子某，身高六尺五寸；
奴婢：未成年女子某；雄犬一隻。」戶籍記載包括房屋、財產、
人口、奴婢、牲畜等，鉅細靡遺。

　　商鞅變法之後，秦國可能已全面實行戶籍制度。《商君書》中
說：「全國境內，不論男女，都有名籍在官府。初生者登錄，死者
消除。」從許多資料看來，漢代無疑也有相當嚴密的戶口制度。
封建采邑莊園中，人民只直接與其領主接觸，除非是天子諸侯的
領民，一般人和天子、諸侯等上層貴族並無連繫。但是封建瓦解，
中間貴族階層消融，天子直接領有天下萬民。為有效掌握人民及

相關資源，戶籍制度提供了統治者所需要的基本資料，國家對人民賦稅或徭役的稽徵才有所依憑。

　　由於階級消融，身分制泯除，理論上所有人的身分都是平等的，是謂「齊民」；而國家將他們一一納入記錄，以戶為單位來掌握人民，是謂「編戶」，總稱「編戶齊民」。

聚族里居

　　戶籍的出現，還標示著統治者有新的方式掌握人民。封建時代，人民大體以血緣搏聚族群，散居里邑聚落。人力動員當是通過族群內部管道。封建解體之後，氏族結構渙散，里邑在新的郡縣政治體制中成為行政體系重要的一環，人民因所居地而編定戶籍，戶籍便取代了過去的族群，成為統治者動員人力的主要憑藉。

　　自先秦以來，人們以血緣聚合親族，「祭祀同福，死喪同恤」，族中長老即聚落的領袖。這種聚居一處的親族一直是社會的基本單位。商鞅變法固然強迫分家，構成小家庭的型態。但這只是家的規模改變，不會影響到聚落型態。農業社會安土重遷，如果不是迫於人口自然增加的壓力或天災人禍，絕大部分的農民大概不會輕易離開他們的土地與故居。這樣聚族而居，安土重遷的農村，直到兩千年後，還是社會學家用來說明中國廣大農村鄉土社會的最大特質。

　　秦漢帝國後，戶籍制度與地緣行政體系相繫，鄉里成為地方行政層級的組織，新里制並不破壞原有的血緣連繫，而是與舊聚落重疊在一起。傳統中國的社會基礎並不就此由血緣的結合，轉變為地緣的連繫，而是兩者的相加。在新的鄉里中，鄉三老、里父老多是過去族群的長老，他們憑藉著傳統的威望，繼續在鄉里

中居領導地位。父老是傳統禮俗力量的中心，與徵兵、抽稅、執法的有秩、嗇夫、里正等政治力量，成為鄉里領袖的兩種類型。

由於動亂、遷徙或婚姻種種因素，一個里中未必完全同姓，但大概有一個或幾個主要的姓。漢代一些考古出土的地方戶籍資料或地方契約，都顯示了這個現象。例如在河南偃師縣發現的「漢侍廷里父老僤買田約束石券」，其中署名者二十五人，姓氏可知的二十四家分為六姓，最多的于姓佔了十家。似乎正反映了這個現象。

春秋以前散落的聚落，經戰國的政治社會改造，至於漢代，形成了郡縣鄉里的行政體系後，為中央政府權力下達於地方鋪好一條條暢通的管道。然而中央的實際力量只到達縣這一層，縣以下的鄉里，地方凝聚性仍相當強烈。里邑成員共居在里閭圍牆之內，出入工作，祭祀會飲，禍福與共，密切連繫。雖然里中有代表政治力量運作的里正、嗇夫等角色，但父老始終是鄉里真正具影響力的領導人物。漢代皇帝屢次褒揚父老，讓他們在一定程度上自治，但必須效忠政權，維護現實政治秩序。這是漢代統治者對古代聚落一體性與自主性的巧妙利用。

政治權力與社會力量

統治者正面肯定聚落父老，因為他們的影響力小，若是大範圍的地方豪彊，就不能容忍了。《史記‧游俠列傳》描述朱家、郭解等地方領袖，俠義行，重然諾，快意恩仇，贏得許多民眾的訢慕。以郭解為例，少時作姦犯科，年長後恭敬儉樸，常施捨而贏得名望。邑中少年與鄰近縣中賢豪，常相過從，唯其馬首是瞻。武帝初置茂陵邑，遷徙郡國豪富。原本郭解的財富不到遷移標準，

卻因為地方領袖之故，列在遷徙名單之上。大將軍衛青為他關說，武帝卻以為，一個布衣平民可以讓將軍為他說話，不能算貧，堅持要他搬到茂陵來。

郭解到了關中，仍然與當地賢豪往來，很受歡迎。後來因有個儒生批評郭解，竟遭郭解門客刺殺，郭解並不知情。御史大夫公孫弘以為，郭解不必下令，自然有人為他殺人，身為平民，竟可以執行生殺大權，其罪更甚於親自殺人，乃處以極刑。

郭解的個案清楚地反映了幾個現象：首先，地方豪彊的力量大到了一定程度，就不是政權所能容忍。遷徙到京城附近，一方面讓他遠離根據地，另方面就近看管，是統治者的一貫策略。但是郭解到了關中，竟仍舊呼風喚雨，叱咤一時，只好尋找機會，除去這個在政權之外，樹立了另一個權力中心的社會領袖。

除了遷徙豪彊之外，武帝之後，朝廷又進一步指令一些地方郡守清查「強宗豪右，田宅踰制，以強凌弱，以眾暴寡」的現象，並以各種手段剷除地方豪彊。豪彊是否真正魚肉鄉里，也許值得懷疑，基本上這些措施是為了將國家權力之外的地方力量加以打擊、管束，進一步樹立政府的威權。

第四節　信仰與生活

民間的社會生活

編戶齊民在保持了親緣聚居的基本結構，又套上了鄉里的行政結構，那麼，一般人民的日常生活又是如何呢？

在一個以農業生產為主的社會中，人們的日常起居往往受到

自然時間的支配。農時的掌握與生活上要求安全感，都不允許有太放縱及過度的娛樂。大多數的人事活動，都是配合自然界的季節變化。漢代的節令主要有春社、伏日、秋社和臘日。四者分配在一年之中，與耕作期相結合。春秋二祭，祭之日椎牛宰羊，里人盡出，祭罷分食祭肉。祭祀之外，大家聚會宴飲，歡聚一堂。社祭安排在仲春之時，農民即將春耕；秋後之祭，則農民勞動既久而有酒食醉飽之休閒。有位清代的學者說：「祭社會飲謂之社會。」這可說是中國式的「社會」定義了。

其次，伏日在六月暑熱天，臘日則在歲終十二月，新舊相接，對百神的祭祀，無論是伏日或是臘日，都歡娛宴飲。聚飲合歡之時，往往男女雜坐，酒酣樂作，謳歌起舞，博局遊戲，甚至男女交歡，放縱情欲，和平日辛勤勞動相較，一張一弛，恰能調劑人民生活，達到適度的放鬆。

「一張一弛」，正是漢代民間生活的韻律。為了能有效控制民間的生產活動與社會秩序，張弛之間，政府的力量介入干預。一般而言，民間的聚飲作樂，不是可以任意進行的。除了固定的節令，必須政府「賜酺」（賜百姓牛酒，准許聚眾飲酒），否則不得酤酒聚飲。而政府的賜酺，往往在國有喜慶時令天下「大酺」，如秦始皇二十五年，降越君，置會稽郡，令天下歡樂大飲酒；漢文帝即位，令天下會聚飲食五日皆是。有些地方官吏，甚至在這方面有過於嚴苛的限制，遭到朝廷的糾正。如宣帝曾下詔指責若干郡國守相，擅為苛禁，禁止百姓在嫁娶時，以酒食相慶賀。那些郡國守相，可說是「新生活運動」的最早執行者，但是宣帝的詔書讓我們觀察到兩個歷史現象。其一是政治權力介入了民間生活的安排；其二，在一定程度上，政治的干預仍不能距離人民真切

圖 4–1　漢代畫像磚中歡樂鼓舞的情景

的需要太遠，否則，是不利其統治的。

宇宙的圖像

　　民間的生活除了依自然節令而有活動之規律外，又必須受到時日方位種種忌宜的規範，循之以安排其生活細節。所謂時日方位，涉及當時人信仰與整體宇宙觀。湖南長沙馬王堆前漢軑侯夫人墓葬出土一件 T 字形的帛畫，上面所描繪的奇幻內容，可以作為當時人宇宙觀的代表。

　　一般的解釋，帛畫分為上中下三段，分別描繪天上、人間、地下的景象。在中間部分，畫著一位高大的貴婦，前有兩人跪迎，後隨三位侍女，貴婦當即墓主利蒼夫人，這是人間。人像之上，有一華蓋屋頂，華蓋之上為天闕，有兩守護神與兩豹看守。天門之上，畫面正上方中間，有一位人首蛇身的天神；右上角一輪紅日，內有烏鴉，圓日之下，有八個小紅球棲於扶桑之上；左上角有一彎新月，月中有蟾蜍與玉兔，月下有女子坐在飛龍翅上；這是天上。畫的最下端，兩條相交的鰲魚或鯤，背上為一赤身露體的力士，可能即地神，兩側各有一龜，龜上站著鴟鴞，即貓頭鷹，可能取其夜晚張大雙眼，守衛死者靈魂之意。這是地下。

　　類似的墓葬帛畫還有其他出土，馬王堆帛畫不是孤證。這幅帛畫具體而微地呈現了漢代人的宇宙信仰。他們相信宇宙包括三個不同的層次，人所處的只是其中人間的世界，而這三個層次彼此可以貫通連繫。人死後只是離開了人間世，死後是上昇於天，還是下降於地，則有種種不同的解釋與可能性。

圖 4-2　馬王堆帛畫天象圖摹本

天人感應

在前述宇宙整體貫通的信仰下，古人基本上將宇宙間的一切現象，以一套特殊的分類法則分門別類，再於其間根據「同類相動」的原則，建立各種事物間的關連。在這樣的信仰下，宇宙的一切都存在著神秘的連繫，整個宇宙也因此成為有機的整體。所謂「天人感應」的傳統思想，其實也是在這種信仰下的表現。

天象的變化與自然的流轉，在今天科學的角度看，可以用一套物理法則來作客觀的解釋，但是在古代，卻以另一種感通的法則和人事相繫。彗星的出現；火星走到天蠍座佇足停留；金、木、水、火、土五顆行星會聚於天上十幾度的區域中；這些在現代天文學中都有客觀合理的認識。然而在古代的占星者看來，前二者預示著某一國君將有不測，後者則是要改朝換代的前兆。就個人生命而言亦然。宇宙與人都由陰陽兩氣所構成，兩者陰陽氣之消長變化會互相影響。如天將陰雨，人的心情往往鬱悶；夜半時分，患病的人格外虛弱；這是陰氣的作用。古代的「月令」規範人君一年當中不同時節的政令，也是建立在這樣的思維原則上。

《日書》的世界

要知道漢代民間生活忌宜的種種規範，也必須在上述的宇宙觀基礎上，才可能有真切的認識。《墨子》書中有這麼一段故事：墨子北向到齊國，遇見「日者」。日者告誡他，這個日子，天帝曾在北方殺了黑龍，你的膚色黑，不可以往北走。日者是看日子的先生，也就是能夠了解時日忌宜的專家。他的解釋，事實上即是「同類相動」的原則。某個日子曾發生什麼事，於是在同一方位，

同一特徵的事物，就有可能遇到相似的事。

　　這類的解釋，事實上是秦漢時代普遍的信仰。在今湖北雲夢睡虎地秦墓中發現的《日書》，正好提供了豐富而完整的資料。所謂《日書》，即古代用來占候時日宜忌，藉以預測人事休咎，進而教人如何趨吉避凶的曆忌之書。內容包括依星宿位置決定的每日宜忌事項，這方面其實正好比現代社會還在運用的黃曆；還有占夢、農事、求盜、生子，以及室家風水方位種種，鉅細靡遺，幾乎將生活中可能遭遇的一切都納入這個解釋系統。

　　《日書》所代表的民間信仰體系，對具體的生活層面有著無與倫比的重大影響。婚喪喜慶、居室方位、生子、為官、旅行等等的命運吉凶，都由這種看似神秘，卻自有其特殊原則的規律所主宰。從另一個角度來看，春秋以前中國人以占卜測吉凶，訴諸不可預知的神秘天意。但是《日書》信仰卻呈現了某種程度的機械世界觀，換言之，不論我們今天同意與否，古人以為他們已掌握了宇宙運行的奧妙，而且將這種奧妙化為一套機械式的規律，憑以規劃人世生活。無論如何，這代表了人們另一種生活方式的開端。

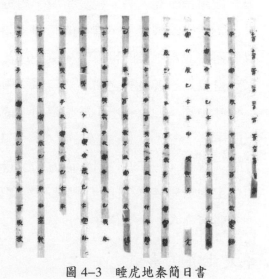

圖 4-3　睡虎地秦簡日書

第五節　秦漢以前的天下秩序

普天之下，莫非王土

　　周代的詩人曾經這麼詠嘆：「普天之下，沒有不屬於周王的土地；從中土直到遙遠的海濱，沒有人不是周王的臣下。」自從殷周之際，「天」作為普世至高神的新觀念形成後，周王作為「天子」，也就是「天」在人間的唯一代表，在周人的心目中，他除了是周王朝的領袖，同時也是全天下的至高統治者。

　　司馬遷的《史記》，寫的是黃帝以來至於漢武帝的中國歷史，但是，從某個角度看來，他所寫的也是當時人觀念中的一部世界史。從黃帝、堯、舜，經夏、殷、周三代，乃至於秦、漢，是司馬遷所建構政權繼承、轉移的時間系譜，在空間上看來，這又是以黃河流域為中心的世界觀。這些以黃河流域為中心所建立的國家，自以為居於世界之中，乃自稱「中國」。

　　「中國」的意義不止於是空間上的中心，同時又被認為是文化的中心，在「中土」之外的人群，分別被稱為東方的「夷」，北方的「狄」，西方的「戎」，南方的「蠻」，或者統稱為「四夷」。和中土的華夏族群相比，他們被認為文化低落，甚至像禽獸一般，不太能當「人」來看待。

華夏世界的形成

　　其實，在先秦時，後來作為中國代稱的華夏和四夷的界線不是以血統劃分，而是以文化為分別。這裡所謂文化，具體地說，

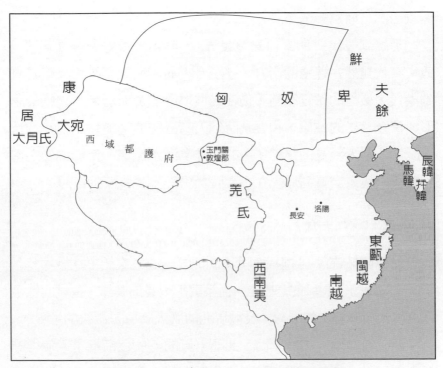

圖 4-4　漢代華夏與四方民族相關位置圖

只是生活習慣與政治型態。華夏是以農耕生活為基礎的城邦國家，
不務農耕的其他社會形式（如游牧社會）則為夷狄。中國古代的
農業區域，散落在廣大的地面上。以周王為中心的千百個封建城
邦，內有城郭，外環封疆，各自構成了以農業生產為主要經濟活
動的國家，封疆之外，則往往是以漁獵或游牧維生的非農耕社會。
農耕與非農耕社會在黃河流域乃至江漢流域錯雜相間，華夏與四
夷也因此並無明確的區域分隔。

　　隨著封建城邦的封疆日漸擴大，農業生產與城郭生活的文化
形式，也進一步逼迫原來散居平原草澤地帶的非農業族群退入了
山岳區，漸漸地，黃河流域，乃至以楚、越為主的江漢流域，形
成了更純粹的農業城郭的華夏世界，秦的統一只是讓這個文化圈

與政治圈合而為一罷了。

　　延續到後代，所謂「華夏世界」，其實也恰好和農業區域一致。秦代雖然在遙遠的南方，甚至今天的越南設郡統治。但是直到漢代，嚴格的華夏範圍，仍在長城以南的黃河流域，包括最早形成華夏世界的中原，和春秋時納入華夏的渭河流域；以及春秋中晚期才進入華夏的楚越所居的江淮及漢水流域。至於湘贛之南的閩粵之境與雲貴高原，在秦漢時代仍然不是真正的華夏。

長城以北的世界

　　封建城邦時代，封疆之外即是非農業區域；秦始皇在戰國時代趙、燕諸國防邊長城的基礎上，構築數千里長的長城，長城同樣是作為農業與非農業的界線，長城以北的廣大草原是游牧的世界。

　　西元前 2000～500 年間，北亞草原的氣候逐漸乾旱，使得許多當地居民必須依賴飼養牲畜或狩獵為生。在掌握了馬的馴養與利用後，人們放棄了定居的形式與不易移動的財產，逐水草而居，過著草原游牧的生活。但是，在靠近華夏邊緣的游牧族群，卻往往要通過對農業區的貿易或掠奪，來取得他們所欠缺的生活資源。這就形成了華夏世界與北亞游牧世界的長期緊張對立。

　　戰國晚期，匈奴吞併北亞游牧族群其他部落，建立匈奴帝國，成為秦漢帝國最大的威脅。由於匈奴的軍隊以騎兵為主，往來迅疾，最初漢帝國不是敵手，只好以公主出嫁和親與開邊境交易市場的辦法，來緩和匈奴的軍事威脅。但是在六十多年的生聚之後，年輕氣盛的武帝不再委曲求全，開始反擊。漢家軍隊越過長城出擊，奪得了陰山以南黃河南岸的地區，沿陰山建立要塞，並在新獲得的河套南北兩岸移民，設立新的郡縣。

　　漢家兵將揚威大漠，在戰爭當中，匈奴人民和牲畜損失甚多。
又因為王位繼承的爭奪造成內亂，許多部落的首領紛紛投降漢朝，
要求保護。最後，連單于都向漢朝稱臣，親自到長安來，朝見漢
家皇帝。儘管如此，到了後漢，漢朝和匈奴之間的戰爭衝突仍然
不斷。華夏政權在河套設立郡縣，已是最北的極限了。長城以北
的大漠草原，始終是游牧民族馳騁的牧場，隨著長城南北力量的
消長，雙方和戰不定。直到今天，大漠民族與長城內的華夏世界，
仍有著明顯的距離。

西方世界的盡頭

　　北方的游牧民族是戰國以來華夏世界的心腹大患，但是西方
族群卻是華夏征服的對象。漢武帝時，漢朝軍隊打到祁連山，西部
匈奴部族投降，遷居塞內。
漢政權則在河西走廊經營
四個郡，移來大量的官吏和
民眾，形成了華夏世界的新
邊疆，河西四郡乃成為指向
西方世界的通道。

　　隨著華夏民族西移，在
今天青海河湟一帶的羌人
成了漢朝的新「外患」，當
然，在羌人的眼中，這才是
他們無數流離悲劇的開端。

　　羌人是游牧族群，間又
以農作輔助生產。他們的社

圖4-5　西漢霍去病墓前「馬踏匈奴」石雕

會組織擁有無數的小部落，沒有龐大的國家組織。一方面由於河湟耕地的爭奪，另方面由於傳統華夏世界的天下觀念，總覺得四夷都得服從漢家天子的統治。於是漢人與羌人在後漢時發生了無數的衝突。大體上是所謂的羌人「叛亂」，與漢人所謂的「清剿」相繼而起，雙方的對抗、戰爭與屠殺，終後漢之世不斷。

如果出了玉門關再向西行，是一個在沙漠四周散布著許多小綠洲國家的西域。西方世界一直是華夏感到神秘而未知的地帶，據說那兒有座崑崙山，有許多神祇和神巫，也是太陽和月亮歇息的處所。其實，這意味著當華夏人群足跡未至，乃以為世界的盡頭就在那裡了。但是，這個神秘的世界在漢代揭開了面紗，第一個偉大的使者兼旅行家是張騫。

為了與匈奴競爭西域諸國的控制權，漢武帝派張騫出使西域，連絡大月氏。這次任務艱辛曲折，十多年後張騫才帶著西方的訊息回到長安。雖然張騫的外交任務並不成功，但他為武帝帶回來許多珍奇物品，與前所未聞的異國風情。

自此之後，漢朝花了兩百多年的時間經營西域，雖然有時仰恃大軍或是靠著外交幹才如班超，曾較有效地掌握西域諸國，使之與漢朝建立合作關係。但這種合作時斷時續，西域始終不屬於華夏世界的範疇。後漢時，班超曾派手下甘英往西行，遇海而返，與當時西方的羅馬帝國遙遙相望，卻不曾相通聲息。雖然如此，河西走廊的納入華夏，與西域孔道的開通，從此打開了華夏與西方世界接觸的契機。

長江以南的世界

相對於北方的匈奴和西方的羌人對華夏的威脅，長江以南的

世界卻只是華夏威服的對象。這包括今天四川境內的巴、蜀，以及成都平原西南的西南夷。在東南方，則是今天福建境內的東甌、閩越與兩廣，甚至越南境內的南越。華夏對這些南方人的認識有限，常以自身禮儀文化的觀點，將這些地區的土著文化，當作是奇風異俗記錄下來。但是對於南方諸民族來說，華夏政權的進入，卻同時是徵稅、服役及搜括特產的開始。

研究與討論

1. 1990 年代以來，臺灣逐漸浮現了「族群問題」，如省籍情結、原住民與漢族之間的種種問題。 你覺得不同族群的相對待之道應該如何？傳統歷史都說「胡人」到了中國都「漢化」了，你覺得是這樣嗎？你覺得你了解和你不同族群的人的文化和情感嗎？

2. 秦漢時代聚族里居，現代社會的聚落 （社區） 和過去比較有何異同？就你自己所居住的社區，說明聚居的原則，並思考不同的聚居形式，人際關係和生活方式有何異同？現在有些人提倡的「社區主義」是什麼意思？其意義何在？

3. 秦漢時代的《日書》其實就是今天農民曆的前身，請找到今年的農民曆，看看裡面記載的內容，並詢問長輩，生活中哪些事情會參考農民曆行事？

第二篇　中古

本土文化大革新

總　　論

　　本篇要說明從漢末到唐末的狀況。這個時期起於西元三世紀初，終於十世紀初，有七百年之久，涵蓋了魏晉南北朝和隋唐。在中國歷史上，這是一個相當特殊的階段，學者經常總稱為「中古時代」。

　　顧名思義，「中古」處於「上古」和「近世」之間，因其有許多不同於「上古」和「近世」的特色，被史學家認為自成一個時代。史學家用「中古」一詞來指稱魏晉南北朝和隋唐，一開始多少是受到西洋史上「中古時代」（the Middle Ages 或 the Medieval Period） 觀念的影響。在西方，中古時代導源於西羅馬帝國的衰亡，至少在初期，是一個文明崩解的時代。因此，對於「中古」，人們經常有「黑暗」、「衰落」的聯想。但中國史上的「中古」和西方的情況有很大的不同。雖然這個時代也有長期的分裂與戰亂，但在文化上，卻一直相當興盛。

　　中國中古的文化與社會有哪些特色呢？首先應當提出，在中古社會長期居於主導地位的是一群為數甚寡的大家族，當時稱為「門第」。與門第勢盛相對應的是許多平民依附於這些大族，成為他們的部屬，而不向國家盡義務。中古時期另一個特殊的發展是大量的外族進入中土，在政治、社會、文化上都扮演重要的角色。胡族在北方長期是統治者；在南方，則由於漢人大量的遷移開發，當地的原住民遂逐漸被納入中國社會。中古時代民族多元的程度，中外文化交流的密切，都是中國歷史上罕見的。

　　就文化的主要特徵而言，中古時代宗教特別興盛。淵源於本
土信仰和方術的道教在這個時期形成，從印度傳入的佛教也在此
時風靡全國。這兩個宗教的活動和教義影響及於當時人生活的每
一層面。

　　比起世界其他主要的歷史文明，如歐洲、近東和印度文明，中
國文化的一個特色是重視實際人生，輕於宗教、美術與玄想，中古
的時代風氣可說是個例外。正因為如此，這個時期的文化遺產值
得我們特別留意，它或許能使現代中國的文化生活更為多元化。

第五章

漢晉之際的大變動

　　從東漢靈帝中平元年（184 年）黃巾之亂起到五胡舉兵、晉室南移（317 年）的一個多世紀間，是一個大變動的時代。論變動的廣度與深度，中國史上少有其匹。我們可以說，在經歷這一百多年的鉅變後，中國這塊土地上的政治社會結構、經濟狀況、民族關係、文化思想、宗教生活都有了新的面貌。從靜態的觀點來看，這些變動同時影響到社會上的領導階層和廣大的芸芸眾生。就時間流變的角度而觀，這些變動塑造了中國社會從漢末到唐末的基本性格。這一段時期，學者經常稱之為中國史上的「中古時代」。

第一節　漢晉間的政治經濟面貌

　　從政治演變的外表看來，中國歷史上充滿著朝代的更迭。有時候，一個朝代崩潰了，被另外一個朝代取代。秦滅漢興、隋亡唐立、滿清征服朱明，都是這方面的例子。有時候，一個朝代崩潰了，群雄並起，演變成割據的局面，有好幾個朝代同時存在。東漢政權瓦解後的情況，是屬於後者。漢獻帝建安二十五年（220年）正月，長久以來「挾天子以令諸侯」的曹操（155～220 年）去世。同年十月，曹操的兒子曹丕廢漢獻帝，自立為皇帝，國號魏，東漢遂亡。後來，劉備、孫權分別稱帝。劉備定都成都，以

繼承漢朝的正統自居，國號仍然為漢，通稱「蜀漢」。孫權則建立吳國，定都建業（今南京）。這就是三國時代的開始。

　　值得我們特別注意的是，在歷代王朝興替的相似現象之後，往往存在著性質不同的時代變動。東漢的滅亡、三國的出現並不是普通的政權更易，它事實上是一場翻天覆地的大變動的一個表徵。我們現在就要開始對這場劇變作一個概括的描繪。為了行文的方便，我們就政治、社會、經濟、文化、思想幾個方面分開敘述。本節的重點在政治與經濟方面。

東漢的亂亡

　　遠在西元 220 年漢獻帝被廢之前，漢王朝就已名存實亡。漢靈帝中平元年（184 年）爆發的黃巾之亂也許可被看作是直接導致漢朝滅亡的關鍵事件。該年二月，張角所領導的太平道教徒在北方多地同時起事，攻掠州郡。因為參與者頭戴黃巾，作為標識，所以當時人稱他們為「黃巾」。黃巾之亂大體上只持續了八個月。變亂雖平，漢朝政權已陷入非常不穩定的狀態。

　　漢政權的危機同時呈現在中央和地方兩個方面。在中央，掌權的宦官與反對宦官的士大夫關係極為緊張。宦官和士大夫的敵對由來已久。東漢自章帝（在位期：75～88 年）以後，皇權不振，政權落入外戚和宦官手中，雙方傾軋不已，初期外戚佔上風。桓帝延熹二年（159 年）宦官殺死外戚梁冀之後，政權就為宦官所掌握。在外戚和宦官掌權期間，由於他們大都貪瀆橫暴，政風因而惡劣，朝野中很多士人都憤恨不滿，雙方形成對立的態勢。宦官獨掌大權之後，他們與許多自稱「清流」的士大夫（主要包括朝廷官員與太學生）衝突愈趨尖銳，終於爆發了兩次「黨錮之

禍」（166、169 年），許多士人遭到了罷官、囚禁乃至被殺害的命運，士人政治勢力一時飽受摧殘。黃巾起兵之後，朝廷為了平亂，重新起用許多被罷黜的官員。亂平之後，宦官與士人對峙的態勢又重新出現。

在地方，東漢時本來就有地方豪族勢大、中央政府權小的趨向。黃巾亂起，州郡長官得以統兵，協助平亂。他們大多是地方豪族出身的士人，政治立場本來就和宦官是對立的。他們權大之後，自然就形成了地方割據的局面。

漢朝政權崩潰的爆發點出現在靈帝中平六年（189 年）。是年四月，靈帝卒，少帝立，時年十四，實際掌控皇權的是少帝的舅舅何進。何進與朝中士大夫連結，謀誅宦官，並招西北地區的一位將領董卓進京（洛陽），以為助力。但在董卓未抵達前，京中已爆發武裝衝突，先是何進被宦官所殺，然後一位士大夫領袖袁紹又領兵屠殺宦官，宦官勢力至此完全消滅。董卓隨後進京，廢少帝，立獻帝，控制朝廷，大掠京師。各地官僚、將領紛紛不服，舉兵與他對抗，天下自此大亂。

三國與西晉

在董卓劫持漢獻帝之後，中國陷入了群雄割據的局面，彼此攻伐，烽火連年，生靈塗炭。漢獻帝在西元 196 年落入曹操手中，但中土混亂依舊。這個局面要到西元 220 年左右才略得改善，這就是曹操、劉備、孫權剷平其他勢力，三國鼎立之勢告成的時候。

經過了三十多年的動亂，政治情勢雖然稍告穩定，但中國仍處於分裂的局勢。而穩定的狀況也沒維持多久。曹魏立國不到三十年，政權又被司馬氏父子（司馬懿、司馬師、司馬昭、司馬炎）

所攫取。司馬氏集團先後滅蜀、篡魏、亡吳，統一了中國，建立了晉朝。晉朝始建於西元 265 年，但立國未久，內部又陷於政爭，終於在西元 291 年爆發所謂的「八王之亂」，宗室諸王相互攻伐，爭奪政權，戰禍蔓延，中原再度大亂。

然而，對晉政權造成致命威脅的並非皇族內部的爭鬥，而是胡族的反叛。從晉惠帝（在位期：290～307 年）初年開始，許多北方邊地的少數民族領袖紛紛舉兵抗晉，到了惠帝末年，勢力已經相當熾盛。懷帝永嘉五年（311 年），匈奴劉聰手下將領劉曜、王彌攻陷首都洛陽，懷帝被俘。西元 316 年，劉曜再度攻陷新都長安，愍帝被俘，晉室南渡，是為東晉（前此稱為西晉）。此時，整個北方幾乎全部落入胡族的掌控，這就是歷史上有名的「五胡亂華」。從這個時候開始，中國陷入長期南北分裂的狀態。一直到隋朝（581～619 年），一統的局面才又重新出現。

合久必分？

關於東漢衰亡以後的政治情況，這裡有必要作進一步的說明。從漢末黃巾之亂（184 年）到隋朝滅陳、統一中國（589 年），是整整的四百年。在這一段漫長的時期，戰事無數，生民流徙死亡，政權不斷更易，可說是一個極其混亂的時代。在這混亂的局勢中，也有過若干較為平靜的時刻。但在這些時刻，中國也還是處於分裂的狀態。扼要地說，自東漢衰亡之後，有四個世紀的時間，中國的土地上從來沒有存在過穩定的統一帝國。這個事實清楚地顯示，東漢的滅亡不是一個普通的政權轉移或朝代興替，它代表著一種政治結構的根本崩解：一個大帝國亡了，在很長的時間內，在這個帝國曾經統治過的土地上，取而代之的不是另一個大帝國，

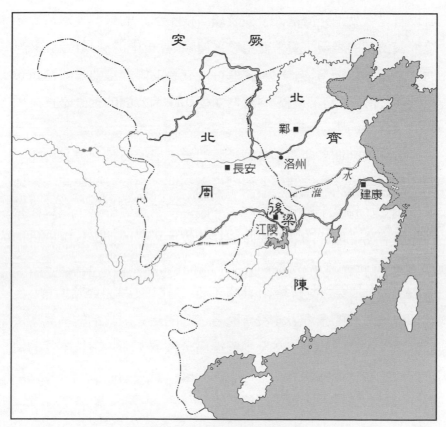

圖 5–1　南北朝末期形勢圖

而是同時並存的大小不同政權。為什麼會有這個現象出現呢？這不是三言兩語可以解釋清楚的問題，各位讀者也許可以在下面的課文中發現一些線索。這裡只想點明，從漢末開始，中國政治陷入了混亂與分裂——一種長期性、結構性的混亂與分裂。

自然經濟

現在，我們要討論一下漢晉之際的經濟狀況。從漢末到西晉的這段時期，中國經濟也起了巨大的變化。這個變化的性質，一

言以蔽之，就是經濟落入了極衰頹、極不活躍的景況。這種衰頹境地最清楚的表現是貨幣使用幾乎停頓，社會中的交易行為稀少，而且是用「以物易物」的方式進行，交易的媒介主要是穀物和布帛，有人稱作「自然經濟」。這個變化和政治方面的動亂是直接相關的。

戰國中晚期和西漢是中國經濟開始繁盛的時代：農業發達，城市興起，商品經濟活絡。但到東漢初期，由於豪門興起，土地兼併劇烈，獨立小農經濟萎縮，一般人民購買力降低，以致商業活動呈衰落之態。隨著東漢時期社會政治危機的加深，經濟日漸走下坡。到了東漢統治總崩潰的時候，商品經濟也就全面瓦解了。史書上說，董卓之亂以後，「錢貨不行」。錢貨，就是錢幣的意思。這種經濟蕭瑟的景況，並沒有隨著三國的建立、政治的稍見穩定而消逝。大體上說來，在全中國境內，經濟不振、貨幣不行的情況持續到魏晉南北朝的結束。中國經濟一直要到唐代——尤其是唐代中葉以後——才重新活躍起來。

中古人民的生計

漢末以後，一般人民過的是怎樣的經濟生活呢？這可以分兩個方面來談。一是戰亂時的情況，一是相對下較為安定時的情況。漢晉之際是中國史上動亂最劇烈的時代之一，兵禍連結，對社會破壞之深，筆墨難以形容。戰亂期間，徵調頻仍，賦役繁重，戰士死於沙場，百姓無辜受害，人口大量減少，生產陷於停頓。在這種情況下，大量的災荒必然發生。現在就以長安、洛陽為例。長安、洛陽在漢代先後為首都，是繁華鼎盛之地，但經漢末軍閥混戰之後，短短幾年就完全殘破。漢獻帝被董卓劫持三年之後，

率領還忠於他的朝廷官員回到洛陽。當時，城市完全荒蕪，附近幾百里已無人煙，百官還必須自己去砍木伐柴，有的官員甚至餓死在殘垣敗壁之間。這個時期的長安也飽受兵寇劫掠，人民飢困之苦，甚至有人成群結黨擄人來吃，時稱「啖賊」。在兵荒馬亂的時候，只有勢家豪族稍能自保。他們通常帶領自己宗族鄉黨的成員，選擇容易守禦的地方，築起堡壘，設法過著自給自足的生活，當時這種塢堡在黃河流域尤其多見。孤苦貧困的小民大量前往投靠，成為世家大族的依附者。

當政治相對安定時，政府也企盼生產能迅速恢復，以充實稅收。但是，在屢經戰亂之後，人民流亡殆盡，政府所能控制的民戶甚少。在這種情況下，政府就以大量被放棄的荒蕪土地為餌，招募人民來耕種，政府擁有土地所有權，人民則繳納部分耕種所得，充國家財政之需。這種制度最先由曹操實施，稱為「屯田」，後來又以其他名目出現過。不過，整體上說來，自漢末大亂以來，中國經濟的重心就落在世家大族所控制的莊園，無數的小民百姓以此為庇護所，他們只對莊園主盡義務，不向政府繳納賦稅。在這些莊園裡面，主要的經濟生活形式是自給自足的農業和手工業。

第二節　玄學與玄風

漢晉之際也是一個思想上經歷大變動的時代。這方面的變動，有受時代亂局影響之處，也含有思想傳統內在發展的因素。總的來說，後者的成分較大。正是因為這個緣故，漢晉之際所產生的新思想構成了整個中古時代士人心靈的主軸，並沒有隨政治社會環境的改易而發生基本變化。

玄學與玄風釋義

漢晉之間新思潮最突出的代表就是玄學與玄風。就字面的意思來說，「玄學」指的是一種重視、追求宇宙人生根本原理的思想。「玄」的主要意思是「深遠」；在古代語言中，「學」並不一定是指學術或學問，這個字也可以用來指稱有體系的思想，「理學」、「佛學」的「學」都是這個意思。「玄風」的意思則是與玄學思想有關的行為或人生風格。以上只是就字面意義對玄學、玄風這兩個概念作最基本的說明。我們如果要對它們有實質的了解，還必須考察思想發展的歷史過程。

玄學的誕生

玄學和玄風的形成期是在三國與西晉時代，其後漸趨於定型。二者關係密切，但性質有別，淵源也不全然相同。這裡我們依時代先後，介紹三國西晉時期思潮演變的大要，並藉此說明有關玄學、玄風的性質和派別的重要問題。

三國西晉時期的思想發展，可大略分為三個階段。第一個階段可說是玄學的誕生期。玄學的形成，不是一朝一夕之事，它曾經歷過一段長期的醞釀過程。但玄學明顯地形成體系，並開始產生巨大的影響力，是在西元三世紀中葉，特別是魏齊王曹芳正始年間（240～249 年）。在此期間，最有代表性的思想人物是何晏（死於 249 年）和王弼（226～249 年）。何晏是曹操的養子，母親在他孩提時改嫁給曹操，他的祖父則是漢末謀誅宦官的何進。王弼則出身學術世家，是一位年輕早逝的天才。這兩位當中，王弼的學說尤其具有突破性。綜合而言，何晏、王弼的思想言行有

以下幾個特點。

何晏、王弼的思想

首先，他們都寫了一些有關古代儒家、道家經典的著作。何晏最有名的作品是《論語集解》，他也寫過關於《易經》的研究。王弼有關《老子》和《易經》的註釋更是中國學術史上的傑作。何、王兩人研究古代經典，目的並非在做文字上的考證與解說，而是要透過對經典的重新解釋，來表達自己對宇宙、社會和人生原理的看法。他們的思想有一種傾向，就是認為宇宙人生可以分為兩個部分，一是平常聞見所及的種種現象，另一則是現象背後的根本原理。後者是「本」，前者是「末」，必須了解「本」，才能掌握「末」。他們的基本哲學觀念可說是「以本統末」。王弼把這個觀念表達得尤其清楚。

其次，何晏、王弼對「本」——宇宙人生最終的「道」——提出了一種特殊的解釋。他們認為，「道」的基本性格是「無」，而「末」的性格則是「有」。這是從古代道家思想變化出來的觀念。「有」的意思比較好懂，因為宇宙人生的現象——譬如花木、車馬、朋友親戚——是大家平常察覺、接觸得到的，一般認為存在的東西就是這些，所以可稱之為「有」。「無」的觀念就相當抽象了。在何晏、王弼看來，「道」是創造現象、決定現象之所以為現象的終極實在，它沒有形體，無法用一般的語言概念描述，「無」可以算是一個比較妥貼的稱呼了。此外，現象的存在都是具體的，有一定的性質和形貌。譬如說，一杯水不能同時又沸騰又冰冷，一個地方的天氣不能同時是寒冷和炎熱的，一個音符不可能又是宮又是商。「道」剛好相反，它不具有一定的性狀，廣大

無邊，既超越具體的現象，又是了解、運用現象的依據。現象既然是「有」，「道」就是「無」了。

「三玄」與清談

再者，從何晏、王弼的時代開始，不但中國學術思想的內容變了，思想所依據的經典也有了更動。在漢代，政府和知識界所最重視的典籍是儒家的經書。玄學興起以後，知識分子最感興趣的典籍則是《老子》、《莊子》、《易經》。其中，《老子》、《莊子》是道家的作品，《易經》雖然是儒家經典，但玄學家是用自己的思想去解釋這部書，和漢儒解《易》的方式非常不一樣。這三部書受玄學家重視，是因為它們的內容多是探討宇宙人生的根本道理，換句話說，就是比較「玄」。這三部書合稱「三玄」，玄學有時也被稱為「三玄之學」。何晏、王弼也是「三玄」研究的先驅，對《老子》、《易經》的解釋尤其在他們的著作中佔有核心的地位。跟漢代（尤其是東漢）的儒學相比，玄學學術的色彩淡，思想的意味比較濃。玄學家一般並不汲汲於著書立說，他們最喜歡的智性活動是談天，談一些玄遠的問題，這就叫做「清談」。何晏、王弼都是曹魏正始年間的清談領袖。玄學基本上是一種新型態的思想，但在具體的表現形式上，則與「三玄之學」和清談關係密切。

玄學的歷史意義

玄學的出現，是中國思想史上的一個重大突破。在漢朝，甚至先秦時代，思想界的主要關心在於實際的人生，特別是有關政治秩序和家庭倫理方面的問題。大史學家司馬遷（約西元前 145～86 年）的父親司馬談曾說：「陰陽、儒、墨、名、法、道德（即

道家)，此務為治者也。」很清楚地點出了中國古代思想重實際的特性。西漢中葉以下，儒家獨大，這個傾向愈益加深。漢人在討論宇宙人生的根本原理時，通常是以天的意志或陰陽五行的變化來做說明，這也是相當具體的辦法。玄學一反傳統思想的路徑，特別重視抽象的原理和終極的實在，認為現象界本身不足以讓人掌握宇宙人生的真貌。此外，玄學家也不再把世界的本體歸之於天的意志或宇宙的某些元素；他們心目中的「道」或「無」事實上是一種對世界運作的本質的哲學解釋。就人類哲學的一般發展看來，這種思想比漢代的宇宙思辨是精緻多了。

從禮教中解放

魏晉思想發展的第二個階段是曹魏的末葉，也就是大約從正始時期結束到西晉篡魏（265 年）的這段時間。此階段思想界的代表人物是阮籍（210～263 年）、嵇康（223～262 年）等所謂的「竹林七賢」。阮籍、嵇康可以算作是玄學思潮的「體驗派」。他們在思想上最大的特點是指斥儒家禮法為虛偽，強調個人人性的解放。他們也在行為上實踐自己的理念。

玄學思想初起之時，雖然有崇尚道家的傾向，但並不反儒，只是認為儒家價值屬於「有」的範圍，不能算是根本的道理。阮籍、嵇康改變了這種情況。他們認為，人生最基本的價值是「自然」，儒家禮法不但抑壓人性，更造成欺世盜名的虛偽之風。嵇、阮的思想雖然相似，表現的方式卻很不同。嵇康對儒家倫理採取了直接的攻擊。他個性剛烈，憤世嫉俗，批判世俗的道德與政治權威，毫不妥協。他公然宣稱：「六經以抑引為主，人性以從欲為歡；抑引則違其願，從欲則得自然。」意思是說，儒家經典是要

壓抑人性的，人性卻不喜歡受拘束。嵇康相信，人生真正有意義、有價值的東西必出於人情之自然。因此，為了實現自然的人生，經書、禮教、古聖先賢的教訓都可以拋卻。嵇康是被司馬昭殺死的。這個事件跟他的激烈思想有相當的關聯。

阮籍的反抗

　　阮籍反抗儒家禮教的方式比較迂迴。他很少作正面的批判，而是在行為中表現自己的態度。有一次，鄰家一位才貌俱佳的女子未嫁而亡，阮籍與她無親無故，卻逕自到她家，痛哭一場而去。他在母喪期間，照常飲酒吃肉，朋友來弔喪，他既不哭，也不迎接。但人們可以感受到他對母親之死有極大的哀痛。他在母親臨終之時和舉行葬禮之際，身體衰頓至吐血。阮籍還有其他類似的事蹟流傳，對他而言，禮法與個人的情感是不相干的。也許因為阮籍一直在避免和世俗規範發生正面衝突，他心中必須承受隱忍所帶來的極大壓力。因此，在他的行動與所寫的詩歌中，時常流露出一種對人生處境的深沉哀傷。阮籍這種放任自達卻又真情畢露的人格，對玄風的形成有很大的影響力。

中國的嬉皮

　　阮籍、嵇康所發揮的歷史作用主要有兩端。第一，他們把玄學思想的焦點從形上哲學轉至人生問題。何晏、王弼的言論著作雖然與現實人生、政治也有關連，但他們最大的關心在於新學術思想的建立。相對於嵇、阮，王、何只可算是「理論派」。其次，在行為的層次，阮籍、嵇康帶頭形成了一股解放個性的任誕風氣。在他們的時代及其後，許多知識分子以模仿嵇、阮為名，開始過

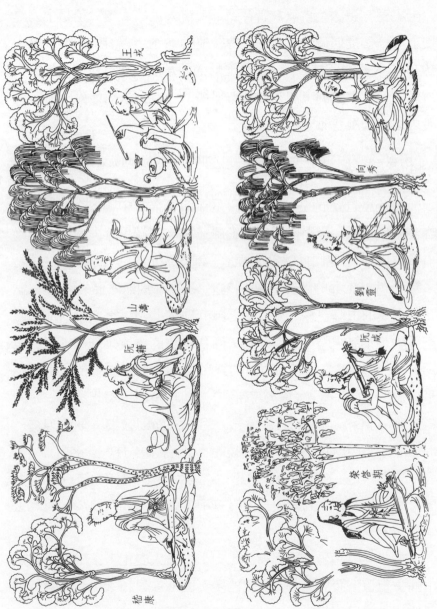

圖5-2　竹林七賢（榮啟期見道家傳說人物；劉靈現在寫作劉伶）

著放浪形骸的生活。他們經常散髮裸體、酗酒度日、行徑怪異，完全不遵守禮法，自以為體會到了宇宙人生的大道。這是中國歷史上第一個提倡個體解放的反傳統運動，在性質上，與 1960、1970 年代西方反抗威權、放浪形骸的「嬉皮」頗有類似的地方。這個風氣在中國的上層社會傳布很快。一直到永嘉之亂、晉室南渡之後，此風還不衰歇。

調和的說法

　　魏晉思想發展的第三個階段是在西晉統一中國以後。當時，許多維護禮法之士對流行的放誕風氣極為不滿，有人開始在理論上予以反擊。他們批評貴「無」、崇尚「自然」的思想，認為「有」就是世界的實在，除「有」之外，別無本體。然而在當時，玄學的根基已深，對任誕之風的理論批判只是玄學內部的修正運動，不能視為反玄學運動。西晉思想的主流是強調「無」與「有」、情與禮、超越與現實的調和。這方面最重要的代表作品是郭象的《莊子注》（寫於惠帝時）。調和論的主要想法是一方面肯定體「無」、自由的人生境界，另一方面則強調，要實現這一理想並不須脫離世俗的生活或規範。西晉末年有一句名言：「名教中自有樂地」，就是這個意思（名教是中古時代的流行語，指儒家綱常之教）。名教與自然沒有根本歧異的調和論於是成為玄學思想的基調。

　　玄學的興起是中國學術思想史上的一大變化，玄風則可說是中國文化禮俗發展上一支特異的變奏曲。玄學和玄風都是菁英分子的運動，只流行於上層社會的知識分子間。然而，它們對整個社會所帶來的衝擊卻是不可低估的。這個文化思想運動所帶來的

最大改變是，在價值體系上，社會對超世俗的觀念與活動給予前所未有的重視。譬如，中古時代是中國歷史上宗教最發達的時期。此外，玄學對「自然」和「情」的價值的強調，也使得中古文化對個人的情意有相當的尊重，這和漢代重視集體秩序（如家庭、國家）的維護大異其趣。各位讀者應該能在下文對中古文化的敘述中感覺到玄學深遠的影響力。

研究與討論

1. 漢末大亂以後，北方殘破，社會、政治起了什麼變動？如果你是當時的一個小民，你會考慮用哪些方法保命維生？

2. 玄學最「玄」的觀念大概就是「無」了。請參考課文和諸如《中國哲學史》、《中國思想史》之類的書籍，發揮想像力，揣測王弼思想中「無」的意思。

3. 阮籍、嵇康的思想和行為有什麼特點？一般認為他們的思想和作為是感受到時代之苦悶的表現，作為一個現代人，你有時代的苦悶嗎？你對他們有什麼看法？寫出你的感想。「竹林七賢」除了阮籍和嵇康，還有哪些人？請查一下。

第六章
中古宗教與社會

從西晉末永嘉之亂（311 年）到唐代中葉發生安史之亂（755 年），中國經歷了一段非常複雜的歷史過程。東晉到南北朝的末年，混亂與分裂的局勢持續著，政局變化之多且速，令人眼花撩亂。隋唐以後，政權復歸一統，穩定繁榮的景況再度出現。相對於政治變化的動盪曲折，這段時期的社會文化發展則趨於定型。我們可以說，典型的中古文化在此時期成長茁壯。它不但深刻影響了中國本土人民的心靈和行為，更傳布及亞洲其他地區，如今天的新疆、東北、朝鮮半島以及日本，至今仍然是東亞文化的重要共同基石。本章的主題在介紹這個文化傳統一個中心的部分——宗教——以及誕育這個傳統的社會環境。

第一節　門第社會與民族接觸

在介紹中古文化的各項主要因子之前，必須先敘述一下中古的社會型態。要了解中古社會的性質，「門第」和民族關係是關鍵的問題。

中古貴族

「門第」是什麼呢？簡單地說，就是中古時代在社會上享有最高地位的家族。歷史文獻上有關這種家族的稱呼很多，除了「門

第」，還有「世家」、「世族」、「大族」、「門閥」、「士族」、「貴族」、「舊族」、「名族」等等。這些名稱的意義頗有些差異。大致說來，稱「世家」、「世族」、「舊族」在顯示這些家族有悠久的歷史，稱「貴族」、「門閥」、「大族」在點出它們勢力龐大，稱「門第」、「名族」在標明它們聲望崇高，「士族」的意涵則是指它們重教育、有文化。從歷史的實際狀況來看，這些名稱對「門第」所作的界定都不夠全面，大部分的「門第」涵括了以上各名稱所代表的所有性質。也就是說，絕大多數的「門第」──尤其到了東晉以後，都已有長久的歷史，擁有龐大的社會力量，享有崇高的社會聲望，並且重視培養子弟的知識與教養。為了行文方便，下文將主要以「門第」和「士族」來稱呼這類家族。

門第的性質

中古社會一個極重要的特色是：「門第」長期在政治和社會上居於領導的地位。以是，中古社會時而有「門第社會」之稱。在介紹門第階層（或集團）形成與發展的歷史之前，我們先要對它的性質作幾點概要的說明。首先，門第雖然長期在社會上擔任領導的角色，但它並不是政治和軍事力量的最高掌控者。事實上，在中古時代，除了晉朝之外，幾乎沒有任何政權是士族所創立的。這個情況說明了，門第基本上是一個社會現象，這些家族之所以能長久立足於統治階層，主要是因為它們擁有獨立於政權之外的社會、經濟乃至文化基礎。在這股力量強大的時候，任何政權都必須與其妥協：承認它的特殊地位，借重它來鞏固自己的統治，乃至依賴它來建立政權的合法性。

其次，門第的聲望和地位經常是全國性的，至少是超越個別

地區的。任何門第或士族的名號都有兩個組成部分。一個是它的發源地，一個是它的姓氏。舉例來說，中古時代有一個著名的士族叫做琅邪王氏。琅邪（今山東臨沂縣附近）是這個家族的發源地，王是它的姓。但琅邪王氏並不是在琅邪地方才有名望，它是舉國皆知，各個地方的人都會尊敬這個家族的成員，認為他們高人一等。事實上，在中古複雜動盪的歷史裡，大多數的士族都屢經遷徙流離，散居四方，留在鄉土的族人並不多。大書法家王羲之（303～361 年）就出身琅邪王氏，但羲之一生都在江南渡過，琅邪只是他遙遠的祖鄉。唐代有一句話，稱士族為「東西南北之人」，很能表現出門第這種四海為家、天下皆知的性格。

再者，由於世家大族的領導地位是長期性的、影響力是超地方的，從社會結構的觀點來看，我們可以說，在中古時代，政治、社會上的統治階層被少數家族所長期壟斷。這種家族的性質很接近人類社會中常見的「貴族」（aristocracy）——也就是對重要的政治經濟利益和地位享有世襲特權的家族。然而，中國中古門第與一般所說的貴族——如中國先秦時代的諸侯士大夫、歐洲及日本歷史上的貴族——有一點重要的不同。一般貴族的世襲特權是得到制度和法律的完全承認的，中國中古門第所受到的制度保護就相當少，它幾乎完全是靠自己所擁有的社會力量與聲望支撐起來的。我們或許可以說，中古門第是實質意義上的貴族，而不是法理上的貴族。門第的歷史意義是：它是自戰國時期古代貴族階級瓦解後，中國歷史上第一次出現的另一個貴族階級，但也是中國史上最後一個貴族階級，它在唐代中葉以後就慢慢衰落了。這是世界歷史上一個非常特殊的現象。世界上大多數的主要社會直到三、四百年前為止，都是被世襲貴族所統治的，中國則是個明顯

的例外。

門第的起源

　　中古門第的源頭是在東漢。在東漢，最大的社會勢力是各地的豪族。由於東漢政權以經學知識和道德行為作為選拔高級官僚的標準，為了取得政治權力，許多鄉土豪門也鼓勵子弟受教育、研究儒學，這些豪族的文化水準也就逐漸提高——可以說，逐漸「儒家化」、「士人化」了。這些家族的成員在當官、進太學（在首都的國家大學）後，有了很多和類似背景的人接觸的機會，久而久之，就形成了一種區分人我的階級意識。在東漢末期，我們可以很清楚地看到士族階級的雛形已經出現了。這個集團的成員是對抗宦官的主要力量。在此必須說明，士族在東漢還處於形成階段，在社會上未佔有絕對優勢，一般在衡量人才時，個人品質的因素還是重於家庭背景，寒家單族的子弟仍然很有機會出人頭地。

　　漢末天下大亂之後，豪族因還具有自保能力，吸引極多小民投效，士族力量更為擴張。西晉應該可算是門第力量開始到達高峰的分水嶺。西晉皇室司馬家本身就是儒門大族，取得政權之後，自然護衛本階級的利益。士族成為中國社會一個特殊階級的最具體表現就是它對九品官人法（或稱九品中正制）的控制。

九品官人法

　　九品官人法創始於曹魏初期。制度的主要內容是，中央政府為州置大中正之官，為郡置中正之官。中正官依九個等第的區分，負責為各州郡的人才定品，吏部就根據中正的「品狀」來任用官員。在東漢，人才的進用主要由地方推薦，稱之為「鄉舉里選」。

漢末以後，地方荒亂，人離鄉土，這種制度不再可行，九品官人法是一個替代的制度，由中央政府任官，尋找各地出身的人才。這個制度的創立，也有中央政府要掌控人事選拔的意味。

　　九品官人法設立不久，就開始淪為門第獲取高官厚祿的工具。主要的原因是，中正官大多為士族出身，評選人才時，偏重人選的家庭背景，使得上品都由士族子弟所壟斷。西晉有一句名言：「上品無寒門，下品無勢族」，指的就是這個現象。西晉時期，士族雖已控制了九品官人之制，但在理論上，這還是一個依才德選拔人才的客觀制度。東晉以後，門閥制度與九品官人的結合就更完全而徹底了。那時的情況是：一品是虛品，沒有人拿得到；門第子弟一律定為二品，只有二品是上品，其他都是卑品。九品官人法在隋朝時廢除，但它已為門第階層作了長期的服務。

永嘉亂後的貴族集團

　　東晉以後，由於國土分裂，門第階層分化成幾個集團。在南方，有由北方逃難而來的士族，叫作「僑姓」，還有原居於江南一帶的士族，稱為「吳姓」。許多「僑姓」家族都是西晉中央統治階層的後裔，玄學與玄風就是由這個集團帶到南方的。「僑姓」也是東晉南北朝初期在整個中國具有最高地位的士族集團。

　　在北方，有居住於華北平原、逐漸以洛陽為中心的士族集團，叫作「山東郡姓」。另外有以長安、山西南部為重心的「關中郡姓」。北魏統一北方後，鮮卑族的統治集團也希望躋身門第之列。由於他們在中國原來的根據地於今天的山西大同一帶，是古代的代國所在之處，也就被稱為「代北虜姓」。

　　隋唐以後，這幾個形成於南北朝的門閥集團接觸漸密，有了

交融，但大致的區分仍在。從南北朝後期直到隋唐，北方的山東郡姓成為士族階層中地位最高的集團。山東郡姓的崛起，與其在南北朝分裂後的情勢中所扮演的角色有關。山東士族長期在北方代表漢人與胡族統治者周旋，遂在北方社會建立起無可置疑的領導地位。隨著北朝力量擴張，進而統一中國，山東郡姓也就取代南方僑姓成為整個門第階層的領袖了。

胡族進入中原

中古時代另一個突出的現象就是民族接觸的頻繁。在此期間，無論在北方或南方，都有大量的非漢族人口加入中國社會，是漢族形成史上的一大變局。在北方，五胡亂華以後，胡族是以征服者、統治者的身分來臨的。自東漢以來，中國朝廷就有政策，長期在邊塞安置外族，以為禦邊之用。此外，不少外族也因經濟的理由移居漢朝的邊地。這些胡族在邊地經常受到漢人官吏和富豪的欺壓剝削，對漢人早有不滿之情，衝突時生。到東漢晚期，西北的羌亂已經是國家安全上的重大問題了。

胡族終於在西晉對中國政權造成了直接的威脅。西晉惠帝登位後不久，大規模的胡族反亂就發生了，終至席捲北方，建立諸多政權。入主北方的胡族成分很複雜。主要有所謂的「五胡」，就是：匈奴、鮮卑、氐、羌、羯。匈奴是最早在北亞草原出現的強大游牧民族，以現在的蒙古高原為根據地。進入中國邊地的是南匈奴，在五胡之中，他們與漢人接觸的時間最久，漢化也較深。羌自古以來就居住於現在中國西部的黃河上游和青海湟水一帶，與漢人有相當深的語言、文化關係。現在的西藏人很可能就是羌屬的一支。氐也是來自西方，可能發源於四川雲貴一帶的西南夷

系統。羯的族屬在五胡中最為特殊，他們顯然是深目高鼻多鬚的高加索種，應屬印歐語族（印歐語族分布很廣，歐洲絕大多數的語言，如英語、法語、希臘語，都屬印歐語，亞洲的伊朗人、北印度人也都是說印歐系語言的民族）。

五胡當中最重要的是鮮卑。鮮卑拓跋部所建立的北魏在五世紀中葉統一北方，進而經略淮河流域，成為中國境內最強大的政權。北魏後來雖然崩潰了，但這個王朝所摶集的力量繼續統治北方，終至統一中國。鮮卑是游牧民族，原住地在今天的蒙古、東北之交，在東漢初，雄踞蒙古草原的匈奴散亡之後，鮮卑各部開始西遷至漠北，填補匈奴人所留下的真空。漢末中國大亂，鮮卑各部又逐漸南下，是五胡之中最晚進入中土的。

胡族在晉代進入中原，成為中國北方的統治者，是中國歷史上的一件大事。這些民族與漢人在此後的數百年間有緊密的互動關係，對中國的政治、社會、文化產生了廣泛的影響。這在下文都會陸續介紹。

南方的原住民與漢族

在中古時代，民族融合不只發生於北方，南方也有同樣的情況。長江以南在上古並非華夏民族的地盤，戰國、秦漢以後，隨著某些原住民族（如江浙一帶的越人）的漢化以及漢人的移居，漢文化逐漸深入南方。但是在整個漢代，今天華南的大部分還是屬於原住民的地區，與漢文化的關係甚薄弱。漢末中國大亂，北方各階層人民逐次大舉南下，永嘉亂後達到高峰。這個情勢一方面使得漢人在南方的人口急速增加，另一方面也帶動了原住民與漢文化的融合。

　　南方主要原住民族有以下幾支：江浙一帶的山越、長江流域中游的「蠻」、贛南粵北的傒（或作溪）人、兩廣湘南的俚人、四川一帶的僚族。這些民族大都靠簡單的農業為生，組織散漫，武力不強。他們雖然和漢人時有衝突，但較少大規模的戰爭。在經過魏晉南北朝數百年漢人不斷南遷的歷程之後，這些民族與漢人已有相當程度的融合。到了唐代，華南平地和河谷地帶已經少見土著民族的蹤影了。南方原住民由於未曾形成龐大的政治、軍事力量，在歷史上，所扮演的角色不若北方的胡人醒目。但我們不可忽略，這些民族的後裔是往後南方社會的重要組成分子，他們的文化也在與漢民族融合的過程中散布到整個社會中。

　　門第和新加入中國社會的非漢族，只佔中國人口的小部分。除了這些人，中古社會中還有各種地方豪強、農民、城市工商人口、奴婢。其中的最大多數當然是農民。他們或依附門閥，或成為由國家掌握的自耕農。限於篇幅和本書的性質，我們無法詳細介紹這些重要的社會成員。但我們希望，由本節對門第與少數民族的討論，讀者能對中古社會的特質有一些基本的認識。

第二節　佛教的輸入與興盛

　　佛教輸入中國及其傳播是中國文化史上的一大盛事。由於佛教對中國社會的影響太大，我們反而很難清楚說明它的重要性。用最簡單的方式來講，在過去的一千五、六百年間，佛教有盛有衰，但一直是中國社會中與本土道教並駕齊驅的主要宗教，也是在十九世紀中葉西力東來以前，對中國產生最大影響的外來文化。

佛教的輸入

佛教起源於印度，由喬答摩‧悉達多（即釋迦牟尼佛）所創立。由於印度傳統不重視歷史紀事，佛教何時興起，不很能確定，大約是在西元前五、六世紀左右。佛教不是由印度人直接傳入中國的。佛教進入中國，大約是在西元紀元之初，也就是兩漢之際，從西域（即現在的新疆和中亞）傳入。因此，中國佛教一開始即帶有濃厚的西域色彩。

漢代佛教

在漢代，佛教流行並不廣。傳教者大都為中亞人或中亞僑民的後裔；據記載，漢人最早出家的是桓帝（在位期：146～168年）時人嚴浮調。佛教應是流行在少數地區的一般百姓之間，雖然若干王公貴族已開始信仰佛教，但它尚未引起知識分子的注意。在漢代人一般的觀念裡，佛教屬於方術的一種，也就是可以使人避邪得福的道術。漢代佛教的最主要信仰是人死後精靈不滅，在生死輪迴中承受因果報應。佛教因此鼓勵人修道行善，主要的做法是省慾去奢、慈善布施。禪坐也被介紹到中國來。在東漢的兩百年間，佛教雖然沒有普遍流行，但長期傳布的結果，為日後的發展打下了一些基礎。

南北分裂後的佛教

漢末大亂之後，佛教繼續傳布，有日益昌盛的趨勢。不過，佛教真正成為中國文化和社會中舉足輕重的力量，是在永嘉亂起、南北分裂之後。佛教在南方與北方發展的型態相當不同。先談南

方。佛教自傳入中國之後，一直是在中下層社會和外國人社區中
流傳，沒有受到士大夫的青睞。在這種情況下，佛教在中國文化
圈中的發展和地位還是很有限。然而，四世紀初，晉室南渡之後，
佛學突然在士人階層中風行起來，成為清談的主要題材，匯入南
方思想的主流。在東晉初年，北方仍處亂局之中，南方是中國文
化菁英聚集的地方，佛教得到了這些人的接受和喜愛，於是地位
大增，影響加深。

　　永嘉亂後，佛教也在北方盛行。北方佛教的特色是以信仰為
主，不重佛學的研討，但論流行的廣度與深度，恐怕超過南方。
佛教在北方不但得到胡族統治者的支持，也受到廣大民眾的信仰。
在五胡亂華時期，北方最有地位的佛教領袖是佛圖澄，這位外國
高僧可能是西域龜茲（今新疆庫車）人。佛圖澄得到後趙政權
（319～351 年）的支持，在後趙立國短短的幾十年間，據說他和
他的弟子建立了九百八十三所佛寺。這是佛教傳入中國以來從未
有過的盛況。

佛教昌盛的原因

　　佛教為什麼會在永嘉亂後突然盛行起來？一般的看法有兩個
主要原因。第一，就思想上來說，佛教對宇宙人生有一套複雜精
妙的解釋。但這套思想對中國人太過陌生，加以漢代思想並不重
視根本性的哲學、宗教問題，佛學在漢代並未引起知識分子的注
意。然而，魏晉之際，中國思想發生巨大的變化，玄學興起，重
視宇宙本源與人生處境的問題，佛教思想就開始對知識分子有吸
引力了。中國士人開始接觸佛學，主要是以為它和流行的道家思
想有相通之處。佛教認為世間萬物都是沒有自性的，也就是說，

圖 6-1　北魏時代的釋迦牟尼佛坐像

萬物的本質是「空」。中國士人覺得「空」的概念和道家的「無」
很相似，因此大力鑽探佛教教義，佛學幾乎成為玄學的一部分。
佛學與玄學的接頭是佛教在南方流行的關鍵原因。

　　佛教普及的另一個──也許是更根本──的原因則是世局的
混亂。從黃巾之亂到永嘉之亂一百多年間，戰事之多，政局之亂，
民生之苦，中國史上少有其匹。在亂世，人經常會遭遇生離死別
的痛苦，感受禍福無端，很容易生出宗教的情緒，希望對生命之
本質得一解釋，在精神上覓一寄託。中國雖然自古就存在著種種
巫術與神祇信仰，但並未發展出有完整教義和儀軌的宗教，使人
們能夠尋得身心安頓之所。發源於印度的佛教，在性質上是一個
系統完備的宗教。它有精深的教義，有各種儀式和修行方法，有
可供崇奉膜拜的佛菩薩，也有神通法術，可以滿足社會上各種型
態的人的心理與精神需求。在西、東晉之交，佛教經典譯成漢文
的尚少，一般對其教理宗旨的認識還淺，但佛教這種迥異於本土
信仰的性質的確使它像大旱中的雨露，滋潤慰撫了亂世苦難之人。

　　佛法在北方流傳還有一個值得一提的原因。佛教是外來宗教，
時常遭受士大夫以戎狄之教為理由而加以抵制。西晉傾覆，北方
由胡人統治，他們也是外族，提倡佛教，毫無心理上的顧忌。

本土化的努力

　　一個宗教要在新土地上生根，只靠統治者的支持、知識分子
的興趣和外國僧侶的領導，恐怕是不夠的。在西元四世紀末、五
世紀初，中國逐漸出現一批本土佛教領袖，使佛教的發展根基更
趨穩固。在這批漢人佛教領袖中，最重要的就是釋道安。

　　釋道安生於晉懷帝永嘉六年（312 年），西元 385 年卒於長

安。他畢生致力於建設獨立的佛教，艱苦卓絕，使佛教不全藉清談之浮華，政權之扶掖，而能屹立於華夏，實為佛史上有數的特出高僧。道安早年師事佛圖澄，宣教於黃河之北。西元 365 年左右，在戰亂危逼之際，他分遣徒眾至各地傳教，自己則到東晉所統治的襄陽（今湖北襄陽），在當地居住了十幾年。379 年，前秦苻堅陷襄陽，道安赴長安，死於該地。道安一生事業甚多，他整理經典、研討教理、組織譯經工作，希望佛徒能了解佛陀教訓的真義。他又訂立戒規，使佛教僧侶成為嚴整有紀律、有尊嚴的宗教團體。在道安之前，中國僧侶的法名沒有固定的形式，道安依《增一阿含經》，規定出家人都依釋迦牟尼為釋姓。這個規矩一直傳續至今。

鳩摩羅什

　　四、五世紀之交，佛教界還有一位關鍵人物：鳩摩羅什（343或 344～413 年）。鳩摩羅什不是中國人，他生長於龜茲（今新疆庫車），很年輕時就成為西域首屈一指的佛學大師，尤精大乘佛理。佛教大行於中國之後，教界時常感到佛典的翻譯零亂，解釋乏人，無法深切了解佛教義理。鳩摩羅什以佛學精湛成名後，中國就有人希望延聘他來講學譯經，道安也在其內。西元 384 年，涼州（今甘肅武威）地方政權甚至為擄獲鳩摩羅什而進攻龜茲。鳩摩羅什被帶到涼州後，羈留當地十多年，於西元 401 年到長安，413 年逝於該地。鳩摩羅什來長安後，對中國佛教作出了兩項重要貢獻。一是大量翻譯佛經，奠下漢文藏經的重要基石；一是培養出一批深解佛理的中國弟子，使中國佛教不再停留於以本土思想（特別是道家思想）比附佛家觀念的地步。由於各種的因緣與

各方的努力，佛教終於深植中土。在南北朝時期，佛教繼續發展，信眾極多，各種求法、傳教、修行活動紛紛出現。總的說來，南北佛教風格的差異仍然存在。北方仍是重禮拜、修行，信仰深入民間。今天聞名於世的龍門、雲岡石窟都是北朝時所造；據史書記載，在西元 530 年左右，北方的佛寺達三萬餘所。佛教信仰之熱烈，於此可見。反之，南方則仍重理論的爭辯、教典的研究，與統治階層的關係特別密切。

宗派的出現

到南北朝末期，特別是隋唐統一之後，佛教的教風有混合的趨向。這時佛教界有一個重要的發展，就是宗派的出現。佛教的宗旨與教義雖然相當明確，但在經過長時間的發展、多地方的流傳後，內容甚為繁雜。它有數量龐大的經典，也有形形色色的信仰活動和修行方式。佛教傳入中國後，雖然信徒在經典誦讀和宗教實踐上各有所重，起初並未形成明顯的派別。大規模宗派的出現始於隋朝，天台宗是第一個形成的教派。唐代以後，法相宗、華嚴宗、密宗、律宗、禪宗等陸續出現或傳來。

宗派是什麼呢？它有一點像教中之教。一個宗派有創始人，有傳授的道統，有信徒，有教規，它對教義有特定的解釋，也有特別著重的修道方式。此外，大部分的宗派也有自己尊奉的經典和佛菩薩。宗派的興起，顯示佛教經過數百年在中國的流傳，已經被本土文化所消化吸收了。在主觀願望上，中國佛教徒對佛教不願止於被動的了解與信仰，他們還用開宗立派的方式來表現、推廣他們所認定的佛教真義。宗派是中國佛教特有的創造，後來傳到東亞各地，如韓國、日本，有些到今天還存在。

譯經事業

　　唐代佛教還有一個重大的發展，就是中國人已經有能力自己直接掌握佛教原典，將其譯成漢文了。這個成就得來極不容易，是經過數百年誠信的佛徒前仆後繼、西行求法的結果。佛教源於印度，佛教經論大多由梵文書寫，中國人無法直接了解。印度與漢土距離遙遠，阻隔於山海沙漠。但自東晉南北朝以來，有許多僧人基於求法的熱誠，不顧路程艱險，遠赴中亞、印度，學習語文，探訪名師，攜回經卷，終於使國人突破語文、地理的隔絕，而能直接閱讀佛教原典。在這方面，成就最大的是玄奘（602～664 年）。

　　玄奘十三歲時，受到出家為僧的二哥影響，在洛陽出家。唐貞觀三年 （629 年），玄奘二十八歲，為了解決自己對佛法的疑惑，啟程赴印度。玄奘在西域、印度停留了十六年才回國。旅印期間，玄奘遍訪名師，長居佛學中心那爛陀寺。他對佛學表現出極深的造詣，並撰有梵文著作，名震天竺。他離開印度時，據說有二十國國王、僧俗五十餘萬人相送。回到長安時，也是萬眾瞻仰，有數十萬人迎接。玄奘回國後，全力投入佛典的翻譯，聚集了一批全中國的佛教菁英（還包括許多外國人），成立翻譯機構。到他去世為止，將近二十年間，共譯出經論七十五部，一千三百三十五卷。不但數量大，而且譯筆精準。在中外文化交流史上，這個成就不僅空前，到現在為止，也還沒有人能企及。玄奘不但佛學素養深，有高超的領導力，同時還是思想宗師，他也是法相宗的創始人。

民間的佛教信仰

　　自南北朝起，佛教盛行之後，還有一些在民間極為流行但不屬於任何宗派的信仰出現。這些信仰的特色在於教義簡單，實踐容易，以佛菩薩崇拜為主，極受庶民大眾的歡迎，最著名的有觀世音信仰、彌勒信仰、彌陀淨土信仰等。觀世音是大乘佛教所信奉的菩薩之一，祂最大的特質就是大慈大悲，關心人間的疾苦，以救世為願。祂法力無邊，能化身為各種形相，向眾生說法；信徒相信在危難的時候，持唸觀世音名號，能得到祂的解救。觀世音信仰大約在四、五世紀之交已開始流行，到現在仍未衰退。

　　照佛教的說法，彌勒佛屬於未來佛。祂目前居住在兜率天宮，將來會下降到我們的世界（佛教稱為娑婆世界），幫助眾生解脫。因此，彌勒信仰有兩項主要內容。一是信徒死後可以上昇到彌勒所居的兜率天，在那裡得到彌勒佛的庇護。要上昇到兜率天，除了靠一般修行之外，當聽到彌勒佛名時，歡喜禮拜，也能得到接引。這種經由佛力把人帶到一個美好世界的信仰，在佛教叫作淨土信仰。此外，彌勒佛是未來佛，有救世主的意味，有人叛亂起事，也常以「彌勒出世」作號召。

　　阿彌陀佛信仰可能是所有佛教民間信仰中最流行的一種。一般來說，佛教的特性是自力解脫，也就是說，人若要求解脫，脫離輪迴流轉的生死苦海，要靠自己修行。阿彌陀佛信仰的特色則是他力。阿彌陀佛居住在一個叫作西方淨土的地方，祂發願要救助我們娑婆世界上的人們，人只要在死前專意唸佛，一心不亂，就能得到祂的接引，脫離苦海，到祂所居住的蓮花遍生的安樂潔淨世界。阿彌陀佛信仰在中國社會流行的廣久，深入人心的程度，

圖 6-2　敦煌千佛洞所發現的晚唐絹本「水月觀音圖」

很少有其他信仰可以相比。今天，我們還可以在大街小巷發現「南無阿彌陀佛」的字樣，讓人看到的時候，就唸一聲佛號。在喪禮上，我們也常會看到「往生西方」的輓詞，指的也是阿彌陀佛淨土。這裡特別要說明的是，上面所談的幾種佛教信仰雖然最流行於一般庶民之間，也常得到高僧大德、知識分子的信奉，其實大部分的宗派也都提倡淨土信仰。

地獄觀念與變文

佛教盛行於中國後，廣為民眾信仰，對一般文化的影響，可說是如水銀瀉地，無孔不入。這裡舉兩個例子，以為說明。

第一個例子是佛教對中國人的生死觀的影響。在佛教流行以前，中國對死後歸宿的大概看法是，人死後魂魄離開身體，或昇天，或入地，或仍然遊走於人間。人死後可昇天的說法似乎在西漢中葉以後就逐漸不流行了。死後主要是化為鬼，居於地下世界。地下跟生前的世界差不多，也有官府、官吏的管轄。東漢以後，地下世界最有權威的一個主管是泰山府君。

佛教的流行為中國的死後世界帶來嶄新的觀念。佛教對死後世界有兩個基本看法。第一是死後的命運與生前的善惡有關，作惡多的人將會受苦，行善多的人可得福報。換句話說，人在生時的作為在死後會得到公正的審判。其次，生命可以一而再，再而三地出現。根據佛教的說法，人死後若未成佛或受佛接引，就會在「六道」中輪迴。「六道」指的是六種世界：地獄、餓鬼、畜生、人、天、阿修羅（意為惡神）。這兩種說法，尤其後者是中國本土思想所沒有的。

在佛教死後世界的圖像中，最突出的可能就是地獄了。地獄

是六道中的三惡道之首（其他兩個是餓鬼和畜生），是重惡者死後受苦受刑的地方。佛教對地獄有非常豐富的想像，地獄的數目很多，其中最有名的主管就是閻羅王，他手下有許多判官鬼卒，協助他審判惡人，拷打治罪。在佛經中，閻羅王的地獄本來只是眾多的地獄之一。但隨著地獄說深入人心，閻羅王成為中國民眾心目中陰間的主宰，決定死後命運的最高權威。

南北朝以後，地獄的觀念已為中國人普遍接受，成為死後世界一個主要的部分。道教受到佛教的影響，也有地獄的思想，但關於地獄的地點和內容，則經常依據中國本有的信仰與傳說，並未全採佛家的說法。

「變文」也是佛教與民間文化交涉下的一個產物。變文流行於唐代，原來指的是佛教「俗講」所使用的腳本。唐代時，有些佛教法師為了傳教，把佛經中的內容編成故事，夾敘夾唱，宣講給大眾聽，這叫作俗講。俗講的形式輕鬆，內容有趣易懂，很受民眾的歡迎，變文就是這些故事的腳本。變文起源於傳教活動，但日久娛樂性和文學性逐漸高於宗教性，有些變文於是也取材於歷史傳說，甚至自編故事，成為獨立的文學創作了。變文可說是中國白話小說的鼻祖，在文學史上有關鍵的地位。

佛教在東漢初進入中國，經過兩、三百年沉寂的存在，終於在中古時代大放光采。它的傳布，超越了種族、國別、階級、性別、教育程度的界線，是中古時代最盛行的宗教。有關佛教信仰的種種思想和活動，也構成了中國中古文化的一個重要面相。

第三節　道教的形成與發展

　　道教在魏晉南北朝時興起，這也是中國文化史上的一件大事。與佛教不同，道教是本土宗教。道教作為一個組織化的宗教，在歷史上流行的程度不如佛教。然而，因為道教與中國文化中許多根深蒂固的信仰和價值觀有密不可分的關係，比佛教更深入民間，透過它，我們可以清楚地觀察到中國文化許多深層的元素。

太平道與天師道

　　道教是經歷了一段長時間才形成的。一般對於道教的起源，上溯至東漢末年的太平道與天師道（或稱五斗米道）。太平道是張角所創立，流行於華北平原的東部。由於張角領導發動了黃巾之亂，太平道就成為歷史上最早為人注意的道教組織。黃巾之亂雖然在短短的八個月內即被平定，太平道也受到鎮壓，但太平道的勢力並未完全消失，只是轉入地下。後來這股力量被天師道所吸收，仍然是道教在華北的重要基礎。

　　天師道興起於四川和漢中（陝西南部）。關於天師道的源頭，學者有一些爭論。我們可以確定的是，張魯是這個教派早期最重要的領袖。他不但發展出完密的宗教組織，更於漢末大亂後，以「師君」自稱，在陝南川北一代建立政權，以教領政，除了傳教，還建立了一些社會救助制度。這是中國史上少有的宗教政權。

　　張魯政權在西元 215 年為曹操所攻滅。張魯投降，隨同天師道的許多領導分子被遷往華北。曹操還將大批天師道信徒遷出漢中，大部分安置在長安及其鄰近地區。如此，天師道的重心可說

完全轉移至北方。這股教民與太平道的殘餘勢力結合,經過了一個世紀左右的沉寂,在永嘉之亂後,又浮現於社會表層,成為巨大的宗教力量。在道教早期的歷史上,天師道很明顯地是主流正宗。

早期道教的特點

道教的教義、儀式、信仰活動都非常駁雜,這個狀況在道教初發軔時就出現了。因此,要說明道教的性質和主張相當不容易。用最簡單的方式來說,早期道教是民間巫術與黃老(黃帝與老子)崇拜的混合物。早期道教有幾個主要特點。第一,它對宇宙、社會、人生的林林總總都有一些理論的說明。這些理論經常以《老子道德經》為依託。其次,道士都有超自然的能力,能驅神使鬼,解人災厄,特別是幫人治病。這顯然是巫術的遺留。第三,太平道和天師道都懷有教化人民的使命感。它們認為,人有病而不癒,是因為不行善,不信道。必須懺悔,才能解厄。天師道曾經建立政權,在推行社會教化上,尤其不遺餘力。

道教一個極重要的來源是民間信仰和巫術。由民間信仰演變到宗教,有兩個關鍵因素:組織與教義的成立。沒有這兩項因素,各種信仰只能停留於散漫不相屬的狀態,無法形成有高度凝聚力的系統。早期道教的組織,就是前面所說的太平道與天師道。我們對天師道的組織所知較多,這個組織顯然是模仿國家行政體系而建立的。天師道的領袖就叫「天師」,這是此教名稱的由來,張魯自稱第三代天師。「治」是教中組織的基本單位,共有二十四治。教中的領導幹部叫作「祭酒」,男女都有。祭酒統領教民,教民入道時要繳交五斗米,所以外人也稱天師道為五斗米道。這是張魯在蜀地所建立的組織。天師道教徒大量遷往華北後,組織也

隨同移往，但變得非常散漫。

《太平經》

　　東漢中、晚葉，社會上出現了一些後來被視為道教經典的書籍。這些書籍可以說是當時有些人為求創立新宗教的思想結晶。其中，《太平經》是內容最豐富的一部。據說這部書是天神所授，就書名看來，或許太平道跟它有關係。這部書的思想包含以下幾個要點。第一，它相信宇宙間的一切事物、現象都是「氣」所演化。最根本、最純淨的「氣」叫作元氣，人求道，就是要回到與元氣合一的境界。「氣」的哲學源於先秦道家，往後一直是道教的基本思想。第二，這部書強調，人世間有三個主要組成分子：君、臣、民。三者如果能夠相處無間隙，就達到了太平世界的理想。這是儒家理想的一種變化說法。在政治、社會觀方面，道教基本上是支持儒家的。第三，《太平經》相信天人感應說，認為人間政治要清明，自然現象才會平順。這是傳統陰陽五行思想的延續。第四，此書相信宇宙間存在著神仙世界，人可修道求長生成仙，協助天治理世界。第五，《太平經》認為，人的善惡作為最後必定由個人、家族乃至國家來負擔其後果，這個理論叫作「承負」。根據《太平經》的說法，就是因為有「承負」的問題，立教才有必要。經書和宗教可以教導人們如何避免「承負」原理所導致的災禍，而得各享天年。

　　《太平經》的思想非常駁雜，包含了宇宙生成演化原理，社會政治理想，乃至趨福避凶之方、養生修道之法。道教其他經書的內容和《太平經》稍有出入，但上述幾個要點應能代表道教教義的大體。關於道教的起源，還有一個令人困惑的問題。這就是：

為什麼在東漢末年中國民間會出現一個創立道教的運動？對此問題，學者的了解還相當貧乏，無法作充分的解答。有人以為，這可能是受到佛教傳入的刺激，但這項說法目前還缺乏證據支持。

東晉以後的南方道教

　　道教雖然起源於漢末，它的興盛卻要到四世紀初永嘉亂後才明顯起來。和佛教一樣，南北分裂時期的道教，南北各有不同的特色。先說南方。南方道教的來源似乎和北方有些差異。北方的道教是天師道。表面上，南方也以天師道為大宗。南方有北方傳來的天師道，許多在西晉崩潰後逃難到南方的大士族都世代信奉天師道。本章第一節曾經提及王羲之和他所屬的琅邪王氏，這個家族就是天師道世家。除此之外，南方道教的來源似乎就相當複雜了。當地本來就存在著一些獨立的小教派，這些教派的旨趣與天師道多少有出入。簡言之，南方道教較北方為多元。

　　南方道教的另一項特色是與知識分子、上層社會的關係較深，這種型態的道教特別重視個人求長生、成神仙。我們可以說，南方道教有濃厚的神仙道教色彩。神仙道教相信神仙實有，可學而至。神仙長生不老，有法術，能變化，這樣的存在當然比現實的生活好。學習成仙的方法很多，最重要的就是服食丹藥。因此，煉丹是神仙道教極重視的方術。神仙道教中人往往隱居山林，秘密傳授煉丹要訣。總而言之，相對於天師道，神仙道教的型態比較個人化，思想來源是秦漢以來的方士，而非一般的民間信仰。神仙道教在南北朝影響甚大。在《太平經》和早期天師道的時代，神仙只是道教意識型態中的一小部分。東晉以後，長生成仙的信仰在道教中所佔的地位愈來愈重要。

　　南朝以後，南方道教有一個發展趨向，就是舊天師道與士族神仙道教的融合。這種融合工作通常是由士族出身的道士領導，主要的代表人物有兩位：陸修靜（406～477 年）和陶弘景（456～536 年）。陸修靜出身著名的士族，早年經歷不詳，我們只知道他中年時已是知名道士。宋明帝泰始元年（465 年），他應明帝之召入京，住進特別為他所築的崇虛宮，直到去世為止。在這段期間，他成為南方道教的實質領袖，對道教進行改革。他所推動的最重要工作有：整頓教團組織、蒐集整理道教經典、重新制訂齋醮科儀。陸修靜的改革有一個非常值得注意的方面，就是受到佛教重大的影響。佛教和道教差不多同時開始在歷史舞臺上嶄露頭角。到東晉初，道教的著作還看不出有多少受佛教影響的跡象。但由於佛教在社會上勢力極大，又有深奧的理論、整理良好的經典、完備的典章制度，道教不得不受到衝擊。自東晉末年以來，不少新出經典就有明顯抄襲佛教的痕跡。陸修靜改革道教，致力於道經的整理、教義的解釋、戒規的強調，模仿佛教的意味更明顯。

　　陶弘景也是綜合道教各派理論和方術的重要人物。他一生事業的特點在於以流行於南方的上清系教法為核心，撰述著作、建立教團。他一方面仍然保存舊天師道請神驅鬼的方術，另一方面則特別重視養生修行。除了煉丹之外，他特別強調「存思守一」的方法，也就是精神修煉術。陶弘景在南京附近的茅山居住了四十五年，成為茅山上清教派的創始人。到唐代以後，這個教派人才輩出，成為最有活力的道教教派。

北方道教

　　北方的道教以原始的天師道系統為主。但在五世紀初，也有

了重大的變革。這就是寇謙之（365～448 年）清整道教、創立新
天師道的運動。寇謙之年代稍早於陸修靜，出身豪宗大族，其家
顯然世代信奉天師道。謙之早歲即為名道士，北魏明元帝神瑞二
年（415 年），他宣稱太上老君親臨嵩山，授他以天師之位，並且
賜給他一部經典，命他改革天師道。寇謙之改革的基本想法是以
儒家的「禮度」來淨化與民間信仰淵源很深的天師道。具體措施
包括禁止道官向教民索取過多的財帛，准許教民罷免不稱職的祭
酒，更重要的是，廢除他認為不正當的方術，如房中術。寇謙之
還整頓齋醮儀式，介紹求長生的修煉方法。寇謙之在北魏地位甚
高，曾被授以「國師」之號。天師道經他整頓之後，大為盛行，
被稱為新天師道或北天師道，為北方道教之正宗。

唐代道教的特色

從隋朝到唐代中葉，道教的發展基本上是南北朝後期情況的
繼續。這段時期的道教有兩個突出的現象值得注意。首先，這是
煉丹術的極盛期。統治階層和知識分子服丹藥求長生的風氣非常
流行，有關煉丹的理論與研究也層出不窮。丹藥多含有劇毒性的
物質，如汞、鉛、硫磺，服用後非但無法延長壽命，往往還會中
毒致死。唐代二十個皇帝中，竟有六位的死亡與服丹藥有關，其
中包括著名的唐太宗。由於服食丹藥導致的惡果太明顯了，唐代
也是煉丹術盛極而衰的時期。唐代以後，盛行幾百年的丹藥風氣
終於衰歇了，神仙思想也有了變化。

唐代也是一個朝廷特別崇尚道教的時代。除了皇帝求長生的
因素外，朝廷崇道也有政治的理由。唐代皇室姓李，據說老子也
姓李，道教以老子為創教祖師，甚至神化他為太上老君。唐代皇

室為了強固自己統治的合法性，自稱老子之後，高宗還封老子為
「太上玄元皇帝」。道教在唐代雖然得到朝廷的提倡，在社會上的
影響力恐怕還是無法與佛教相比。事實上，壓抑佛教是唐代某些
皇帝崇道的另一個原因。

　　總結而言，在中古時代，道教的歷史可以分為兩個階段。從
漢末到五世紀中葉──也就是南北朝初期，是道教的形成期。道
教的組織淵源於與民間信仰關係很深的太平道和天師道，後來在
士族出身的知識分子的領導下，與神仙道教匯合，產生了一個完
整的宗教系統。南北朝中期以後，道教的教義、教法和組織型態
已大致固定，是持續發展期。

道教與民間信仰

　　從文化史的觀點來看，道教是一個特殊的混合體。它既有明
顯的菁英文化因子，也有庶民文化的成分。總的來說，民間文化
的成分似乎多一些，從儀式、法術、神祇信仰都可證明。中古道
教稱其崇拜儀式為「齋」或「齋醮」，現在則多叫作「醮」。齋醮
的結構和內容都非常複雜，簡單地說，它的基本要素包括要設置
壇場，主持的道士要穿著一定的法衣服飾，儀式進行中要誦吟特
定的經典文書，以及其他種種必須按規矩作的動作。舉辦齋醮的
目的在於濟世，祈求鬼神降福禳災。齋醮具體的功能很多，涵括
個人與社會生活的所有方面，如祈福、淨宅、祈雨雪、保境安民
等等。

　　道教的法術可分道士自身修煉和濟世度人兩種。來自民間的
主要是後者，就是道士可以用來操縱超自然力量以為人服務的技
術。最主要的有符籙、咒語、降妖攝魂等術。符籙是符和籙的合

稱。符是指寫在黃色的紙或帛上筆劃彎曲、似字非字、似圖非圖的符號。籙則是記錄天神名諱的秘文，通常也寫在黃色紙或帛上。道教認為，符籙可以驅使神鬼，降妖鎮魔，幫人治病消災。使用符籙是道士必須掌握的基本能力，所以道士受道，必接受符籙。符籙出現的歷史很早，在東漢時就有了。太平道和天師道都以符籙為主要方術，後來的其他教派也大都重視符籙。

　　道教還包括神祇信仰。道教所崇奉的許多神祇也是中國民間普遍敬拜的。這方面的例子不勝枚舉，中古時代已經受膜拜的有文昌帝君、東嶽大帝（泰山神）、城隍爺、土地公、灶神、瘟神。從上面的敘述可知，道教與中國民間文化的關係極其密切。從整體的觀點看來，道教是一個有內在統一性的宗教，但就其個別的組成分子而觀，道教可說是一座中國文化的博物館。

研究與討論

1. 查一下百科全書，看「貴族」一詞作何解釋，再討論中國中古「門第」與百科全書所說的「貴族」的異同。

2. 中晚唐以來，中國最流行的佛教信仰是「禪」和「淨土」，試比較兩者的異同。請訪問幾個佛寺，詢問該寺廟屬於何宗？如有可能，設法請一位出家人解釋「淨土」和「禪」，記錄下他（她）的說明（關於這個問題，可以同時參考第七章）。

3. 從道教和佛教在中國出現開始，乃至於現在，道教、佛教和民間信仰之間一直有著密切的關係。請根據本書中的材料，把這三者在中古時代的關聯作一個綜合的說明。

第七章
中古的士人文化

　　士人包括士族和寒門出身的知識分子。在魏晉南北朝時代，知識分子絕大多數是門第出身，從唐代開始，特別是唐高宗、武則天的時代以後，平民出身的愈來愈多。知識分子無論來自怎樣的社會背景，他們都只佔人口的一小部分。雖然如此，他們在文化上居於領導的地位，重要性是其他階層很難相比的。尤其是近代以前的中國，一直有以才學取士的傳統，統治階層中知識分子佔很大的比例，他們對社會的影響常常遠超過世界上其他文化中的知識分子。

第一節　中唐以前的士人文化

　　前面，我們介紹了中古文化的三大力量：玄學、佛教與道教。在這三股文化巨流中，玄學是出現在知識分子群中的思潮，與玄學有關的玄風也只流行於士人階層。佛教和道教則廣為社會各階層所信仰。換句話說，玄學、佛教、道教在士人階層中都很有影響力，佛、道二教同時也深入一般民眾的生活與心靈。這一節的主題是從東晉到唐代中葉的士人文化，我們將把重點放在其他方面。

　　魏晉南北朝雖然是一個政治混亂的時代，文化生活卻十分豐富。這個文化傳統一直延續到隋唐。在士人文化中，除了玄學、

佛教、道教，還有其他幾個重要因子，如儒教、文學和藝術（以音樂、繪畫、書法為主）。這是一個相當複雜的圖像，我們現在就要為這個圖像作些簡單的勾勒。

文學與南方士人

上章敘述永嘉之亂南北分裂後，南北宗教循著相當不同的軌跡發展。這種差異還延續到隋唐統一以後。從東晉開始，南北士人文化也有明顯的差別，有必要分開敘述。我們還是從南方談起。這裡要特別說明，我們討論南北文化每每從南方開始，並不是對這個地區有特別的偏好，而是因為西晉覆亡後，北方殘破，文化菁英大舉南渡，文化主流移至南方，討論文化的歷史演變時，從南方起頭比較容易說明。

在東晉南北朝時代，相對於北方，南方士人文化的一個主要特色是玄學和文學極為昌盛。玄學與玄風的問題已經討論過，在這裡只說明文學蓬勃發展的情形。魏晉以前，中國並沒有明確的文學觀念，一般視文章為實用的、表達思想意念的工具，不具獨立的價值。儒家思想認為撰述文章的目的在反映民情、傳播倫理觀念；簡言之，就是應該為士大夫和政府的教化工作服務。

從漢末開始，士人的文學觀有了大幅的改變。很多人覺得，文章──無論詩歌或散文──的寫作，本身就應該是目的，不一定要「文以載道」，為國計民生服務，只要文字美，能真切表達作者的情感，就是有價值的作品。中古士人認為，最好的作品要能幫助人們體悟人生、宇宙的本然面目。因此，一篇好文章，有深度的文章，一定要有超乎文字以外的涵義，這叫作「言外之意」，也叫「興寄」或「托興」。中古新文學觀的出現，並不是文學寫作

傳統獨立演變的結果，而是跟時代思潮有密切關係。這種文學觀顯然受到玄學的影響，因此強調情感的價值，重視對宇宙人生之終極本質的追求。

漢末以後新文學觀的誕生，帶來兩個主要的結果。一是文學理論的出現，一是文學創作之風大盛。中國歷史上第一篇專門對文學問題作整體性探討的作品是曹丕（187～226 年）的《典論·論文》，曹丕的論點還頗受漢代儒家文學觀的影響，後來的文學思想就愈來愈少功利主義或教化主義的色彩了。中古時代出現的篇幅最大、體系最完整的文學理論著作是劉勰（約 465～521？年）的《文心雕龍》。此書共分五十篇，是中國歷史上少見的結構完密的理論著作，其撰述方式很可能受到印度佛學論著的影響。劉勰一生未婚，常住佛寺，晚年甚至出家為僧，個人生活與佛教關係至為密切。

魏晉以後，文學創作大興，更是中古文化史上一項重要的發展。我們知道，三國晚期，玄學興起，知識分子愛好清談。西晉覆亡，晉室南渡後，這個風氣仍然持續著。與此同時，文學寫作的風氣也愈來愈盛，尤以詩歌創作為然。到了南北朝以後，玄談已稍見衰歇，而文學寫作卻方興未艾，成為知識分子最重視的世俗性文化活動了，文人的地位也愈來愈高。這個風氣起於南方，到南北朝後期影響及於北方。扼要地說，文學寫作的興盛以及對此活動的重視是中古後期士人文化的一大特色。

藝術與儒教

與文學創作有關的，則是士人在生活中非常注重藝術修養。繪畫和書法藝術都是在漢末魏晉時期開始發達起來的，中古時代

還出現了不少相關的理論性作品。欣賞和演奏音樂也是士人文化生活的重要部分。中古士人沉醉於藝術活動，並不是孤立的現象，這是他們重視個人精神生活的表徵。

南方士人文化雖然以玄學和文學的發達為特色，儒家思想仍佔據重要的地位。比起中國歷史上的其他時期，魏晉南北朝是儒教比較衰落的時期。所謂儒教的衰落，主要是指儒學在學術思想界被玄學、佛學和道教思想的光芒所掩蓋，同時，這個時代由於門閥勢大、君權較低，儒家的政治意識型態也不甚受重視。然而，儒家的倫理思想還是維繫家庭秩序的指導原則，而中國人的生活又以家庭為中心，士族尤其如此。以是，儒家的力量仍然不可輕估。

守舊的北方

與南方相比，北方士人文化的特色在於守舊。更具體地說，北方原來的傳統是漢代舊學的延續。中古思想的變動起於玄學，玄學所影響的主要是統治階層的上層分子。永嘉亂起，這些人大都遷至南方，留在北方的士人主要是知識階層中社會地位較低、思想較保守的分子。此外，西晉滅亡後，華北成為各個胡族政權的征戰之地，漢族門第的知識分子在這種環境下，必須領導族人以及社會上的小民，與外來統治者作艱苦的周旋與對抗。他們的心態因而比較實際，與南方士人求超越、重性靈的風氣大相逕庭。

北方士人文化的保守性主要表現在兩個方面。首先，他們的學術還是漢代的舊儒家經學，很少受到玄學的影響。其次，在生活上，他們特別著重恪守禮法，而無取於三國西晉以來的循情放蕩之風。在南北朝時代，就整個中國而言，南方的文化是優勢文

化，影響力比北方大。南北朝末期，這個情況愈來愈明顯。當時，玄學已經衰落，但南方的文學和藝術風氣對北方有很大的衝擊。

科舉制度的興起

隋唐以後，南北文化交融，產生一個有趣的現象，就是北方士族在政治、社會上取得領導的地位，南方的文學創作風氣則風靡北方，成為全國士人文化的主導力量。文學創作在唐代文化中重要性之高，最具體的表徵在於進士科的地位。隋朝時廢九品官人法，改以科舉取士，唐朝沿用此制，直到清末，歷時一千三百年之久。所謂科舉（或稱貢舉）就是國家分科考試，以考生表現的優劣，取人任官。不過，唐代科舉與任官的關係比後代複雜。唐代科舉上榜，並不能直接入仕，還必須經過其他的程序。所以，唐代科舉中榜有點像得到學位，雖然不能直接任官，但還是跟前途有關。考上社會看重的科目，就好比在英國有劍橋、牛津的學位，在日本有東京大學的學位，很受人尊敬，日後成功的機會也大些。

唐初科舉並不受重視，國家選士多不由此途。但從武則天的時代開始，科舉逐漸重要，入仕不由科舉，很難當到高官。科舉的項目很多，有進士、明經、明法、明算、道舉等。其中，進士的地位遠高於其他各科，一個知識分子考中進士是人生最光榮的事。孟郊（751～814年）有一首詩，把學子進士登科後狂喜的心情寫得淋漓盡致：「昔日齷齪不堪言，今朝放蕩思無涯。春風得意馬蹄疾，一日看遍長安花。」

進士與文人

　　進士的地位基本上是自然形成的,而非由國家所規定。唐代進士何以在社會上有如此高的地位,與考試的內容關係很大。詩歌創作是唐人最看重的才華。進士科考試以詩賦為主,考上進士的人自然令人佩服,因而造成進士科的地位高於他科。進士科地位崇高的事實又吸引了全國的聰明才智之士,以中進士為人生目標,使得該科人才備出,在政治界與文化界形成一枝獨秀之勢。文人群中有一股縱情放蕩的風氣,與門第的傳統不同。這種風氣原來起於出身較寒微的文人,後來日漸擴大,士族子弟也受到感染,是門第文化衰落的一個因素。

　　簡單地說,唐代士人文化自武則天、唐玄宗以後,是以文人文化為主流。文人在文化界居於領袖的地位,經學家、史學家和其他學者都只是配角。不過,特別要說明的是,在唐代,文學創作並不是只被當成獲取官祿的手段,文藝,尤其是詩歌的創作,有極為光輝的成就。唐代出現了許多中國文學史上最偉大的詩人,如李白(701～762 年)、杜甫(712～770 年)、白居易(772～846年)、李商隱 (813～858 年)。唐代許多詩人都視文學創作為生命,嘔心瀝血,全力付出,其中很多人也沒有因為文學的成就而獲得明顯的現實利益。

中古士人文化總說

　　如上所述,中古士人文化包含了很多因子,大體可分為兩大類:一類是與個人生命問題有關的,如玄學、佛教、道教、藝術;另一類是與群體生活有關的,以儒教為大宗。中古士人基本上把

儒教看作是維持政治秩序與家庭秩序的規範系統，道教和佛教思想中也有一些濟世的成分，文學的角色比較特殊，中古思想基本上是將文學視為個人性靈的藝術性表達，但傳統儒家教化主義的影響仍然存在。此外，從南北朝後期開始，文學創作也與士人的現實利益有了密切的關聯。總而言之，中古知識分子一方面重視個人的精神生活，另一方面也認為應該在現實世界擔任領導的角色，為眾人謀求福利。他們一般覺得兩者不可偏廢，也沒有衝突。

第二節　中晚唐的思想變化

從中唐開始，尤其是安史之亂（即安祿山、史思明所領導的叛亂，755～763 年）以後，中國思想開始出現了影響深遠的變化，演變的結果，就是中古文化思想傳統的瓦解以及以宋明儒學為中心的近世傳統的出現。中古傳統瓦解的過程很長，大約到十一世紀末，也就是北宋末期，才告結束。中晚唐時代只是這個大變局的開端。

禪宗的興起

中晚唐思想的變化基本上是在知識分子群中產生的，但其結果影響到整個社會。在中晚唐，佛教、道教和俗世士人傳統同時發生變動。由於佛教和道教方面的變化與庶民信徒關係不大，反而對俗世的知識分子較有影響，因此這方面的問題放在本節討論。

中晚唐佛教最主要的變化就是禪宗的興起以及其他宗派的衰落。禪宗是初唐時已經存在的教派，開始時規模很小，而且思想特別，不太受人注意。然而，到了七、八世紀之交，禪宗日漸興

盛，儼然成為一大教派。早期禪宗思想的要點是，學佛求解脫的
唯一途徑是讓自己的心覺悟，使心開悟的最主要方法則是禪坐，
也就是靜坐收心，觀照自我，使心不執著，是一種心理的自我訓
練。禪坐是佛教修行相當普遍的一種方法。禪宗思想的特殊處並
不在提倡禪坐，而是認為除禪修以外的信仰活動都不算真正的修
道。因此，禪宗對佛經或宗教儀式都採取相當淡漠的態度。禪宗
甚至自認「教外別傳」，意思是，它跟文字書寫的經典傳統無關，
它「以心傳心」，只重實踐。

慧能與南宗

　　到了八世紀以後，尤其是玄宗年間（712～756 年），禪宗內
部起了重大的變化。從此時開始，這個教派有所謂的南、北宗之
爭。北宗遵循禪宗傳統的教法，重禪坐修心，領袖人物是神秀
（606～706 年）及其弟子。新起的南宗以慧能（638～713 年）及
其追隨者為首，向舊傳統挑戰。南宗仍然認為學佛的目的在求自
心的覺悟，但對「禪」有新的解釋。他們聲稱，覺悟不能在孤絕
的靜坐環境中成就，只有在實際的生活中得到的開悟才是可靠、
真實的。「禪」不單指禪坐，它與實際生活不可分，生活中無處不
是開悟的契機，因此，無處不是禪。南宗對傳統佛教的態度比北
宗還激烈，認為讀經、拜佛之類的行為不但無益於覺悟，反而是
累贅。南宗不重文字，又主張心悟是唯一的修行之法，簡單易行，
是相當平民化的教派。

　　安史亂後，南宗盛行，不但在禪宗內部壓倒了北宗，還風行
全國，成為中晚唐最有力量的一個佛教宗派。後世所說的禪宗，
指的其實就是南宗。禪宗的興起不但是佛教內部的一大變化，對

教外亦有很深的影響。

道教的「內丹」術

晚唐的道教也有一個重要的變化，就是著重身心的修煉。傳統上道教求長生成仙，以煉丹服藥為主。從晚唐開始，有人對這個方法失去信心，轉而倡導行氣、導引之類的自身修煉法，也強調心靈修養的重要。這就叫作「性命雙修」。因為新方法是要以自己的力量去改變生命存在的狀態，好像是把自己的身體當作丹藥，所以叫作「內丹」。傳統的服食法則稱為外丹。內丹思想還有平等主義的傾向。內丹派聲稱，外丹修煉花費很大，是權貴階級的專利，內丹術則不分貴賤，人人可行。道教的修煉術由外轉內的趨向發生得比較晚，到唐末五代才開始，其影響在宋代才明顯起來。這裡提及這個問題，是要點出中晚唐以後佛教和道教有一些共同的轉變趨勢。

文人思想的變化

一般士人的思想也起了變化。在中晚唐，這方面的發展沒有禪宗的興起來得引人注目，但長遠而言，對中國歷史的影響恐怕是最深刻的。這個變化有兩個值得注意的重點。首先，變化的基本內容是儒家復興。其次，儒家復興是文人所領導的，所以力量特別大。

我們知道，在中古時代，儒家與玄學、佛教、道教等傳統鼎足而立，早已喪失了漢代時獨尊的地位。唐代以後，文學風氣鼎盛，儒學一直不振。然而，安史之亂以後，儒家思想卻有了復興的趨勢。這個轉變的特色在哪裡呢？一般而言，安史亂後，唐代

士人提倡儒道，重點在鼓吹以儒家思想為指導原則，重建政治秩序。這個思潮是針對中晚唐的現實局勢而發的。安史亂事雖只有八年，但朝廷並未消滅支持亂事的政治、軍事力量，這股勢力仍然統治今天的河北、山東一帶，自擁將帥，自選官吏，自收稅賦，形同割據。另一方面，各地許多因平亂而起的軍事力量也以安史餘部為榜樣，不聽朝廷節制。唐帝國從此陷入分裂的亂局，直到滅亡。知識分子面對這個突來的大變局，憂患意識深重，亟思以儒學來補救，儒學因而復振。

中晚唐儒家復興本來是對時代危機的反應，並沒有反對佛教和道教的傾向。但在八、九世紀之交，有以韓愈（768～824 年）為首的少數文人開始大力抨擊佛、道二教，認為儒教不應該只自限於家庭和政治的領域，應該也成為個人心靈生活的指導原則。他們還聲稱，佛教、道教鼓勵出家、脫離世俗，是破壞正當家庭與政治生活的不忠不孝思想。這種看法在中晚唐並不普遍，但對後世影響很大，成為宋明儒學的根源。

古文運動

中晚唐儒家復興所呈現的思想沒有很多特殊之處。它之所以有巨大的影響，主要是因為這個運動的參與者大都是文人──唐代士人文化中的主導力量。與中晚唐儒家復興關係最密切的文學現象是古文運動，韓愈和柳宗元（773～819 年）則為這個運動最著名的領袖。古文運動有兩個根本理念：一是改革文體，抨擊當時通行的駢文，鼓吹改用散文；一是認為文學本身不是目的，文章應為實現儒家理念而服務。扼要地說，中唐以後，文人群中出現了普遍提倡儒學的風潮。重道德、重思想的結果就是逐漸看輕

文學寫作的藝術性質，這是唐代士人價值觀的重大改變，也是士人文化衰落的開始。這個結果在唐代尚未出現，但到北宋晚期就很明顯了。

三教關係

從表面上看，中晚唐的儒家復興與佛教、道教方面的發展性質不同，彼此沒有什麼關係。實際上，儒家復興的思潮恐怕受禪宗的影響。禪宗的一個基本想法是，佛教徒追求的目標應該是心靈的開悟，佛教在歷史發展過程中產生的種種經典、儀式與制度都只是幫人求道的手段，不可當作目的；學佛的人如果發現這些代表佛教的東西事實上妨礙了修道，就應拋棄。儒家復興運動的興起比禪宗晚，它最關心的也不是儒家傳統的具體內容，如經典、禮法、往聖先賢的思想。儒家復興的提倡者要探索的是儒教的根本原理，他們希望能實踐這些原理，改善現實的世界。這種追尋原理、重視實踐的態度也是後來宋代儒學的特色。

此外，晚唐佛教和道教對個人內心修養的探索也影響了某些有儒家傾向的士人，他們開始探討有關儒者心靈生活的問題。這是和傳統中古儒學非常不一樣的方向，這個趨勢發展的結果，就是宋明理學的誕生。

研究與討論

1. 文學和藝術在中古知識分子的生活中佔有很重要的地位。請具體說明這個情況，並解釋何以會有此現象？你也考慮一下文學藝術在現代人的生活中佔有什麼樣的地位？

2. 本章引有一首唐代孟郊的詩：「昔日齷齪不堪言，今朝放蕩思無涯。春風得意馬蹄疾，一日看遍長安花。」請詳細解釋這首詩的文意，同時運用你的歷史知識說明它的涵義。

3. 唐代從安史之亂以後，文人、佛教和道教的思想都起了變化。請對這些變化作一個綜合的說明。

第八章
中古的文化與生活

　　本章介紹中古文化一般狀態的幾個方面。所謂一般狀態，主要指潛伏在特定的傳統——如佛教、道教、玄學、儒家——底下生活的一般型態和內容。一般狀態的另一個涵意是，這種現象的散布面很廣，不限於某個特殊階級或地域。當然，這裡不可能對文化的一般現象作詳細的說明。我們只能選幾個主題，擇要敘述，希望能加深讀者對中古文化史的認識。

第一節　生活與風俗

　　人的生活大都是平淡無奇的，食衣住行、工作睡眠、生老病死，大概就包括了生活的大部分內容。雖然人類生活的基本內容相去不遠，具體的生活方式則頗有歧異。對於不同的社會或時代在生活上比較有差異的地方，我們叫作「風俗」。譬如說，人都要吃飯，所以吃飯不是風俗，甚至吃米或吃麵也不算風俗，因為這些都是普遍的行為。但如果說一個社群不准吃牛肉，或特別嗜好辣食，就可稱為風俗了。這一節談中古的生活與風俗，其實有關風俗的部分比較多。也就是說，我們多談點特別的事情。

中古的節日

　　人類風俗中有一類是和例行生活或工作在性質上對反的，這

就是節日。節日的目的，是要大家在特定的日子裡不工作，而做一些特殊的、象徵性的事情，節日通常也與休息和娛樂連在一起。這是一種相當能反映社會集體心靈的風俗，這裡就先介紹中古時代的主要節日。

一年伊始在正月初一，和現在一樣，這在中古時代是一個大節日，當時叫作元日、元旦或正旦。元旦是一連串新年節慶的開始，通常延續到正月十五的元宵。在這一段期間，正月七日是個重要的日子。這一天叫人日。人日就是屬於人的日子。如果元旦代表的是一元復始、萬象更新，人日就是代表人的生活的更新。關於人日的風俗很多。譬如這一天要用彩色的絹或紙剪出人形，貼在屏風上或戴在鬢髮上。這一天還要吃菜羹。有學者推測，這是因為「羹」與「更」同音的緣故。吃菜羹，就是要更新的意思。另外，人日還有登山的習俗。

遊樂的春天

新年過後，下一組熱鬧的節日是寒食、清明和上巳。這幾個節日距離都很近。寒食節在冬至後的第一百零五或一百零六日，清明節是春分後第十五日。清明只在寒食後一兩天。寒食和清明都是依陽曆來算的節日，多在陰曆二月間。上巳則是依陰曆算，本意是三月的第一個巳日，但魏晉南北朝以後固定在三月三日，所以也稱三月三。

寒食主要的習俗是不舉火，吃冷食。傳說這是紀念春秋時代被火燒死的介之推，事實上這是一個比介之推的時代更為古老的習俗。寒食節冷食，清明則改火——也就是重新用火。從唐代開始，人們也在這一天上墳祭祖。在中古時代，寒食和清明最吸引

人的地方是，此時仲春伊始，樹綠草青，冷暖適宜，是郊遊踏青的好日子。唐人元稹（779～831 年）詩：「今年寒食好風流，此日一家同出遊」，是寒食、清明情景的真切寫照。這個節日還有盪鞦韆、踢球、鬥雞等遊戲習俗。這裡所說的一些情況，我們還能在描繪北宋開封的「清明上河圖」中看到。

上巳日在中古也是一個盛大的節日。這天本來的目的是到水邊洗滌，祓除穢氣，消災求福。但自魏晉以來，祓除災氣的意味慢慢淡了，而以踏青遊宴，臨水作樂為主要內容。上巳日在魏晉發展出一個流行的習俗，就是所謂的「曲水流觴」。這是指人們在水流的上游把酒杯放在托盤上，讓盤子漂在水上，順流而下，人們順著水走，酒杯漂到誰面前，誰就一飲而盡。在中古時代，特別是唐朝，春天是個歡樂的時節，從二月二日百花的生日（各地日子稍不同）開始，到寒食、清明、上巳，都是遊玩盡興的時光。從這些節日反映出的是一個開朗外向的文化。

秋冬的節日

春天過後，到夏天，重要的節日有端午、七夕。到秋天，重要的節日有中秋、重陽。歲末冬來的時候，有臘八，最後就是除夕了。這些大都是現代人還熟悉的節日。這裡值得一提的是臘八。臘八指十二月八日，據說這一天是釋迦牟尼佛成道的日子，本來是佛教的節日。但從南北朝後期開始，這個節日顯然已經被社會所普遍接受。在這一天，僧院和一般人家都有吃「臘八粥」的習俗，而且這個節日也把中國傳統歲末祭祖拜百神的臘日（原稱蜡日）吸收融合了。從這一事例，我們可以見出佛教深入民間的程度。

以上介紹的節日，在漢代時都已盛行。有些在漢代以前就是重要的節令了，如元旦、上巳、臘日（蜡日）。但在歷史的流程中，節日的時間和內容也常有變化，臘八就是最明顯的例子。

食與衣

現在我們介紹中古食衣住行的一些特點。在吃的方面，主食有飯，包括麥飯、粟（小米）飯、稻米飯等；有粥；也有餅。餅有很多種。「蒸餅」是現在饅頭之類的麵食；「湯餅」如今日之麵條。今天所說的餅當時叫「胡餅」，顧名思義，是胡人帶來的，大概到東晉以後才流行。中古飲食史上的一件大事是，茶開始被當成飲料使用。飲茶的風氣起於魏晉南北朝時代的南方，至唐代而大盛。中國是茶的起源地，全世界的飲茶之風都是直接間接從中國傳去的。

中國古代的服飾非常複雜。在中古，無論男裝女裝，從帽子、衣袍到鞋子都有很多樣式。服裝還有公服、常服之分，法令甚至規定不同身分的人，應穿不同樣式、質料、顏色的衣服，但這些規定經常都沒有嚴格執行。服飾也常有變化，有流行或時髦的現象，女子的妝飾尤其如此。從南北朝後期的北方開始，胡服變得很流行，男女都常穿，貫穿整個隋唐時代。所謂胡服，指的是北亞和西亞的混合服，特點是窄袖、短衣、緊腰帶、小口褲、長靴，與中國傳統服裝的寬長鬆大很不一樣。胡服吸引人的地方大概在穿起來行動方便，顯得精神，而且有特殊的異國風味。

住和行

在居住習慣上，中古時代也有重大的變化。簡單地說，這個

變化就是桌椅的引進，慢慢改變中國人席地而坐的習慣。中國自古以來就有席地或席床而坐的習慣，標準坐姿是跪坐，和日本女子的習俗一樣。由於室內生活的基本型態是席地而坐，坐具臥具沒有分別。坐臥都在床榻上，床是大的坐臥具，榻比較小。從東漢末期以後，西域的家具傳入中國，魏晉以後，慢慢影響到本國人的家居生活，開始有專門坐具的出現。中國人當時因為沒有椅子的觀念，仍把坐具叫作床，主要有胡床和小床兩種。胡床是折疊小椅，小床就像是現在的普通椅子。到了五代，桌、椅、凳的使用顯然逐漸普遍，但床榻還是室內起居的主要場所。魏晉南北朝以後，中國人跪坐的習慣基本上消失了，一般士人多採盤膝坐法。這顯然主要是受到佛教的影響。在行的方面，魏晉南北朝的

官員和上層社會一改漢人坐馬車的習俗，而乘牛車。可能受胡人的影響，北朝至唐，女子亦多騎馬。在長途旅行方面，隋唐以後，由於多條運河的鑿成，多由水路，交通變得非常方便。

從以上的敘述，我們可以看到，中古時代生活型態上的重要變化大都是受

圖 8–1　「虢國夫人遊春圖」中婦女騎馬的景象

到胡人──主要是今天新疆、中亞一帶的外族──的影響。此時中外文化關係之密切，是近代以前少有的。

第二節　多民族的世界

前面兩章已多處討論到中古時代漢族與非漢族的密切關係。我們介紹了永嘉亂後南北方民族接觸的情形以及佛教的傳布，也略為觸及胡族文化影響及一般風俗的問題。中古時代民族文化接觸的方式，大別可分為兩類。一是域外文化的輸入，如佛教的東來；一是中國境內非漢族與漢族的互動。這兩者並不容易嚴格區分，因為域外文化的輸入常有賴外族的入居中國，外族入居的時間一久，就成為本國社會的一分子了。本節將舉實例介紹中國境內民族文化交涉的情況，使讀者對中古多民族共存互動的事實有更清晰的認識。

在魏晉南北朝隋唐時期，非漢族在中國社會扮演了很重要的角色，尤以來自北亞和中亞的胡人為然。胡族對中國文化的影響範圍極為廣泛，舉凡音樂、舞蹈、服裝、飲食、娛樂、禮俗，無處不可見到胡人文化的痕跡。本節主要介紹有關胡漢關係的兩個案例：北亞民族的婚姻與婦女生活習俗，以及唐代長安的胡人文化。

胡族的婚俗與婦女生活

西晉時期，邊地胡族大舉起兵，進入中原，終至擊潰司馬氏政權，成為北方的統治者。胡族進入中原後，帶進來了許多明顯與漢族不同的習俗。有不同習俗的族群居住在同一個社會，彼此

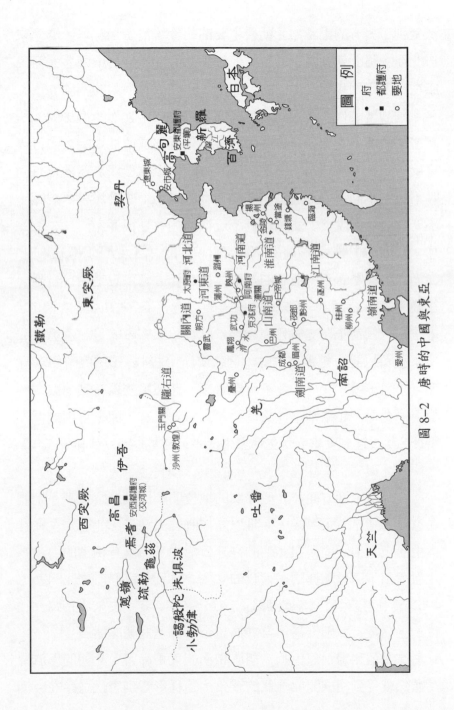

圖 8-2　唐時的中國與東亞

都受到了對方的影響。北朝最主要的胡族統治者是鮮卑，鮮卑來自北亞，從北朝到隋唐還有其他許多北亞部族移居中國。北亞民族在有關婚姻和婦女生活的習俗上，和漢族有很大的不同。

到魏晉時代，漢人對婚姻的問題已形成了強烈的禮法觀。所謂禮法，就是文化對社會成員的行為作出的道德性規定，如行事違反規定，就被認為不道德。漢人有關婚姻的禮法主要內容有同姓不婚、不同輩分不通婚。需要指出的是，這些禮法只是規範，不能完全反映現實，實際行為不遵禮法的還是很多。

北亞的主要民族，如鮮卑、突厥，並沒有漢人式的禮法觀念。從漢人的觀點看來，他們的婚姻違反禮法之處可說是觸目皆是。在漢人眼中，北亞婚姻最不合倫常的可能就是「收繼婚」的習俗。這是指一個女子在丈夫死亡之後，就嫁給家族內的另一位男性成員；這可以說，她被亡夫的一個親屬所「接收」。依此習俗，兄死，弟可娶嫂；父死，兒子可娶繼母。北亞民族還有其他與漢族相異的婚俗，如結婚不從父母之命、媒妁之言，而是自由擇偶。婚後，丈夫住到女家，要在女家生活過一定的時間（如兩、三年）之後，才與妻子遷往己家。

在婦女生活方面，北亞婦女的地位明顯比漢族婦女高。她們在家務上通常有主導權，而且以能控制丈夫為榮。北亞婦女在社會生活上也很活躍。在北朝的宮廷政治中，婦女有相當的力量，北魏還出了兩位掌握國家大政的女主：文明太后（掌政期：476～490 年）與靈太后（掌政期：約 515～528 年）。後來唐初婦女在政治上活躍，武則天甚至自立為皇帝，都是北朝的遺風。

在婚俗和婦女角色上，胡族和漢族互相影響。北朝的漢族婦女顯然就受到胡族開放風氣的感染，這種影響到唐代還存在。漢

人的婚姻也有胡化的痕跡，甚至有士族家庭出現過婚姻不計行輩的情事。另一方面，有些胡族統治者則希望他們的族人向代表高度文明的漢族文化學習。北朝的統治者就依據漢人禮法的標準，推行過兩次重大的婚俗改革。

長安的規模

現在談唐代的長安。長安是當時中國的首都，世界最大的都市，也是東亞世界的核心。在唐代，長安的人口有一百萬左右，城的面積有八十四平方公里，還有廣大的郊區。長安城區有南北向的大街十一條，東西向的大街十四條。各條大街都成直線，長而且寬。最寬的是構成南北縱軸的朱雀門大街，寬達一百五十公

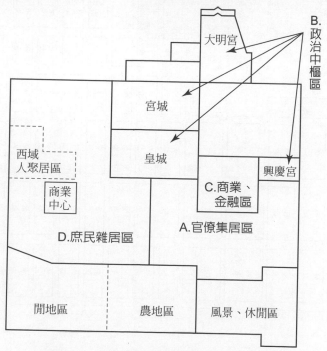

圖 8-3　唐代後期長安城都市功能區分圖

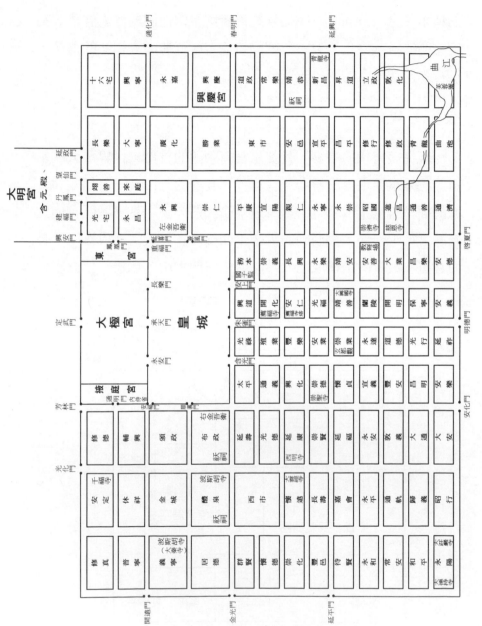

圖 8-4　唐代長安城區圖

尺。二十五條大街縱橫交錯，將全城劃為一百零九個坊和兩個大
市場。即使依現代的標準，唐時的長安也是極有規模的都會。長
安有一個特色，就是國際色彩濃厚，充滿著來自亞洲各地的人，
尤其以來自西域（主要指中亞和西亞）的胡人最為活躍。

長安的胡風

　　長安西域胡人的來源複雜，有北朝時來華胡人的後裔，也有
做生意而來的胡商，有傳教士，還有因政治原因被派遣來的王公
貴族子弟。長安最活躍的一種胡人是商人。胡人中以康國（在今
烏茲別克斯坦一帶）人最稱善賈，他們足跡所至，遍及北亞、中
國各地。長安有兩大市場，東市和西市。東市以華商為主，西市
則為胡商的天下。西市遠比東市繁榮，是長安的商業中心。李白
詩：「落花踏盡遊何處，笑入胡姬酒肆中」。胡姬指的是酒店中的
胡人女服務生；據學者的考證，這個酒肆就在西市。西市以外，
胡人小販也很多。

　　前面提到長安還有西域人傳教士，他們帶來了一些特殊的宗
教，如祆教、景教和摩尼教。祆教和摩尼教都起源於波斯（古代
伊朗），景教則為基督教的一支「異端」。總而言之，長安是一個
相當胡化的城市。有胡食、胡服、胡樂、胡舞、胡畫、胡式建築、
胡式娛樂，真可說是五光十色，多采多姿。用現在流行的話來說，
唐代的長安是一個非常國際化的都市，在當時世界上的地位，或
可與當今的紐約、倫敦比擬。

　　胡人社群主要是在北方，但南方也頗有胡商的蹤跡。唐時西
亞和華南之間的海路貿易相當興盛，廣州與揚州都住有很多波斯
和阿拉伯商人，當時叫作「蕃客」。從北朝到唐代，是中國史上少

有的多民族文化共榮並興的時代。但這個狀況到中唐有了轉變。
關鍵是安史之亂。安祿山、史思明都是胡人,他們的部屬也多為
胡人或胡化漢人。很多漢族知識分子認為,胡人是破壞唐代安樂
興盛之局的罪魁禍首,他們對胡人開始有了強烈的不信任感。胡
漢關係自此轉趨惡劣,直到唐末。

第三節　藝術與技術

　　魏晉南北朝是中國藝術史上的重要時期,可以說是中國人有
自覺從事藝術創作的開端。這個變化與漢晉之際新士人文化的誕
生是息息相關的。此外,宗教的蓬勃發展也為藝術創造增添了素
材和動力。

繪畫──從顧愷之到王維

　　從魏晉南北朝到隋唐,藝術在三個方面有重大成就:繪畫、
書法、雕塑(含雕刻)。魏晉南北朝時期出了不少傑出的畫家,特
別是在永嘉之亂以後的南方。東晉南朝有三位最著名的大家。他
們是東晉的顧愷之、南朝宋的陸探微、南朝梁的張僧繇。這三人
都擅長人物畫。顧愷之與陸探微都以善於掌握人物的「神」著稱。
據說顧愷之有一回畫人,好幾年都沒有點上眼睛。人家問他緣故
何在。他的回答是,人的「神」主要反映在眼中,畫人要傳神,
眼睛是關鍵。顧愷之和陸探微的繪畫成就,與漢末以來重視個人
性靈與獨特性的思潮顯然關係很大。

　　張僧繇雖然也以人物畫見長,但是屬於另一傳統,即宗教畫
的傳統。宗教畫的興起當然與南北朝以後佛教、道教的流行直接

有關。張僧繇主要是畫佛教畫，風格受到印度畫的影響，特別重
視景深，力求表現出形象的立體感。這和中國傳統以線條為主導
的畫法頗有不同。與張僧繇同屬宗教畫傳統，並受其影響的，則
是盛唐的大畫家，有「畫聖」之稱的吳道子（約 685～758 年）。
吳道子在繪畫成就上青出於藍，作畫取材也很廣，但在他背後有
一個深厚的傳統。

　　中古時代的繪畫以人物畫成就為最高，但這個時代也是山水
畫的發軔期。山水畫初起於東晉南朝，與山水詩同時興起，是文
人雅士探訪自然、寄情山水之風的產物，也是玄風文化的一部分。
東晉南朝的山水畫僅在萌芽階段，藝術成就不高。隋唐以後，山
水畫漸盛，有兩個流派。一是所謂的「金碧山水」，以李思訓
（651～718 年）、李昭道父子為最著名，重視畫面的工細與華麗。
另一派是水墨山水，顧名思義，作畫只用水墨，不上彩色，但墨
色可有多種變化。代表人物是名詩人王維（692～761 年）。王維
的畫風很獨特，求寫意，不甚重細節，頗不同於魏晉以來在寫實
的基礎上求神似的傳統。他的畫可說是後代文人畫的鼻祖。

書法藝術

　　現在我們對書法發展的歷史作簡略的說明。書法藝術興起於
東漢末，除了傳統的篆、隸體，也有行書和草書的出現。草書的
流行是書法已成一門藝術的明證，因為草書的實用性低，基本上
代表一種美感的呈現、個性的發揮。三國以後，書法特為士人階
層所鍾愛，大家輩出，代有其人。在魏晉南北朝的書家中，王羲
之有「書聖」之稱，可能是最知名的了。唐代以後，書法的成就
璀璨依舊，在楷書和草書方面尤其如此。一般人所熟悉的褚遂良

（596～658 年）、顏真卿（709～785 年）、柳公權（778～865 年）都是唐朝傑出的書家。

從以上對中古藝術的簡單介紹，我們可以發現，其發展的軌跡與文學史有很多相像的地方。最根本的雷同之處就是在漢晉之際玄學與玄風興起以前，文學、繪畫、書法都主要被視為工具性的技術，在此之後，它們開始有了獨立的藝術生命。比起繪畫，書法的發展型態與文學更相近，因為文學和書法都是知識分子直接從事的活動，與文化思想的演變關係至為密切。另一方面，許多名畫家是職業畫人，在社會背景和思想淵源上，與高階層的士人頗有差異。繪畫傳統受宗教影響之處顯然多過文學與書法。

雕塑和雕刻

雕塑和雕刻勃興的基本原因在宗教，與文學、書法的情況不同。雕塑藝術的興盛始於東晉南北朝。在南方，有些名畫家兼長雕塑，他們主要的作品是佛教寺院中的佛菩薩像。在北方，最重大的成就在石窟藝術。自佛教流行以後，各地廣建寺廟，許多地方還鑿山建石窟寺，石窟藝術就是為這些寺廟所創作的。石窟寺分布的區域很廣。在大同雲崗、洛陽龍門、四川大足等地，因巖石的質地適於雕刻，作品以石雕為主。中國最有名的大佛像都在這些地方。在巖石鬆脆、不適宜雕刻之處，如甘肅的敦煌和天水，主要的作品是壁畫與塑像。以上各處的藝術工作進行時間甚長，很多地方從南北朝一直延續到中晚唐。石窟藝術是中古藝術的一大成就，作品不但多有高超的美術價值，而且能表達宗教題材的意味與深度。

在中古，雕塑被視為末業，不是文人學士所從事的。因此，

絕大多數的塑工都姓名湮沒，空留優秀的藝術作品。在知名的唐代雕塑家中，以楊惠之（713～755 年）地位最高，有「塑聖」之稱，他甚至還著有關於雕塑的理論作品。此外，大畫家吳道子也是名雕塑家。

科技與醫藥

在科學技術上，中古時代在數學、農學、醫藥學、地理學、天文曆法、煉鋼技術、陶瓷技術等方面都有顯著的成就。在這些成就中，與一般生活最密切的是農學和醫藥學。在農耕技術方面，中古時代沒有革命性的發展，但有許多局部的改進。這裡舉幾個例子。魏晉南北朝時形成了一種以豆科作物為中心的複雜輪作制度，比以往的休耕或簡單的輪種法更能有效維持地力。魏晉以後，北方人口大量南遷，漢族對南方特有的作物、果品開始有較完整的認識。此外，用甘蔗製糖的技術也在唐代由印度輸入中國。最後必須介紹的是，北齊的賈思勰著有《齊民要術》一書，共十卷，九十二篇。這是現存最早最完整的農學專書。「齊民」即第四章所謂的編戶齊民，指佔居最多人口的農民。「齊民要術」就是說這本書談的是有關小民生計的重要技術。

醫藥學在中古時代有很大的進展。這段時期產生了幾部中國醫學史上最重要的著作，如漢末張仲景（約 150～219 年）的《傷寒論》、唐初孫思邈（581～682 年）的《備急千金要方》。向來中國醫藥之學的進步跟方士和道教徒的關係很大。道教重養生煉丹，從而對疾病的治療、藥物的採集審定都下了很多功夫，貢獻非常大。道教著名人物如東晉的葛洪、南朝齊梁時期的陶弘景，在醫學上都有很大的成就。唐代醫學大家孫思邈也是一位修習道術的

隱士。隨佛教傳來的印度醫學，在外科手術和藥學上也幫助了中古醫學的發展。

在中古時代的尾聲，一項重要的技術出現了，這就是印刷術。此時出現的是雕版印刷（而非活字印刷）。關於它的起源，說法不一，也許是在隋唐之際。但其開始流行，則是在中晚唐，宗教界為了宣教，使用尤多。當時這些宗教界人士恐怕無法想像，這項新技術可迅速傳播知識，將為文明——不只是中國文明，而且是世界文明——帶來深遠的影響。

研究與討論

1.把中古的節日和現代的農曆節日作個比較，說明兩者的異同。如果你是生活在中古時代的人，你會特別喜歡哪一些節日？請說明喜歡的理由。並訪問老人，請他們說明他們小時候所過的年節。

2.從漢末到唐末，外國文化對中國有很大的影響。請選出三個你認為是最重大的影響，並說明為何作此選擇。再試想，在中古流行的外國文化中，有哪些成分到現在還存在？回答這個問題時，請參考前兩章。

3.仔細閱讀課文與地圖，比較長安和你所熟悉的一個臺灣都市，說明兩者相同與差異之處。作比較時，請畫出長安和臺灣都市的概圖。又，你對長安的都市設計有什麼看法？

第三篇　近世

新傳統的成立

總　　論

　　這個單元所要介紹的，是宋遼金元明清六朝將近九百年（960～1840 年）的歷史。限於篇幅的關係，我們只能從幾個面向來勾勒這段時期的文化與生活，以展現這介乎中古與現代之間的近世中國。

　　從社會組成來看，皇帝——官僚——百姓仍是基本的結構。不過新時代的官僚群已不再是中古時期憑家世立身的貴族，而是熟讀儒家經典，通過科舉考試，由庶民晉身的士大夫階級。他們是這段時期政治與思想上的主流，經過他們的努力，儒家的忠孝節義觀念透過社學、鄉約、族規、家禮等各種管道深入民間。

　　但在另一方面，居於社會底層的民眾也隨著自身社會經濟力的上昇，發展出他們自己的庶民文化。民間宗教的興盛與秘密會社組織的大量出現，反映了這項事實，就連一向受政府與士大夫輕視的商人也有了一定的社會地位，而他們活動所在的都市城鎮也因此而有了新面貌。

　　除了上述各種變化，近世中國的另一特色，便是其處在一種多國並存的情況中。一向以華夏文明自豪的中國，放棄了天下一家的理想，試著與「夷狄」平等共處，卻十分不成功。明朝因此試著以海陸兩條長城閉關自守，民間旺盛的經濟活動力雖然衝破了這種限制，朝貢的體制卻一直被堅持著。

第九章
科舉與士大夫的社會文化

　　由唐入宋，是中國歷史上的一大轉折，在統治方式、思想文化、社會風俗、經濟生產以及版圖上，都發生了相當大的變化。不過變化之間仍有延續的關係。

　　科舉取士創於隋初，自宋以後才逐漸成為政府選才的主要方式，這種變化不但與不同時代認定人才的標準，和對官員的期望有關，也與當時社會經濟的發展狀況相呼應。另一方面，讀書人既因科舉制度成了「做官種子」，社會中也就衍生出一套「萬般皆下品，唯有讀書高」的新觀念與新的社會現象。本章將透過科舉制度來看其造就出來的士大夫，以及相關的歷史問題，以勾勒宋代以下社會中的重要文化現象。

第一節　科舉與士大夫階級

　　宋朝的第三位皇帝真宗曾經寫過一首〈勸學詩〉，其中有兩句話說：「書中自有黃金屋，書中自有顏如玉」。書中真的會有黃金打製的屋宇，還有容顏如玉的美女嗎？對於宋朝的讀書人來說，這是真實的。

　　宋代讀書人一旦通過國家的考試，就具備了任官的身分，不但有薪水的收入，同時還可以根據法律的規定，衣食住行都優於一般庶民。正由於有了官員的身分，可以穿著比較好的衣料，因

此這種身分的轉變，當時稱為「釋褐」。「褐」原是深色的粗布衣服，是平民的衣著，「釋褐」就是不穿粗布衣，穿著的改變標誌中舉者身分的變化。換言之，中舉不但是身分的轉換，也有物質上的報酬，再加上宋人有榜下招婿的風氣，於是，書中不但有了黃金屋，也有顏如玉了。

所以，中舉做官成了讀書的目標，也成了讀書人最重要的出路。在一般人的印象中，讀書人（士）與官員（大夫）之間幾乎劃上了等號，遂將這兩種身分混而為一，稱為「士大夫」，成為社會上的一個階級。

文治國家

一般說來，中國歷代都相當尊重具有較高教養的讀書人，政治上也多以他們為領導。不過第一個真正厚待文臣，用科舉制度

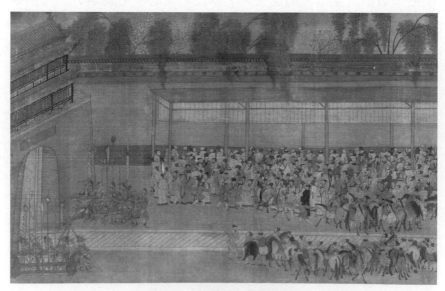

圖 9-1　觀榜圖（明仇英）

甄選眾多讀書人入朝為官的朝代，應該要算宋朝，因為宋朝的基本國策是「文治」。

宋朝開國皇帝——太祖趙匡胤原是一名武將，他藉著一次軍事政變登上了皇帝的寶座，為了防止其他軍人也利用軍隊的力量篡奪帝位，他將軍隊重新整編，把中央與地方軍權都收入自己手中。同時鼓勵大臣讀書，希望藉著儒家典籍中的忠義教訓建立綱紀，以改變唐末五代以來武將跋扈，甚或奪權篡位的風習。

自安史亂後，唐中央政府漸次失去統治全國的力量與威信，擁有武力的強項武人乃在各地方社會發號施令，形成半獨立的割據態勢，成為各地政治、社會的領導者。他們憑著武力起家，憑著武力打天下，根本瞧不起讀書人出身的文人官僚，將讀書人的學問識見視為無用的閒事。有位將軍史弘肇曾說：「要安定政局，平息禍亂，只要靠長槍大劍就行了，毛筆有什麼用？」雖然主管財政的文吏王章立刻反駁他說：「要是沒有我手中的毛筆，你打仗的糧餉從那裡算出來？」但是這位王章其實也瞧不起那些不懂實務的文官，他就曾嘲笑文官說：「要是給這些人一把算子，他們還不知道該怎麼算呢！」不過，即使是在那種武人專權，以力相尚的時代，起草詔敕、撰寫外交文書，還是需要文筆優美的讀書人，只是這樣的讀書人，終究只是武人政權中的裝飾品而已。

宋朝皇帝重新重用文人，落實文治政策，固然是基於中國傳統賢能治國的理念，但主要還是為避免武人再次奪權，割據地方，威脅趙宋的政權；同時也是為了拉攏在野的讀書人，免得他們批判政治，煽動人心。為了保證文人官僚對皇帝效忠的心，宋朝皇帝還自任考官，以殿試為整個考試流程的最後一關。這樣一來，經過科舉考試出身的官員，不但與天子有「公」的君臣關係，還

圖 9-2　一位宋朝的士大夫　書畫是士大夫的主要文化生活，理想的士大夫須通曉儒家經典，並能吟詩作文，且琴棋書畫無所不能

有一種「私」的師生關係。

　　科舉並不是宋代錄用官員唯一的途徑，因恩蔭與推薦而得選用的官員人數一直都高於科舉出身者。不過在「文治」的大前提下，即使是未經科舉考選的官員，也仍是受過教育的讀書人，所以他們仍然算作「士大夫」。

選才的方法與目的

　　科舉考試不是選拔人才唯一的方法，在科舉之前，中國政府也用過其他辦法甄選人才，如漢朝的「鄉舉里選」，魏晉南北朝的「九品官人法」。方法的改變，反映了各時代對人才的看法。漢人用「鄉舉里選」，是因為他們相信一個好的官員一定是一個有道德操守的人，而這必須透過他平常在家鄉鄉里間做人處事的口碑，才能得知。可是這樣選拔出來的人，或許道德高尚，卻不一定有足夠的聰明才智或能力為國家社會做事，再者，負責到鄉里選拔

人才的官員也可能因為私心而提報自己的親朋好友，結果官員固定地出自某些家族，政府官職也被固定的家族所壟斷，他們建立了龐大的政治社會勢力，被稱為世家豪族。

　　為了矯正這樣的問題，曹魏改用「九品官人法」，依實際需要查訪人才，但是取代曹魏而起的司馬晉相信只有世家大族出身的人，才有機會接受良好的教育，也才能培養出相當的能力來治理國家，政府再次被少數人所壟斷。直到南北朝後期，皇帝們才開始用考試的方法廣徵人才，讓那些自己覺得有才能治國的人參加考試，證明自己雖非世家出身，也具有治國的能力。到了隋朝，就正式開設各種科目舉辦考試，讓所有想到政府中做事的讀書人都有機會在考試中展現所學。

　　不過，唐代由考試出身的官吏人數並不多，他們仍承襲漢魏的取才觀念，認為一個好的官員除了學識之外，人格、品貌也很重要；所以在禮部應試及第後，還要由吏部考身、言、書、判，也就是要考核應試者的舉止、談吐、書法和公文程式的寫作能力。同時，由於皇族、貴戚與門第之人都可憑家世直接應吏部試，科舉考試出身的比例相對地很低，大約只佔應選者的百分之五。另外在考試科目方面，除了以帖經墨義檢覈考生對經典的熟悉程度，又強調文學性的詩賦創作，希望藉此觀察一個人的情性志趣。

　　帖經墨義考的是博誦強記，詩賦文章考的是文學修養，這樣考選出來的讀書人，不見得明白經典中所說治世的義理，更難以活用經典的知識處理當世待解決的問題。基於這種現實的需要，宋人將考試科目作了調整，用經義與策論取代原有的帖經與詩賦。考試經義是從經書中摘取某些文字，讓讀書人發揮論說，看看他們能否運用經書中的知識進行論辯。至於策論則是從歷史上或當

代中找出某些實際的問題,再給予一些矛盾的假設,要求考生說出自己的看法,提出解決的方案。

可是,後來參加科舉的人數愈來愈多,為了達成技術上的公平性,原本講求活學活用的經義、策論,被要求以格式化的方式來書寫,以作為評分時的客觀標準。這是明清八股取士的先聲。開科取士原是擴大求才的管道,使得民間才智之士也有機會展現所學,為國服務;現在選才的方法既然重視程式章法更甚於思想見解,再加上利祿的誘惑,無異使科舉考試轉成為籠絡士人,控制思想的政治統治工具,結果是天下英才盡入統治者的彀中。

第二節　社會經濟的新變化

參加科舉人數的增加與士大夫階級的確立,固然和宋朝採行文治政策有關,也與當時社會經濟的發展變化相呼應。這麼多新增加的讀書人從何而來,他們不可能投入生產,未中舉前由誰供養?這麼龐大的官僚隊伍,薪水如何籌措?都是我們要討論的問題。因為這不但有助於了解科舉制度與士大夫本身的情況,也可藉此認識他們所處的社會。

流動的社會

科舉原是一種挑選人才的辦法,目的在選拔適用的官僚人才進入政府,這不但擴大了王朝與社會的結合關係,加強了統治的基礎,也為一般平民提供了一條向上層社會流動的新管道。科舉制度雖然對一般平民開放,但要能參加並且通過考試,還需要其他條件的協助;大抵而言,這些條件在北宋以後才趨於成熟。換

言之，科舉考試固然提供了改變社會地位的機會，促進社會階層間的流動，但在科舉帶動社會流動之前，社會中必須先形成某種可以流動的條件。

就整體而言，我們很難說近代以前的中國社會是一個開放流動的社會，但是由唐而宋，社會的開放與流動性確實大為提高。唐代的制度原是為一個比較原始簡單的社會所做的設計，均田是代表性的例子，其理想就是不流動。所謂均田制，是在土地國有的原則下，經由國家的分配，讓農民擁有適量的耕地，其原始目的在求「力業相稱」，也就是令耕者有田，田有耕者，使土地作最大的利用，以達到最大的生產量；不但要讓民眾自給自足，享有安定的生活，也希望能藉此充實國力，並且在某種程度上限制豪強累積過量的財富。

均田的優點是犧牲一般人民遷徙、擇業自由換來的。田畝的分配需要完善的戶籍制度，但在管理技術未臻成熟的唐代，這樣的制度也只有在單純又無流動的農業社會中才能實行，一旦生產技術改進，生產趨向大規模專業化，人口因生產量提高而大幅度成長，工商業也隨之發達時，這樣的制度勢必難以維持。安史之亂引起的人口大遷徙，與戶籍制度的敗壞更加速了均田制崩潰的命運。政府也承認了這樣的結果：原來只能在本籍徵收實物、調動勞役的租庸調制被放棄了，改為依居所資產課稅的兩稅法。土地兼併的問題再次形成，但人民卻有了可以橫向流動的空間，可以搬家，可以轉業，讀書應考當然也是一條可以選擇的道路。

而在另一方面，科舉考試所形成的社會流動，也不僅止於上下階層之間。為了參加科舉考試，士人們往往離鄉背井地向都會城市集中，因為在城市中比較容易尋得擅長舉業的名師，還有參

考書、考古題。同時都市地區的考試配額也比較高，也就是錄取率比地方高，很多人因此寄籍在都市。等到考上科舉，官員們又必須依著迴避本籍的原則，轉任各地。他們像候鳥一樣輾轉於各個任所之間，為了配合這種移居的生活，原本繪製在版壁間的壁畫，移到了卷軸之上，以便於往來攜帶。

接下來的問題是，培養一個幾乎不事生產的讀書人參加科舉考試需要相當的資本，政府中日益增加的文職官員也需要薪水，這樣的社會經濟力由何而來？又如何支持科舉制度及其所造就的士大夫階級呢？

生產力的躍昇

唐亡之後，中國約有半世紀之久陷入四分五裂的狀態。不過佔據黃河流域的五代雖然爭戰不已，割據於南方的各國卻都積極地振興域內產業，對南方的開發貢獻甚大。宋代物阜民豐，百業繁盛的基礎即奠定於此，中國經濟文化的發展也自此步上南重北輕的局面。

在沒有國民生產毛額為指標的前近代，要正確解讀一個社會的生產力是相當困難的事。不過我們可以透過一些比較，來了解宋代較前代進步的地方。先以農業生產為例，無論是在生產技術、生產工具或是品種的改良上，宋人都有一些創新。例如利用水面種植作物的「葑田」，是在竹木構製的框架上綁縛一層蕪菁根莖，在上面鋪土種植農作物。至於「秧馬」，則可以在水田中乘坐工作，既可節省體力，又可提高工作效率。而在水稻的品種方面，有耐寒的「冰水烏」，也有耐旱的「金成稻」，還有生長期短的「六十日稻」。宋代一般單位面積產量，約為戰國時代的三倍，唐代的

一‧五倍，根據計算，平均二～四畝地即可養活一人。

　　唐代的農業生產以自給自足為原則，宋代則已出現專業化、商品化的傾向。生產物品不是為了自家的吃用，而是為了出售取利，各地乃因風土之宜而有特產，如江南的山地盛行茶園，長江三角洲成為米倉，景德鎮以陶瓷聞名，還有山東的絲織業與四川的蜀錦，都各有特色。這許多特產的運銷工作帶動了商業的繁盛，商業的發展又再促進了產業的勃興。

　　眾多的產業與發達的商業造就了社會經濟的整體繁榮，不過生產力的提昇並不見得能造福所有的人民。因為其中有相當部分歸政府、地主和大商人們所有。宋朝政府的財政收入有三：即以田賦為主的兩稅、商業稅，還有茶、鹽、酒、礬等專賣收入，這些收入的一部分即是用來支付官僚——士大夫們的薪水。

　　地主是社會經濟繁榮另一個受益者，宋承認土地私有，兩稅法只按耕地面積納稅，並不問土地歸何人所有。土地兼併的問題因政府的放任而愈演愈烈，但是只有土地的地主是沒有社會地位的，為求家族勢力代代不絕，培養子弟讀書，以便經由考試取得官戶的身分，便成為富有家庭中的重要活動。

　　科舉制度的確向所有的平民開放，印刷術的廣泛利用，

圖 9-3　秧馬

創造了一個前所未有的機會，使更多的民眾得以接觸書本，社會
經濟的進步繁榮，則讓更多的人從生產活動中釋放出來，受教育
讀書；但這也使科舉考試更富競爭性，事前的準備與花費愈來愈
多，這當然有損於科舉制度的開放性，對平民的向上社會流動造
成一種潛在的阻力。

第三節　合「理」的世界

「富貴不淫貧賤樂，男兒到此是豪雄」是宋代理學家程顥自
勉勉人的兩句詩。宋朝政府提倡儒學教育，開科取士，原有很現
實的目的（如壓抑武人，籠絡士人），但是應舉的士人們卻在他們
所誦讀的儒家經典中學習到「士以天下為己任」的自我期許。他
們「通經」並不是為了換取自身的富貴，而是為了致用；也就是
要掌握自然與人世社會的奧秘與問題，通達經典中所存的「義
理」，以建立一安和樂利的有禮社會。亦即張載所謂：「為天地立
心，為生民立命，為往聖繼絕學，為萬世開太平」。

申天理

儒家經典自漢武帝時就取得獨尊的地位，被奉為是政治學術
的最高指導原則。但是自漢末魏晉以下，政治社會竟是亂多治少，
擾攘不安，宋儒認為這不是經典本身有問題，而是因為前人只在
經典的文字訓詁上下功夫，所作注疏往往未能體知聖人的微言大
義。於是，歐陽修、王安石一輩人便主張拋棄前人注疏，直接從
人情的角度推求聖人之意。他們都強調個人的自由思考，也比較
關心現實的人事；如歐陽修就自稱「少無師傅，學出己見」，王安

石則經常訪問農民、女工，以驗證書中的知識。

　　不過真正著力於經典，要從中尋找「理」者，仍當推周敦頤、張載、程頤、程顥等人。他們從探索宇宙的本源著手，一面描述宇宙萬物的生成次序，一面肯定這種變化衍生的根據就是所謂的「天理」。這個放諸四海皆準，而且固定不變的天理既是萬物之本，也是人世社會道德倫理的起源。聖人根據這自然之「理」來制定人世之「禮」，以求建立一個有秩序的社會。這群學者的主張因為特重「理」的闡發，所以被稱為「理學」。

　　為了能更確切地掌握聖人所言之「理」，集大成的理學家朱熹特別強調《大學》、《中庸》、《論語》和《孟子》，即所謂四書的重要性，因為《論語》、《孟子》直接記載聖人的話語，故讀四書要比唸五經更能體察聖人旨意與「天理」之精義。他的主張對後來影響甚大，元明以後的科舉考試便以四書為考試範圍，四書取代了唐以前五經的地位。

　　不過，僅只從經典中認識「理」是不夠的，因為在人心深處固然也有天理，但若不加修養，將很容易被人的私慾所蒙蔽。聖人制定的規矩禮儀既是「天理」的體現，要修養道德就必須實踐「克己復禮」的功夫。「克己」乃是要克除自己的私慾，「復禮」則是讓自己的言行都合乎禮儀的準則。這當然不是只有儀式動作的表面功夫，而是一個人能切實體認自己有所不足，然後努力去克服它，在由禮節所規範的社會秩序中與人和諧相處。

　　總之，他們相信透過儒家經典的學習與個人心性的修養鍛鍊，可以讓「天理」落實在每個人身上，從而實踐每個個人完全的人性潛力，建立一個合「理」的世界。所以他們雖然致力於學術，卻仍有強烈的社會責任意識，如何帶領社會人群完成此一理想，

正是這些士大夫當仁不讓的社會責任。

經世致用

　　士大夫既然自覺地體認到自己對於國家社會不能推卸的責任，並且積極地自經典中發掘往聖的絕學，其最後目標自是要將所學習、所發明者付諸實踐，這就是「致用」。無論是歐陽修、王安石等政治人物，或是朱熹等理學家都不只是坐談天理之大義而已，但他們的實踐方式則判然有別。

　　歐陽修是北宋第一次政治改革運動——慶曆改革的重要人物。這次改革是由研究儒學有成的政治家范仲淹提出，他主張以古聖人的道理來評論現實政治，讀聖賢書的士大夫應該出仕治理世事。這次改革的重點首在改革用人的程序，著重能力和成績而非年資，以落實儒家尚賢的理想。可是這種做法阻礙了許多人的利祿之途，不到兩年，就歸於沉寂。

　　慶曆改革的理想為王安石所繼承，他所主持的熙寧變法主要目的在求富國強兵，故新法首重理財，但這並不是與民爭利，而是要奪豪民之利，以生萬民之利。這是孔子「足食」為先的實踐，可惜其他儒者多只記得孟子見梁惠王時，強調「義」更重於「利」的那段話，紛紛指責王安石「以利廢義」，結果引發了嚴重的黨爭問題。新舊兩黨都強調自己是根據儒家的經典論事，反王安石的陣營中還有著名的理學家程頤在內。

　　理學家並非不關心國計民生，他們之所以與王安石發生爭執，其實與他們對儒家經典的理解不同有關。王安石相信法令制度的約束與導引是建立理想道德社會的不二法門，但對理學家而言，正心誠意才是治國、平天下的正道，要改善風俗，不能靠政府立

法，而應由禮教著手。

儒家一向強調禮教，他們相信禮不只是表面的儀式，「它」在節制行為之時還具有潛移默化的作用，不但提高了個人的道德，並且能夠移風易俗。理學家談「克己復禮」，正是由此出發。經典記載的古禮是周代貴族的禮儀，朱熹等理學家乃重新編訂比較簡單，花費較少而適合一般人的儀禮，《家禮》與《鄉約》就是為一般民眾所訂立的，朱熹還編撰了一本講小孩子禮儀行為的《小學》。為了普及這種道德教育，不少宋代學者開始撰寫易於習誦的蒙學教材，今日仍為我們所熟知的啟蒙書如《三字經》、《百家姓》，其雛形即始自宋代。

第四節　理想與現實

讀書人應考做官，原本基於治國平天下的理想，他們「三更燈火五更雞」地苦讀，參加考試，當然不全為了黃金屋或顏如玉。范仲淹在〈岳陽樓記〉中的兩句話：「先天下之憂而憂，後天下之樂而樂」，道出了讀書人的理想與抱負，只是這樣的理想與抱負，究竟落實了多少呢？

私人講學

科舉考試的目的是為國家求取賢才，但也是籠絡士人的統治工具，考試答案、內容與形式的標準化，更束縛了知識分子的思想。由於一般官設學校多以科舉為重，以獵取功名為目的，理學家遂以書院為私人講學之所，強調自由講學。他們討論事理，實踐德行，修養己身，以求淑世化俗，完成為萬世開太平的理想。

圖 9-4　岳陽樓
（此為清代重建）

　　私學教育在中國原有悠久的歷史傳統，雖然自漢武帝「罷黜百家，獨尊儒術」以後，儒家學說便成為官方欽定的學問，但是既然孔子終身都是一位私學教師，私學教育也就一直受到相當的重視，綿延不絕。

　　早期的私學，常以經師學者為中心，唐以後的私學則以書院為聚集之所。唐末五代社會動亂，文教衰落，士儒潛居草野，用心講學，書院遂應運而起。但因缺乏制度，故待北宋中期以後，即隨著朝廷幾次大規模興學，而為官辦的州縣學校所取代。

　　書院的再興，朱熹是關鍵性的人物。他所擬定的〈白鹿洞書院揭示〉，以父子、君臣、夫婦、長幼、朋友這五種社會關係為「五教」，又訂出「為學之序」，以及「修身」、「處事」、「接物」的要則，正是要落實前述理學家所追求的「克己復禮」功夫。這份由修身砥行做起的學規，後來成為元明清各代書院的範本，也成為書院教育的精神指標。

　　元明兩代的書院在數量上大幅成長，不過，政府一直想把書

院官學化，據估計明代書院超過一千五百所，其中官辦書院佔了六成。明代後期並曾四次查禁與官方立場不同的書院，但始終禁而未絕。明末的東林書院更具有全國性的影響力，書院中的一對聯語：「風聲雨聲讀書聲，聲聲入耳；家事國事天下事，事事關心」，明白表達了當時讀書人治學在求治世的理想目標。

知識的崇拜

通經致用的理想，促成了學術與政治的結合，但也令讀書人對經典知識產生一種幾近癡迷的崇拜。「半部《論語》治天下」故事的流傳，正是明證。據說宋初名相趙普曾對宋太宗自承「實不知書，但能讀《論語》，佐藝祖（即宋太祖）定天下，才用得半部。尚有一半，可以輔陛下。」這個故事的真實性其實大有可疑，但它的流傳卻說明了人們對經典幾近迷信的期待，也反映出社會中「萬般皆下品，唯有讀書高」的迷思。

對經典知識的尊敬，證明宋儒所推動的儒學復興運動相當成功。宋儒的學術成就原是建立在經典義理的重新闡釋上，他們一方面擺脫古人的注疏，主張學者當師經之本義；一方面又強調「學出己見」。這樣一來，究竟誰的意見才真正合乎經典中的聖人之意？才是真正的「天理」呢？曾經支持范仲淹進行慶曆改革的歐陽修就不贊成王安石主持的熙寧變法。朱熹強調泛觀博覽、讀書窮理的修養方法，也被另一位講求「心正」，堅持「易簡」設教的理學家陸象山批評為瑣碎支離。最初，大家還能以自由討論的方式相互論辯，到後來，卻逐漸成了意氣之爭，黨同伐異。更何況他們所爭的「理」之曲直，有時還牽涉到利祿的問題，尤其是當科舉考試決定取用某家學說、注疏為官定標準本時。

科舉的流弊

事實上，那種對學問的尊敬也有一半是由科舉刺激出來的，因為通過科舉的士子取得了官員的身分，成了社會上受人尊敬的士大夫階級。問題是，科舉考試的目的雖在舉拔人才，但終究是以利祿誘人，為了追求形式上的公平，考場的規矩愈來愈嚴格。譬如將考卷重新抄寫一遍，以防主考官辨認筆跡，以及今日仍在使用的彌封法。為了防止考生帶小抄，不但進場之前須先行搜身，解衣脫靴，連所帶的饅頭都一一掰開。這種視舉子如賊子的作法，

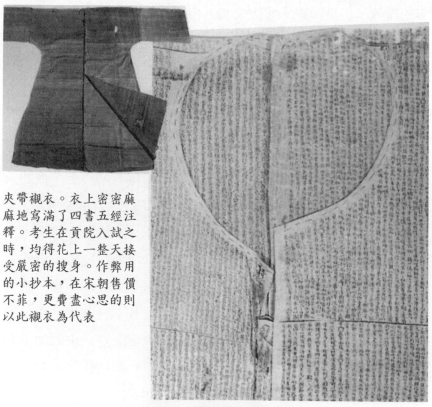

夾帶襯衣。衣上密密麻麻地寫滿了四書五經注釋。考生在貢院入試之時，均得花上一整天接受嚴密的搜身。作弊用的小抄本，在宋朝售價不菲，更費盡心思的則以此襯衣為代表

圖 9-5　穿在身上的小抄

明顯地與儒家經典中一再強調的自發性道德修養相衝突。儘管如此，行賄考官、僱用槍手、場內換卷的事情仍是層出不窮，書商甚至特別印行一種可置於掌中的袖珍本小抄發售。

　　儒學雖是以經典為依歸，但更重視道德的實踐，如今士子在功名利祿的誘惑下不擇手段地作弊，說明了道德不能靠章句的背誦來教養。明清時代的科舉考試更為僵化，在思想上必須根據朱熹的注釋來講述四書五經的道理，在形式上則須按照八股文體，起、承、轉、合，用八個段落和七百字的篇幅來論說聖人的本意。八股文的「股」是對偶的意思，也就是在立論時必須一正一反，一虛一實，一淺一深。這原是作义方法，一旦變成考試的規定，就難免流於形式，並且出現供人背誦模仿的闈墨範文。學者只注

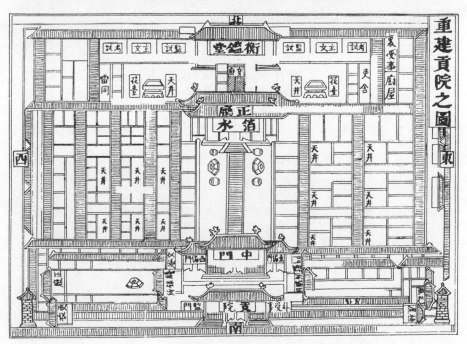

圖 9–6　科場示意圖

意文字的堆砌，不必明白內中的義理。

　　除了文體與思想的限制，八股文在行文之時，也不可以「犯上」或「粘下」，例如題目是「在親民」，考生作文卻不可提及上句的「在明明德」或下句的「在止於至善」。同時由於命題限在四書，明清兩代數百年下來，可出之題，幾已出盡，有些考官只有將經書的字句割裂命題，如「三十」即是出自《論語》中「三十而立」；或是將「子曰：巧言令色，鮮矣仁」，「曾子曰：吾日三省吾身」這兩句沒有關係的話「截搭」在一起成為「截搭題」。

　　科舉考試成了文字遊戲，士人們忙著考前猜題，背誦「小題三萬選」、「大題三萬選」的範文。他們熟悉考古題，卻不通人情世事。上焉者，還夢想著要以半部《論語》治天下，下焉者，卻只記掛著書中的黃金屋與顏如玉了。

研究與討論

1. 讀書、考試、做官這三者，在傳統中國社會中曾是一種什麼樣的關係？在現今的社會中，又是一種什麼樣的關係？你認為在工商業的現代社會中該如何破除這三連環？

2. 為什麼很多人都喜歡說「萬般皆下品，唯有讀書高」？你能說出產生這句話的歷史背景嗎？在我們現代社會，這句話還有沒有發生作用？請任課教師按年齡、性別、職業、教育程度製作社會調查表（採樣五十人），供學生實地訪問調查。

第十章
民間信仰、社群組織
與地域社會

第一節　民眾教育與善書運動

社學與鄉約

　　由宋至清，中國近世的歷史發展過程中，國家的權力不斷地透過各種方式，滲透到社會的底層。最直接的當然是以地方官管理州縣，但地方的秩序穩定光憑這一層面還無法辦到，因此有各種地方教育與教化的設計。除了利用書院的影響力之外，在元明兩代又以社區性的「社學」來教化鄉村的農民，並且推展官方的政令。

　　明清時期，官方與地方士大夫還組織定期性聚會方式的「鄉約」，對鄉村的百姓演講皇帝聖諭與宗教性的勸善書。演講內容之一的聖諭如明太祖的《聖諭六言》，要百姓「孝順父母，尊敬長上，和睦鄉里，教訓子弟，各安生理，勿作非為」，簡明扼要，易懂易記，士大夫在演講時常列舉各種遵行之人所獲得的善報，並對這六條訓詞予以擴充衍申，要百姓努力實踐。在這種「鄉約」聚會上，最重要的節目是「彰善糾過」，將該月、半月或十天內行善、行惡之人加以宣布，分別予以表揚或責罰。很明顯的，是透

過鄉村集會的方式，對行為不端的人給予公眾壓力，迫其不敢為非。除了「社學」、「鄉約」之外，明代還要鄉村的里老人，每個月六次，定期在里中巡迴宣導《聖諭六言》，並且在每里設立申明亭、旌善亭，將為善、為惡的人公告出來。這樣的社區活動，普遍在地方上推行，不論其成效是否完滿，當有一定的教化作用，儒家的忠孝節義及貞節廉恥等等觀念，遂普遍深入民間。

民間信仰與善書

然而士大夫透過以上各種方式所做的努力，相較於新興民間宗教對地方民眾的影響是有點相形失色。中國自宋代以後，出現大量的新教派。以道教而言，魏晉以來有天師道、五斗米道、茅山道，南宋以後，又有太一教、全真教、淨明道、真大道教等新興教派。這些教派具有強烈的儒、釋、道三教合一的色彩，真大道以道家清淨無為為基礎結合儒家倫理；淨明道特別強調儒家的忠孝觀念，有些學說也建立於與道合一的理學基礎之上，並接受了大乘佛教的一些教理；全真教的經典也以《孝經》、《般若心經》和《道德經》並重，都顯示了三教合一的民間宗教性格。

民眾道教的興起，對於群眾教化的貢獻極大，勸善書大為流行就是最顯著的指標。這些新道教所發展出來的勸善書，重要的包括：《太上感應篇》、《文昌帝君陰騭文》、《關聖帝君覺世真經》、《赤松子中誡經》、《信心應驗錄》等，其內容大半認為人的一切行為，甚至是念頭，都會有因果報應，因此勸人行善事、存善念，戒惡事、去惡念；當中也包含儒家倫理與佛教的輪迴轉世說法。這種善書廣泛地流傳於社會的底層，對於平民百姓影響極大，特別是在明末以後許多士大夫、商人大量「印施」善書，擴大流通，

愈益增進地域社會的教化。

　　明代中葉以後，王陽明學說盛行，地方上出現大量的「講會」，不論士大夫或平民都可參加；與此同時，鄉間的「鄉約」也大為發展；士人的詩社、文社亦流行開來。在這些聚會當中，善書的內容也成為講論的主題，透過宣講，善書的影響於是及於不識字的階層。後來，士大夫結合志同道合的一些人，更組織了「同善會」以共同行善。入會者繳納會費，定期辦理善舉，救濟貧民、寡婦，或施藥、醫病、施棺，另外又設置固定場所如「育嬰堂」、「清節堂」等，收容棄嬰、節婦。這些同善會會員也會定期宣講，或在鄉約上受邀主講，所講的如《孝順事實》、《為善陰騭》、《太上感應篇直講》之外，又有《濟急救危講話》、《戒溺女講語》、《戒點淫戲講話》等等。這類的同善會與善堂首先出現在經濟比較發達的江南，後來擴大到中國的各大城鎮中，直至清末民初仍然不衰，是中國近代的重要社會慈善事業。

功過格與寶卷

　　明代後期善書大量刊行的風潮中，除了上舉的一些善書之後，還存在著相當多的「功過格」與「寶卷」。功過格最早出現在十二世紀後半，到了明末大為流行，進入清朝更加擴展，直至今日仍可在寺廟之中，隨手取得。這類功過格，大多製成一種表格，每日一行，分善、過二欄，持修之人自行填寫，每月將善補過合計點數，一年總計點數多寡。每種功過格對於善、過行為的點數計算不完全一致，比較有名的是《太微仙君功過格》、《袁了凡先生功過格》和《彙編功過格》。功過格是民間宗教道德觀念和道德實踐的結晶，將行為分門別類，逐條賦予正負道德價值，形成可以

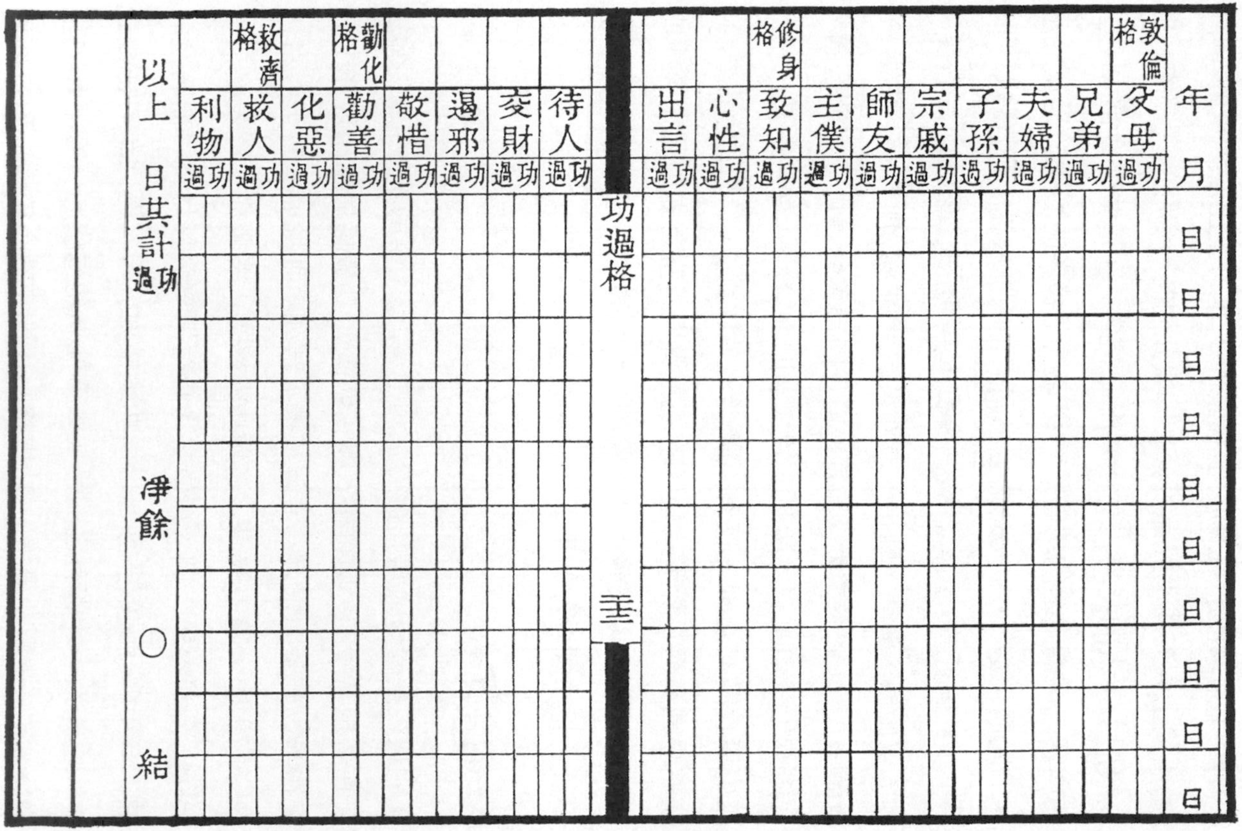
年
月
日
日
日
日
日
日
日
日
日
日
敦倫格
父母 功過
兄弟 功過
夫婦 功過
子孫 功過
宗戚 功過
師友 功過
主僕 功過
修身格
致知 功過
心性 功過
出言 功過
功過格
主
待人 功過
交財 功過
遏邪 功過
敬惜 功過
勸化格
勸善 功過
化惡 功過
救濟格
救人 功過
利物 功過
以上
日共計 功過
淨餘
○
結

圖 10-1　功過格圖式

量化、可以累積、可以將功補過的一種信仰形式，不僅民眾道教的信徒用它來做道德規範，儒生和士大夫同樣持修，佛教禪師也以之教化善男信女，是塑造著民眾品格與倫理思想的重要媒介。

明清善書的另一類是為寶卷，大多是民間宗教的經典，其作者多半是僧侶、道士、尼姑或教祖及其門徒，種類繁多。寶卷通常的形式是穿插諸神的故事，為了便於講誦，都把教理、教規編成五字或七字一句，連續記述。寶卷的內容除宣揚教理、教論，提倡五倫的道德之外，也有神佛仙真的傳說、平凡庶人成佛成仙的故事等等，所說都是一些勸善懲惡、因果報應之類的教訓，所使用的語言是說唱及戲文的用語。大致說來，寶卷的佛教色彩比較重，但內容同樣是三教合一，難以區分其屬於何教何派。這類寶卷對於教善抑惡的社會教化，同樣存有極大的功能。

善書與地方秩序

善書的流傳，將因果報應、立善積功等宗教觀念進一步深入民間，明代一朝尤為關鍵。在明代後期，佛教、儒家和道教三者合一的趨勢更加明顯，民間信仰色彩也益加強烈。明代以來，從宮廷到民間，扶乩之風日盛，托乩降神授的勸善書、功過格盛行於民間，以神道設教的方式，通俗地宣傳人倫道德，在中下層社會的影響遠遠超過理學，對維護社會秩序實有重大貢獻，因而為王公大臣、名儒文士所積極支持和推廣。明清儒者如李贄、惠棟、俞樾等人皆為《太上感應篇》作序或注疏，甚而蒐集各種例子彙集在各條目之下以為驗證。在中國近世，善書大量刊行，以信仰方式組織平民，加以教化，遂成為民間社會的顯著現象。

附帶一提的是，明清時期民間日用類書的普及以及勸農文的

大量出現，也是民眾教育的一環。日用類書將庶民平常所需的婚喪家禮、書信格式、契約樣本、稱呼定式等等刊出以備參考，勸農文除了要農民按節序耕耘外，又推廣元代傳入的棉花與固有的桑葉種植，使棉布、絲綢較前大為普遍；而明清之際引入的番薯、玉米等外來作物，也是在勸農文的推展之下廣為種植，對庶民的衣食助益都是很大的。

第二節　宗教結社與秘密會黨

宋代以後，中國出現了相當多的民間宗教，這些民間宗教的出現，反映了社會底層的潛在力量，秘密會黨也附著在民間宗教之下活動。在正統的國家教化，以及佛道正宗教派之外，民間宗教別樹一幟，成為地域社會中的重要信仰組織，其影響力極大，自元代以來的許多民眾起事，民間宗教（或秘密教派）即擔任了重要的角色。

初期民間宗教

民間宗教所具有的秘密結社性質，最早可以推始到東漢末年的太平道與五斗米道。魏晉以至隋唐時期，佛教彌勒降生救世思想所引起的多次宗教起事，也具有秘密宗教的性格。摩尼教在唐會昌三年（843 年）遭禁之後在地方上秘密傳播，與宋代以後的明教、魔教也屬民間宗教的性質。這些教派以簡單的教義，標舉光明與黑暗、善與惡對抗的說法，容易為庶民群眾所接受，大有後來居上之勢。宋代以後，佛教中又分化出白雲宗和白蓮宗兩個教派，因為教義通俗，信眾甚夥，但不見容於朝廷與正統佛教，

於是白雲與白蓮兩派也轉入地下。由於摩尼、白雲、白蓮三教同在政府禁抑之下秘密流傳，促成其互相接近、融合，最後匯為一個新的教派，就是白蓮教。元末白蓮教、香軍與明教的紅巾起事，是雜糅前此各秘密教派而形成的大變亂。到明清，白蓮教的活動，仍然是民間宗教中最富抗爭性的一支，起事行動此起彼落，尤以清中葉川楚白蓮教亂最為有名。

新型民間宗教

不過，一般學者認為民間宗教的大量出現，乃是明代中後期的事，為中國民間宗教嶄新的發展階段。這時新的教門、支派和宗教預言、宗教組織大量湧現。這些民間宗教與前此秘密宗教結社最大的不同，在於有自創的經典——寶卷——以教化徒眾，以十六世紀初興起的羅教最為重要。爾後數十支民間教派隨之興起，風靡大江南北。

羅教始稱無為教，創教祖師羅夢鴻，門徒尊稱「羅祖」，故又稱羅祖教。羅教有五部經典，教義受禪宗思想影響很深，也融合了道教、儒家的教化思想，把三教經典中古奧艱深的語言通俗化，轉變成群眾的語言；把三教玄妙的哲學思想世俗化，轉變成老百姓容易接受的道理，然後用一種群眾喜聞樂見的宗教文學形式——寶卷——表達出來，提出解決生與死、善與惡、正與邪、功利與幻滅、天堂與地獄等等一系列人生命題的答案。其教義要比白蓮教「明王出世」、「彌勒下生」的預言豐富深刻，而且切近百姓內心的世界。

羅教主張在家修行，提出「無為之法」，不像僧尼摒棄家人、隔絕人世，專行持戒、坐禪、唸經等「有為之法」。他們的修行不

圖 10-2　眾仙圖　清代所繪「眾仙圖」，承繼以往三教共棲的
風格，既有儒家的聖人，又有佛道的神仙，構成了一個和諧的
神界

拘泥於外在形式，以「佛法僧寶在人心，三寶就是主人公」。由於教義簡便易行，又無出家絕嗣之虞，故深受百姓的歡迎，而流行於南北各地。南傳的一支後來形成江南齋教，與原來在江浙具有潛在勢力的白蓮教、魔教融合，專以食齋持敬為主。在羅教創立之後不久，相繼興起外佛內道的黃天教，以及道教色彩更濃的混元弘陽教，與鼓吹改天換地的聞香教等教派，流行於華北地區。此外，又有以戴髮修行的尼姑為主的西大乘教出現。清代以後，比較重要的宗教結社有一炷香教、八卦教、清水教、天理教，以及清末脫胎於羅教的一貫道。

在明後期民間宗教中，有一個新教派在福建出現，它就是三一教。三一教與羅教等最大不同之處，是由知識分子學術社團演化而成的宗教組織，教主林兆恩主張三教合一，不主張出家不婚，也反對唸經坐禪吃齋，認為三教的真諦全在「心性」二字，求得「真心」才是致學的頂點。大致說來，是以儒為主體，道教為入門，佛教為極則的一個教派。清代的太谷教與黃崖教，基本上也是類似此一形式，都是由知識分子組成的民間宗教。

秘密幫會

在明清時期民間秘密宗教以信仰來組織群眾的同時，地方上的會黨也以異姓結拜的方式來凝結人群。中國游民組織團體、幫派，彼此械鬥，在明代已經存在，但組織成跨省份的幫會，則到清代才大為興盛，其中最有名的是天地會、青幫和紅幫。天地會的起源不明，但由異姓之結拜組織及械鬥發展而來，應該是沒有問題的。青幫是從明清漕運船幫中脫胎出來的秘密結社，它的形成與羅教有極深的關係。而紅幫則與長江中上游的哥老會有關，

都屬於秘密幫會。

　　天地會創立之後，許多「反清復明」的起事都以天地會的名義發動，最多的時期在乾嘉道年間，而以發生於乾隆時的臺灣「林爽文之役」最為有名。乾隆中葉以後，天地會日益演變為一般的游民組織，並隨著人口的流動，逐漸在廣東、福建、臺灣等地區蔓延開來，到清中葉以後，長江流域以南各省也普遍傳播，並流傳到了海外華僑社會中。天地會的分支頗多，具較大影響力的有三點會、三合會、小刀會等。在天地會的發展過程中，與民間宗教如白蓮教、青蓮教的關係甚深，也和民間武術團體如南拳系統密切結合。清政府禁止異姓結拜與民間私自習武，結果反而使秘密結社與民間武術團體地下化，成為潛伏於地域社會之中的重要勢力。

　　青、紅幫作為游民的社會組織，其幫會活動所具有的政治反抗色彩較天地會等會黨小，但經濟性色彩較大，如走私食鹽和鴉片、開設賭場、掠賣婦女、綁票搶劫等所在多有，許多行賈與地主士紳也多加入幫中，在清中後期的社會裡，是不可忽視的負面力量。

　　清代幫會的大量出現，與人口增長有著密切的關連。明末中國人口已近二億，到了清代又有增長，在清中葉時已增至四億。人口急劇增長主要在東南各省，因此人口移動方向也多由東南移向西南各省、臺灣、東北。大規模的人口遷徙意味著有大批人口脫離宗族的血緣紐帶，來到他們所不熟悉的地區，與當地人口競爭土地、山林等資源，為了生存的需要，游民社會從傳統社會組織中吸取了各種可資利用的文化因素，如兄弟結義、師徒關係、鄉土觀念以及游民社會所固有的江湖義氣等價值觀，創造了宗教

性、幫會式的各種結社，秘密結社主要分布在人口大量移入的一些地帶，如華中、西南、臺灣、東北等地，以及人口壓力大的東南各省，其背後因素就在於此。

清代晚期，除了上述的幫會之外，又存在著不少以乞丐、竊賊以及各種騙子所組織成的團體，這些群體也都是農村的游離人口，在城鄉之間到處游移，對於地方的秩序同樣有其妨害。

第三節　宗族與地域社會

從宋到清，宗族組織擴大是一個明顯的發展趨勢，而其在地域社會之中的重要性也不可忽視。宗族透過共同的血緣紐帶，參與同宗的各種活動，發揚同族的聲望，形成地方社會中的重要力量。科舉功名、節孝旌表等等社會制度在此一組織的推展下，相輔相成，成為擴大宗族勢力不可或缺的象徵。

宋代士大夫重建宗族的努力

宋代士大夫對於重建宗族的血緣凝聚力，提出了一些構想。如提倡「明譜系」以加強族人的團結，主張立有官職的族人為族長，作為號召族人的宗族首領，以保障宗族的昌盛。並透過家廟與祭祖的家祭制度，以聯繫宗人。也有人提議設立家法，維持家族秩序。

北宋的范仲淹在宗族組織的發展史上是一個典範人物。宗族之設置族田、義莊，即始於范氏。范仲淹於北宋仁宗時，以官俸所得，在蘇州買良田十餘頃，將每年所得租米贍養宗族，置屋以收貯、發放租米，稱「義莊」，令族中子弟掌管，手定「義莊規

矩」十三條，內容有三：一、向族人發放食米、冬衣的範圍和數額。二、族人嫁娶喪葬的資助規定。三、領取義米的辦法。其子范純仁、純禮、純粹，又作「續定規矩」，範圍更擴及教育、科舉考試等的補助。范氏義莊創立之後，義莊在南方大量興起，成為宋元的宗族傳統之一。

南宋朱熹所著的《家禮》也是宗族組織的重要設計，對南宋以後宗族的發展影響深遠。書中建祠堂、墓祭始祖和先祖、置祭田三項規範，成了後世宗族組織中必備的要素。

族譜的興盛，也是宋代宗族發展的重要表徵，歐陽修、蘇洵編寫族譜的體例，成為後世登載譜序的兩種常見體裁。此外，族規、家訓、家範的出現，也是宋代宗族制度的內容之一。其中多有私人家法，族長得依據家規，對不守家法者給予處罰。到元代，官方亦承認宗族私法的合理性，認為尊長對卑幼以家法警戒並無不可。

宋以後宗族的發展

宋元時期宗族的發展有官僚化的傾向，族長通常由有官職者擔任，大宗族以南方最盛。宗族本已盛行於江蘇、安徽、浙江，南宋以後由於北人南移，聚族而居，原來宗族制度較不發達的江西、福建、兩廣、湖南等地，也漸盛行。這些宗族累世同居，不分家財，並建祠堂、修族譜、設族田，聯結族人，連官方也多予以禮遇，時加旌表，號稱「義門」。現今所知宋元各類宗族祠堂的分布，集中於贛、徽、浙、蘇、閩五省，與族譜數字、族田的分布相合，可見宗族制主要流行於南方。北方因戰爭破壞而宗族消零，聚族而居下的宗族南盛於北，在宋元時代已經形成。

　　明清的宗族制度在宋元的基礎上有更進一步的發展。自嘉靖十五年（1536 年）允許臣民祭祀始祖以後，宗族的規模相對擴大，同一始祖的宗族彼此聯宗，於是普遍大建宗祠。在宋元時代，宗族制度一般講求小宗法，大宗祠極少；明後期以降，隨著宗祠祭祀始祖的普遍化，宗族由五代以上的同宗族構成已成為普遍的情況，擁有上千丁的宗族不在少數。這一點也可以由統宗譜、會通譜的發展看出來。宋元時期的宗族譜錄以「族譜」為多，「宗譜」並不多見。明代中葉以後，會通各支的宗譜大量出現，不僅跨府縣，而且跨省區，甚至是全國性的。如程敏政《新安程氏統宗世譜》，合四十四支脈，通五十三代，入譜者超過萬人。而嘉靖時張憲、張陽輝等主修的《張氏統宗譜》則記載了全國十五省的一百十七個支脈，更是煌煌鉅著。在明清時期，統宗譜盛行的區域主要在華東地區，以江蘇、浙江、安徽最多。

　　明清時期的宗族重視科舉事業，在盛行宗族制度的南方各省，普遍有濃厚的尚文傳統，其表現有三：一、廣置族田，作為宗族的公共財產，包括義田、祭田、祠田、學田等，其功能乃為祭掃祠墓、迎神賽會、增修族譜提供經費，為贍濟貧支、解決衣食之困，還有一個重要的用項便是資助開辦義塾，補助族人筆墨膏火之資，並為族中優秀子弟提供科舉考試應試費用。二、興辦族學，敦請明師，教育子弟。入學者必須是本族的子弟，經費來自族產。很多宗族都規定，族內子弟不論智力如何，皆要入學識字讀書，即使不能參加科舉考試，也要是個知書達禮的人。三、重視仕途，採取許多措施，培養族內人才獲取功名以躋身仕途。明清的狀元，蘇、徽、浙、贛四地就佔全國三分之二以上，與這地區宗族組織的扶植與提倡似乎不無關係。

宗族與國家的地方控制

　　宗族的普遍存在以及組織化，受到官方的重視，於是利用宗族組織來控制基層社會。明清政府希望宗族用「齊家」的儒家倫理以維持地方社會的安定，故官方允許民間違反禮制普遍地建立宗族祠廟，批准族規，支持族長依據家法對宗族進行管理，甚至在清代雍正時給予祠堂族長處死族人的法律權力。明清政府又通過旌表提倡宗族設置族田，為族田立冊存案，載於書志，給予執帖，勒石保護，禁止盜買盜賣義田。雍正時代還設立族正，作為保甲制的一部分，乾隆時代也試圖利用族正制止宗族械鬥。

　　大體來說，民間的態度與官方的立場是相符的。以修譜來看，明清的宗譜、族譜或家譜普遍收錄皇帝的勸民諭旨，如明太祖的《聖諭六言》、清聖祖的《上諭十六條》、清世宗的《聖諭廣訓》。與宋元相比，明清族譜更重視對族人的勸戒，強調褒貶教化族人。明清族譜對於教化的加強，明顯體現在對婦女貞節的要求，和對族人充當「賤業」等行為的削名兩方面。關於削名之例，元代一般僅對族人充當僧道者不錄，而明清則擴大到充當樂藝、優伶、隸卒、義男、巫祝及淫盜犯法者，自鬻為僕者也不載入族譜。對婦女貞節、名分的要求，如妾生子才可以入譜，媳婦改嫁、族女再婚，或所娶再嫁之婦人，一般都不記入譜中，休掉的妻妾也不書。而守節守貞的族中婦女則特予獎勵，受朝廷旌表者更為之立傳以揚名後世。為了鼓勵婦女守節，族產中多半也有專門撥給寡婦的項目。

圖 10-3　古牌坊

第四節　商人角色的轉變

宋代商人地位的漸變

過去中國政府與士大夫階層多半輕視商業及商人，商賈被認為是一種潛在的社會敗壞分子，拘束在嚴格的管制之下。士農工商四民之中，商人也居於最末。商業被視為末業，是狡猾、欺詐及不事生產而終身唯利是圖的人所從事的職業。漢代初年，法律禁止商人著絲綢及乘馬車。唐代商人子弟不得參與科舉考試。若干利潤大的貨品，如鹽、鐵、茶、酒等也由政府專賣，禁止商賈與國家競爭利益。

但在中國漫長的歷史中，商人的地位並非沒有改變。自晚唐以降，商業日趨活潑，其中有些商人不僅擁有財富，而且也有權勢，但商人社會地位普遍發生轉變是在宋代。宋代商品交換日趨成熟，商業貿易遂漸擴大，商稅為國家帶來鉅額收入。雖然商業在儒者眼中仍為次要生業，但很多限制及管制商人活動的法律與措施已開始放寬。宋代出身商人家庭而自己不是商人，或曾為商人而非現行商人者，都准許參加科舉考試，商人在政治上的門限已部分打開，而官員對商業的態度也不像以往那般鄙視，官員經商成為流行風尚，甚至身居相位者還「專以商販為急務」。

商幫的形成

宋代商業以地區論可分為三大群體，每一群體有其貿易領域。開封為「北商」的貿易中心，交易領域主要在中國北方；四川為「蜀商」的大本營，中心在成都；「南商」的主要活動區域為浙江、淮水及長江下游地區的城市。明清時代著名的「新安」或「徽州」商人，在南宋時已嶄露頭角。這三大群體除在其主要貿易區域進行商貿外，也多與其他地區有所來往。隨著工商業的發展，同業工商業者所組成的「行」，自唐至宋，日益增加。唐代洛陽有一百二十行，南宋臨安有四百多行，行會制度的成熟也顯示工商業階層的壯大。

明清時代，商業更為發達，產生大量的地域性商幫。其中，較著名的有徽商、晉商等十大商幫，各有其商業地盤。商幫以群體的力量參與商業競爭，其活動的範圍甚廣，多有「足跡遍天下」者。如徽商的大本營在江南，活動區域除東南沿海、西南地區、華北之外，更遠至日本、東南亞。山西商人除蒙古、西北地區，

及華中、華南重大商埠外，也把勢力伸向俄國、日本、東南亞。
各大商幫既有重點經營的區域，又不限於固定區域而周遊天下，
因而建構出一張覆蓋整個中國的商業網絡。清代各大商幫群集於
重要的商業都會中，建立代表各地商人的會館，作為全國商業網
絡的樞紐與基點，各都會中的會館聯結起來，遂形成全國市場網。
明清時期會館的大量出現，清中葉後「公所」的發展，與商業的
擴張、商人的角色提昇，都有極大的關係。

明清商人社會地位的昇高

　　明末清初，商人社會地位日益增高，官方也有恤商、惠商的
措施。科舉考試上，明清兩代特地為資本雄厚的鹽商設立「商

圖 10-4　商人會館

籍」，令其子弟在經商地參加科舉考試，不必像一般人須返回本籍
參加考試。清政府對資本鉅、勢力大的商人，極力籠絡，以官職
為餌吸收他們。商人透過「捐納」買官銜、官職而躋身宦途，這
方面徽商最為有名，有的是本人擁有官銜，有的是父官子商或子
官父商，也有是先商後官或先官後商的。商人與官僚結合，不外
為了保護其產業，徽州商人長期主持兩淮鹽業，取得官銜，與官
府打交道自是一大幫助。比捐官取得頭銜更有力的是「讀書登
第」。有清一代，徽商子弟共考上二百九十六名進士，十五個狀
元，身任高官者五十二人，可謂顯赫之極。

　　明代中後期以後商人的自我認同亦有所轉變，他們不再視商
為賤業，有些商人認定「士而無成反不若為賈」，士人對於四民的
順序，也以為應改作士商農工。到清代，甚至有士不如商的說法，
這在商人勢力比較強大的地區更為明顯。雍正皇帝諭旨曾指出：
「山右大約商賈居首，其次者猶肯力農，再次者謀入營伍，最下
者方令讀書。」就此而言，山西的商人居社會的上層，士反居末
了。清晚期「商為四民之綱」，即商人為四民之首的看法，隨著商
人在對外貿易競爭，對內興辦實業的重要性日增的情況下被提出
來，商人已成為近代至關重要的群體。

　　明清商人的社會角色也有所不同，其社會功能日增，重視地
方慈善事業，大力捐助恤嫠會、普濟堂、老人堂、救生堂、施藥
局、育嬰堂、救火會、救生船、施棺局等等，不勝枚舉。其他如
造橋、鋪路等等，也是常見的義舉。這種「賈而好義」的性格，
在地方社會的貢獻極為重大。宗族中，商人修祠堂、設義學、義
田，日漸增多，尤其像徽商這樣重視宗族的商人群體，更扮演著
重要的角色。

　　「賈而好儒」是明清商人的另一形象。明中葉以後，由於社
會上對於商人觀感的改變，普遍出現「棄農經商」的現象，但商
賈本身有時「亦儒亦賈」，或雅好詩書，或贊助文士、畫家等等，
成為一種風尚。揚州商人資助文士，造就揚州畫派，即是一個明
顯的例子。他們之所以如此，應與早年也「習儒業」有關。在許
多「棄儒從商」的商人中，更提倡以儒道經商，不為奸利，講究
商業道德，其中徽商標榜「以誠待人，以信接物，以義為利」，最
足代表這一形象。

　　由於商人的重要性提高，政府開始利用他們，甚至勒索。清
代官府通常將一些款項交給商人生利息，以增加收入。在特定時
候，常要商人自動捐款，稱做「報效」或「捐輸」，出資捐助政府
的軍備、公共建設，救濟水災、饑荒，奉獻皇帝出巡或壽誕的開
銷。其中山西、徽州商人及廣東行商捐助的數目最大。官方對於
商人的「踴躍」認捐，通常會賜予官銜。官商之間的相互為用，
成為近世商人文化中的特色，也是商人角色轉變的一個表徵。

研究與討論

1. 到寺廟、車站、素食館或醫院調查善書，分析其內容。
2. 到圖書館蒐查有關天地會等秘密會黨的結盟形式與聯絡方式。
3. 把家中的家譜拿出來看看，找出本身的世系來源，與祖先的事蹟，
   並觀察自己家族在社區中的地位。
4. 思索當代商人在社會等方面的角色及影響力，並舉例說明、討論。

第十一章
城市發展與庶民文化

第一節　都市──質與量的變化

　　自古以來，城市是人類文明創造的中心，每每帶動社會文化的發展。城市所具備的不同特質，也對歷史產生不同的影響。中國城市的發展，自上古至現代，經歷了四個主要的階段：一是祭祀、政治與軍事三位一體的城邦，大約從西元前 2500 年到春秋晚期約西元前 500 年；二是統一帝國行政基礎的縣城，從春秋戰國開始孕育，秦漢成熟，至南北朝、隋唐五代乃有以行政管理方便著眼的市坊分區制度存在；三是晚唐以來市坊制破壞，宋代至明清商業、行政並重的城市的發展；最後一個階段則為近代以來城牆拆毀，現代化城市的出現。

市坊制下的都市生活

　　在市坊制施行的時期，都市內部以大街為界，劃為若干個坊、市，每個坊、市自為一個封閉單元，四周環築坊牆、市牆。除了三品以上官員的官邸可直接穿坊牆開門之外，居民房宅不准向大路開門，平常出入皆須經由坊門。一般來說，每坊約有二或四個坊門。坊門裝有門扉，由專職門吏掌管，日出而開，日落後敲街鼓六十下而閉，夜間實施宵禁，平民不准在大街上逗留，如果違犯將受杖刑處分。因公事或家有喪凶疾病等急事，須夜出坊門的

人，必須持有官衙或本坊所開立的證明，查驗後才得放行。

　　這時期城市的主要經濟活動，按照規定要在「市」內交易。市是特定的坊，四周圍牆，每面各開二門，市門有門吏管理，早晚隨街鼓聲啟閉。市內設有市署、平準局，管理市場中的經營時間、交易的度量衡及調節物價。在市裡，臨街巷設店，店鋪外面不准附設小攤，商業活動僅限於白天。

　　隋唐時期，都市的外觀與內部生活，事實上是嚴整而單調、平實而簡單的。平民的生活，談不上夜間活動。特別是當時規定商業活動僅限於市中進行，坊與坊之間的大街兩旁不得破坊牆設鋪，搭蓋棚子擺攤亦屬非法，都市風貌在嚴格取締違章建築之下，有序之中顯得冷峻。

新城市型態的出現與發展

　　但這樣的都市風貌，自晚唐開始產生變化。以唐京城長安為例，晚唐出現了夜市和臨街開設的店鋪，逐漸突破了市場朝開晚閉、夜晚宵禁的限制，同時也突破了空間上受圍於坊牆的形式。尤其在市附近的坊，出現了許多旅舍、客店，以及餅鋪、麵食店。崇仁坊的夜市更是晝夜喧鬧，燈火不絕。官方雖曾命令在京的夜市應加禁絕，但情況並未改觀。同樣的情勢，也發生在像洛陽、開封、揚州等大城市，夜市已逐漸普遍。

　　到了五代，後周世宗顯德三年（956年），允許開封城內沿街兩旁得於一定界線內掘井、修蓋涼棚、臨街設店，宣示了坊市分離制度的崩潰。自此之後，城居設店便合法化了。宋太祖乾德三年（965年），官方又取消三更以後禁夜市的規定，於是開封城內出現了五更掌燈，天明即散的「鬼市」。在其他城市，夜市、早市

也相當普及，市坊制蕩然無存。爾後歷元、明、清，不再嚴格區分居住區和商業區。這是中國都市型態的一個重要轉變，也是都市生活的另一發展。

從晚唐至宋代城市型態的變革中，城市所發揮的商業功能愈益加強，行政中心的經濟機能也強化了。宋代的開封、臨安商業遍布城內，多有同業成街的「行市」。各種商業活動的配備與服務機構，如棧房、錢鋪、兌房、客店等，以及簿記、珠算、商用算數等工具，也一一出現。因為城市商業的增長，商人沿街越界開店，當時謂之「侵街」，致使原先寬廣的街道逐步變窄，官方乃不斷「清街」以拆除違章建築。這一情況在明清的北京、南京等城市中，也不例外。

宋代以後城市數量激增，城市人口膨脹。明代城市在商品經濟空前繁榮的情況下，更為發展。清代都市的數量更多，到清末時人口上萬的城市已超過六百個。這些人口眾多的城市，主要分布在大運河沿線、長江流域及東南沿海，與交通動脈、經濟重心多半相重疊。城市除了人口數量增長外，人口結構也發生改變，工商業、服務業人口的比重日漸昇高，都市性質轉為經濟與行政並重。商人的地位也提高了，而且工商業的行會、公所也在清代大量出現。

市鎮的增長

配合大城市經濟機能的強化，唐宋以後，鄉村地區的定期市與州縣城外的草市，也開始興起，日趨繁榮，逐漸演變成固定的商業聚落。原來軍事意味比較濃厚的「鎮」，經濟機能取代軍事性格，也成為一種經濟性的城市。宋代以後，非行政中心之市鎮的

發展，成為近世中國城市變革的另一重要現象。在北宋，市鎮已超過一千五百個，明代又成長了五倍，清代中葉時已近三萬個，清末增至近四萬。市鎮大量的增加即是都市化的明顯現象。明清時，人口大量集聚於市鎮，在都市外圍區域呈環狀、帶狀分布，對商品經濟的普及於鄉村有相當大的幫助。其時市鎮分布最密的地區，即為經濟最發達的江南。

在市鎮大量出現的趨勢中，最值得注意的是專業市鎮的出現，如江西景德鎮以瓷器著稱，廣東的佛山鎮以製鐵器出名，湖廣的漢口鎮以販運有名於時，人口都有數萬人。江南地區的市鎮最密，各種專業市鎮如絲織、棉織、米糧、製壺、製筆等等，普遍存在。有些市鎮的人口甚至比縣城或府城人口還多，顯見江南地區專業市鎮的經濟活力，遠遠要比行政中心強，市鎮的重要性於此可見。

專業市鎮的經濟活動，透過市鎮中的包買商（專門收購的商人）、牙行（仲介商人）和機戶（紡織手工業者），與附近鄉村的農戶，逐漸形成連鎖性的生產與消費關係。藉由散布於附近鄉村的市集、中介市場，以至各個商業聚落的市鎮，在廣大的農村社會中，形成一種階層性的經濟連續體。

市鎮並使傳統的市場結構發生變化，如江南棉布、絲貨及米糧的長程貿易，更進一步促使長江流域及華北各地資源的有效開發與利用。屬於「已開發地區」的江南，透過各大城鎮的商人活動，在原料與產品的交易上，逐漸與「開發中地區」各省交流，促使了全國市場的出現，為手工業產品找到了消費市場，其中經由大運河與長江這十字型交通動脈的運輸，商品經濟在明清取得空前的發展。

城鎮中的「走水」商人與傭工

隨著城鎮經濟高度的發展，城鎮中的客商也大量增加，長途貿易的客商特別突顯。明清時代客商出外經商，俗稱「走水」。走水前，要向住地所在的縣衙門申請「路引」，才能通過各地關津的盤查。拿到路引，客商便可依據路引所載的目的地前往貿易。由於交通和資訊條件不佳，服務業也簡陋，啟程前客商通常要作一番周全的準備，將銀兩、衣物、寢具、商用簿具、伙食器物及雨具、照明等用具備置妥當。為了預防途中生病，還要攜帶一些簡單的藥品。啟程必須擇定吉日，以避凶煞。客商的旅途多半是艱苦的，由於沒有良好的經商條件，認路全憑經驗和記憶。市面上雖可以買到簡陋的路程圖作為參考，但沿途的風險仍然極大。由於「走水」時有風浪，水路上必要膜拜沿岸的龍王廟和關帝廟，客商多事先準備了「祝文」。然而更大的危險是人，如匪徒、馬賊、強盜等的威脅。不過，在利之所趨下，客商冒風險、遠販運，遂使「貨暢其流」，而都市也就更加繁榮了。

都市人群中存在大量傭工也是明清時期的重要現象。尤其是在江南等經濟發達的城市，大量農村的勞力進到城鎮，受雇為織工、踹布匠、染布工人，或者腳夫，他們雖然卑微，卻是都市經濟不可或缺的一分子。明末清初時，一些雇傭工人因為不滿受到剝削，甚至發動「叫歇」（罷工）。

圖 11-1　集市上的小販

第二節　城市生活與風氣變遷

都市性質的改變與商業性城鎮的增加，對都市生活產生幾方面的影響：首先，城市居民的活動不論在空間或時間上都擴大了，於是有生活方式的改變；其次，消費量的擴張，帶動物質經濟的發展，社會生活、日常活動與商品經濟的關係日深。因為生活內容快速變化，流行風尚翻新，直接衝擊到官方所設定的生活規範與階層秩序，政府雖三令五申仍難禁止僭越。

北宋汴京

宋代的汴京（開封），在坊市破壞後，各式鋪子在城內大街小巷普遍出現，其中飲食業最為發達，可分為北饌、南食及川飯三大類。居於主流的北食，與南方的海鮮食品、四川的叉燒燠肉等，表現了開封飲食的多樣性。在飲食風尚日高的情形下，飲食業發展出包辦酒席的租賃形式，即「司局」。民間的吉凶宴會，所需搭棚、茶酒、煮廚、碗盤等等，都有人包辦。這一風尚後來傳到臨安，有所謂的「四司六局」：帳設司、茶酒司、廚司、臺盤司，與果子局、蜜煎局、菜蔬局、油燭局、香藥局、排辦局。

開封的酒樓也相當可觀。大型酒店，稱「正店」，造酒兼賣酒；小酒店稱「腳店」，從正店沽酒販賣。如酒樓中最負盛名的是樊樓，樓高三層，五樓相向，彼此連結成為龐大建築，可容飲酒客千人以上，下屬腳店有三千家。另外如任店，陪酒妓女就有數百人。在北宋末年，開封有酒樓正店七十二家，腳店近萬家，飲宴之盛可謂空前。

行都臨安

南宋臨安的多姿多采，與開封相比毫不遜色。在飲食業方面，汴京的店面裝飾、攤販的叫賣聲，以及酒樓的飲與食結合、飲食與娛樂結合、隨季節更換經營類別與服務風格等等，都傳入行都臨安。飲食的多元色彩依然存在，有北方的羊肉，也有南方的水鮮海產，值得一提的是素食——用素料仿製雞鴨魚肉的菜餚，中國第一本素食菜譜《本心齋蔬食譜》就出現在這一時期。

都市有各色各樣的娛樂，如雜劇、蹴毬、講史、相撲等等，每逢節慶，熱鬧非凡。同開封一樣，臨安存在著許多表演場所，叫做「瓦子」或「瓦舍」，供給各式說唱、雜技團體表演，常吸引大量的市民觀賞。

在宋代都市生活的轉變中，有些平民因為物質條件的提高，開始仿效官員的生活：長巾大袖、高門廣第、豐飲奢食；庶民妻妾出門，冠帔珠翠，有如命婦。諸如此類的僭越禁不勝禁。

大體來說，宋代城市比之從前，呈現了相當不同的風貌，顯示出一種前所未有的大眾化傾向，這種大眾化傾向在明清進一步擴展、普及。

明清都市社會風氣的大轉變

明代中葉以後，隨著商品經濟的發展和全國市場逐漸形成，官方改革賦役，放鬆對工商業者的管制，城市增加，消費人口多，經濟活力遂在城市與市鎮中萌生，特別是東南沿海、江南地區和大運河沿線的城市，在生活風習上更加與商品經濟互相影響，而內陸省份相對地也有不同的發展。

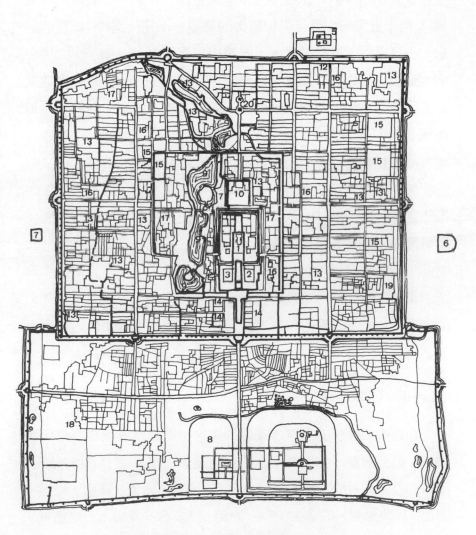

1. 宮殿；2. 太廟；3. 社稷壇；5. 地壇；6. 日壇；
7. 月壇；8. 先農壇；9. 西苑；10. 景山；11. 文廟；
12. 國子監；13. 諸王府公主府；14. 衙門；15. 倉庫；
16. 佛寺；17. 道觀；18. 伊斯蘭禮拜寺；19. 貢院；
20. 鐘鼓樓

圖 11-2　北京城示意圖

　　在城市經濟進一步發展下，本來質樸、儉約、守成的社會風氣，自十五世紀中葉產生相當大的轉變，出現活潑、新奇的氣息，去樸從豔、喜新慕異，人們競相以奢侈為美。到了十六世紀末，這股風尚達到空前未有的浪潮，從士大夫、市民階層影響及於庶民百姓，從城市影響到鄉村，尤其是江南地區，城鄉風尚相差無幾。

　　清初相較於晚明，稍為儉素，但到十八世紀，奢侈之風又死灰復燃，甚至有過之而無不及，商人的物質享受，堪為代表。如揚州鹽商，廣建園林，飲食豪奢，不下於皇家御饌，服飾車輿也以奇麗為主；又為皇帝修建行宮，合計樓廊五千餘間，亭臺近二百座，其氣魄與享受，都是空前。整體而言，全國各大城鎮，到清中葉，都市生活一片歌舞昇平。在西風東漸之下，開始有更大的新變化，尤其是沿海口岸，流行事物與生活方式和傳統有很大的不同。

禮制的破壞

　　在傳統中國，為了穩定社會的秩序，官方常以法令訂定一套禮制，區分君臣、官民、士庶的日用差異，以區別上下和貴賤。這一套禮制，對於官民的冠服、房宅、車輿、傘蓋、鞍轡、帳幔、器皿，以及婚喪、墳塋在在都有規範，務求合乎身分，不得僭越。明初百姓多能遵循，故「望其服而知貴賤，睹其用而明等威」。中葉以後產生變化，服飾則追求華麗舒適，色調鮮豔，質地由麻布轉棉布，甚至絲綢，式樣也一再翻新。一旦暴富，即逾越等級名分，穿戴官式袍服。明朝規定官宦之家的貴婦人才能戴珠寶、翠玉，到明末則大半的婦女，甚而娼妓也滿頭珠翠招搖過市。市井

販鬻、廝僕胥吏多「纓帽緗鞋，紗裙細袴」。晚明的江南甚至流行男子穿著如女裝，頭戴紅紗巾，內衣服朱色等，使一些老成之士為之駭目，稱作「服妖」。有些士人還習慣施粉薰裝，把自己裝扮得「潔白如美婦人」。

由於商品經濟的成長，與長途販運的發達，明中葉的城市飲食崇尚遠方珍品，講究飲食器皿，標榜金銀餐具，流行插花點綴，歌舞佐酒，菜色動輒數十道，一次宴會所費大約是傭工一年的所得。

社交與價值觀

社交禮儀則趨於虛榮，如名刺（拜帖），信函由簡素而華美。稱謂流行「翁」、「老」。原本作為士大夫文化表徵的字號，民間普遍流行使用，不但王公貴人有字號，即米鹽商賈、刀錐吏胥、江湖星卜、游手負擔、托鉢乞兒也莫不有號。

當時社會的價值觀普遍逐利拜金，錢在人們的心目中成了崇拜對象。朱載堉的《山坡羊·錢是好漢》寫道：

> 世間人睜眼觀看，論英雄錢是好漢。有了他諸般趁意，沒了他寸步也難。拐子有錢，走歪步合款。啞叭有錢，打手勢好看。如今人敬的是有錢，剷文通無錢也說不過潼關。實言，人為銅錢，游遍世間。實言，求人一文，跟後擦前。

人際關係也以錢為標準，「酒來先敬有錢人」，即使身分是士紳，無錢也受人冷落，以致有「滿路尊商賈，窮愁獨縉紳」之歎。在這一風氣之下，婚姻論財，交友看勢的情形，極其普遍。而舊

有的一些倫理便受到衝擊，如「輕骨肉而重結拜，喜析爨而厭同居」，分家分財成了晚明某些地區的風尚。

　　歸結來說，晚明城市生活的活躍，帶動了社會風氣的變化，在地域上以江南最為普及，不論城市、市鎮、鄉村，都沾染了這一風潮；而南方的省份，變化也相當顯著，即使山區縣份也不如以前淳厚。清代的社會風氣在這一趨勢下，更日漸奢侈、勢利，尤其是東南沿海地區最為明顯。

第三節　庶民文化與娛樂興味

　　宋代以下，中國的都市生活轉為活潑，社會風氣趨於平民化，這樣的發展顯示在庶民文化上的，可由通俗小說的大量刊行，戲班、戲館的發展，茶館的普遍存在體現出來。為了與平民的文化相區隔，士大夫發展出茶道、花藝、酒會，以及亭園美學等精緻的風格。不過，整體來說，庶民興趣的傾向，仍是中國近世文化的一大特色。

通俗小說大量刊行

　　宋代話本是庶民文化的一個表現，一方面，開明清時代白話小說的先河；另一方面，比過去的文學作品更廣泛地反映社會生活，特別是城市中小商人、手工業者和庶民婦女的生活。由於城市平民化，伎藝、通俗文學應時而興，說話人的話本繼承了唐代俗講、變文的某些傳統，發展出「小說」、「講史」、「講經」、「說諢話」四類的說講方式。其中以「小說」、「講史」兩家最為重要，而說「小說」的人數又比「講史」多，也最受歡迎。

宋人「小說」話本以愛情、公案兩類為最多，成就也最大。愛情話本開始出現以市井人物為題材的短篇小說，開明代此類小說之先河。公案話本則反映政治現實，如製造冤獄的官吏和劫富濟貧的俠盜等等。這類題材，基本上反映庶民的生活和願望，與唐代傳奇的才子佳人風格不同。

宋元的長篇「講史」與短篇「話本」幾經鋪陳，乃產生《三國演義》、《水滸傳》、《西遊記》等有名的巨著。長篇小說之外，通俗的短篇小說在明末大為發展，不少文人根據宋元話本編輯、整理、加工，即是所謂的擬話本小說，如《喻世明言》、《警世通言》、《醒世恆言》和《初刻拍案驚奇》、《二刻拍案驚奇》，通稱作「三言二拍」。「三言二拍」多以市井庶民為主角。在小說中，如機戶（織戶）、賣油郎、轉運漢、徽商、絲綿鋪主、酒店掌櫃、當鋪老闆等討生活人、各色商家，以及如僧尼、丐頭、屠夫、轎夫、賭徒、游民、浮浪子弟、騙子等市井游民、無賴，加上妓女、嫖客、媒婆、鴇母等，躍於篇什之中，刻畫出時代的社會面貌。

明代通俗小說泰半屬於「人情小說」，摹寫婚姻家庭、男女情愛，或社會現實、欺詐拐騙、江湖凶險，或者行義救人、孝感動天的故事，都切近社會底層庶民的生活情狀。明末清初出現大量的情色小說，如《金瓶梅詞話》等，題材生活化、取向庶民化，也可見庶民生活情趣受到某種程度的重視。

印刷業的發達

以上種種民間文學的大量刊行，有一個重要的基礎，即是宋元以來中國雕版印刷術以及書坊的發展。中國自唐代中後期出現小書坊，刊印曆書、字書、小學以及宗教讀物。到五代，由印行

圖 11-3 金瓶梅插圖

民間讀物發展到刻印經史一類著作。宋代出現了較大型以印書為業的書坊，比較著名者在臨安、建陽（今福建建陽）與成都三地。這些書坊大量印刷歷代經典，品質最高的是臨安，成都其次，建陽最下。元代民間印刷以平陽（今山西寧汾）、杭州、建寧（今福建建寧）為中心，出現了封面帶圖的印書形式，與上圖下文的插圖印刷，而且多有刻坊的「牌記」、「刊記」、「書牌」附於書末，類似今日的版權頁。明代書坊刻書進一步發展，建陽、南京、蘇州、北京都是重要印刻之地，大眾日常所需的各種醫書、技藝書，以及經史子集、通俗小說、劇本傳奇、民歌唱詞等等，無不廣為梓行。

　　由於通俗擬話本小說在明中葉以後有其讀者群與市場，大量的書坊商人為了提高銷售量、增加利潤，採取了各種促銷的手段。其一為登載簡介。不少作品刊印行世時，封面或扉頁上都印有坊主的「識語」，簡明扼要地對該書特點予以介紹，用以吸引讀者；或者在識語中標識大作家「考訂」、「批點」、「評點」、「手閱」，作為廣告。其二則在作品裡廣加插圖。有的將圖集於全書卷前，有的則放於每一回正文之前。現存的明版《水滸傳》與《三國演義》中，有的插圖多達二百多幅。其三，推出評點本。這種有評點注釋的書籍儘管價格略高，但便於閱讀，銷路更好。後來，甚至用套色刊印其中的圈、點、夾注、眉批，乃有雙色以至五色的套色印刷，為上流社會的讀者所珍愛。其四，改變版面，增加每頁字數，減少在書版、紙張、印刷費上的支出，以減低成本，降低售價。明末還出現《水滸》、《三國》合刊，每頁上半三分之一印《水滸》，其餘印《三國》，一個讀者只須花一部的價錢，就可同時買到兩部名著。其五，為了爭取買不起或不想買書的讀者，有些坊

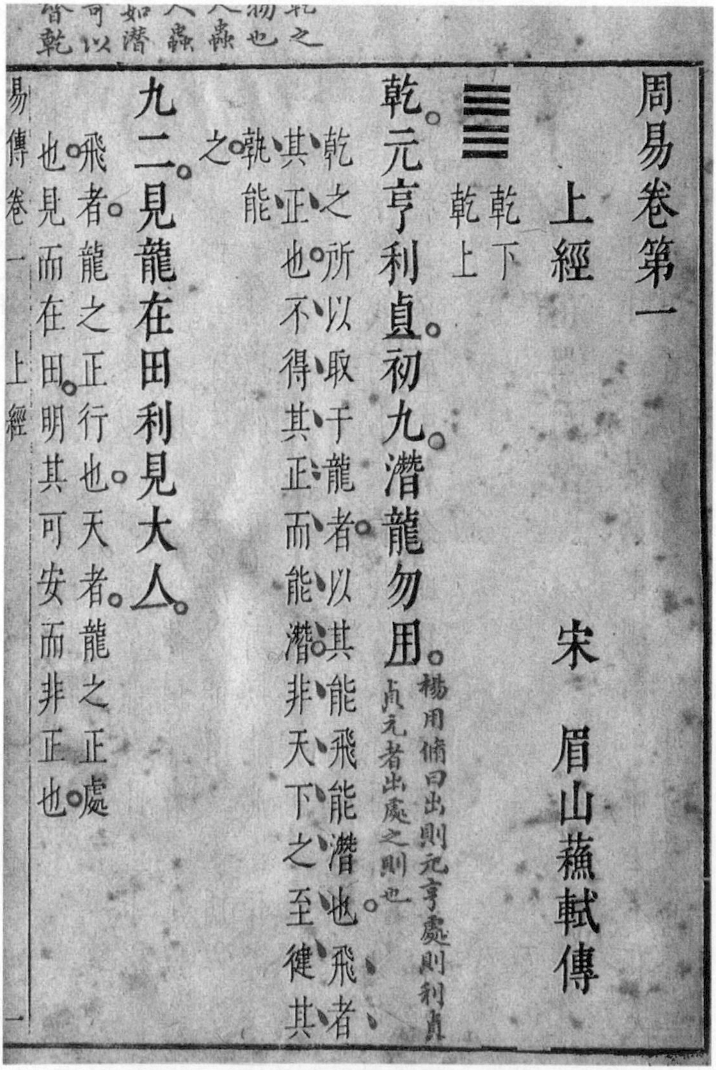

周易卷第一

上經

乾下
乾上

乾元亨利貞初九潛龍勿用。

宋　眉山蘇軾傳

乾之所以取于龍者以其能飛能潛也飛者
其正也不得其正而能潛非天下之至健其
孰能之○

九二見龍在田利見大人。

飛者龍之正行也天者龍之正處也見而在田明其可安而非正也。

楊用備曰出則元亨處則利貞貞元者出處之則也

易傳卷一上經

圖 11-4　圖書印刷品　圖中可以看出不同顏色的套色印刷，正文、圈、點、旁註的顏色都用個別顏色呈現

主還兼營租書業務，以擴大市場。當然，也有不肖的書坊主人私
改文字、刪節篇目，或剽竊他家書坊的出版書，改易書名刊行，
或者偽託名家著作以博取銷路。然而不管如何，對通俗作品的普
及化，顯然亦有助益。

戲班、戲園的發展

　　中國近世戲劇文學、戲班和戲園的發展，也是庶民文化重要
的一環，推其原始，起於北宋末年的「戲文」和「南戲」。南戲與
金元雜劇分別在南北發展，各以杭州、大都為中心。元末南戲逐
漸壓倒北雜劇，出現了《琵琶記》等有名劇曲。明中葉以後，南
戲大盛，各種地方聲腔並起，而以崑山腔、弋陽腔最受歡迎，分
別流傳於都市和鄉間。這時的名劇如《牡丹亭》、《桃花扇》等，
主要以男女情愛與政治不良為劇情骨幹，有其現實風格。

　　明代的戲曲，包括雜劇和傳奇，特別是崑劇，主要是通過私
人豢養的家庭戲班（家樂），和民間的職業戲班演出。除宮廷王室
外，私人擁有家班，是明代中期出現的事。家班隨著崑劇而興，
到明末臻於空前，江南一帶士大夫之家，泰半有家班。當時私人
置備的家班有三種類型：一是女性童伎，一般稱為家班女樂；二
是男性優童，稱為家班優童；三是職業優伶，可稱為家班梨園。
女樂最多，優童其次，梨園較少。

　　職業戲班的演出，在明中期前以演北曲雜劇為主；迨雜劇沒
落後，改演南戲，其中南京崑班尤其當令。這些演崑山腔的民間
戲班，由於江南各地商人的延請，周遊於各大城市之間，進而流
傳於全國各大都邑。職業戲班的演出場所，除私人和官府的廳堂
外，大都是在會館、寺廟、廣場、河邊或船上。演出場合主要以

圖 11–5　明人演戲圖

廟會、節慶為主。職業戲班，一般都是男性，女班極少。

　　職業戲班入內廷演出，盛於明中葉，以演北曲雜劇為主；至明後期則演崑曲。南明時內廷演戲幾乎無日無之，也都是民間職業崑班。進入清代，家班漸衰，職業戲班繁盛，蘇州、揚州、北京，成為職業崑班的重鎮。宮廷演劇也多自職業崑班中挑選好角色，加以訓練、教習而後演出。

　　清代在十七世紀末，北京出現至少十處戲園，官方怕連八旗

駐防所在的內城都受到影響，下令內城不得開設戲館，但外城的戲園相對地如雨後春筍般出現。本來朝廷規定八旗官民軍丁不准出入戲園酒館，但至十八世紀初期，旗人到戲園吃喝玩樂已極普遍，朝廷於是重申禁令，諭令所有戲園外都要張貼禁令文字，以為遏阻。然而禁令雖一再重申，到十九世紀初，連內城都開了戲園，官員、旗丁早視禁令為具文了。

地方官員為了遂行所謂的「端正風俗」，也努力地試圖禁止戲館的開設，然情況與北京相同，有些都市的戲館反而設立更多，特別是在十八世紀初朝廷下令「禁外官畜養優伶」以後，家班沒有出路，泰半投入職業戲班，十八世紀中後期地方都邑的戲館因之快速成長，成為民眾娛樂的重要去處。

茶館的普及

宋元以來民眾休閒的另一個去處是茶館。在宋以前，喝茶幾乎是上層人物的專利，宋代城市生活漸趨多元，商賈絡繹市中，因而休息、飲宴、娛樂的場所如酒樓、食店、妓館到處皆是。茶坊亦乘機興起，躋身其中。當時，汴梁茶肆、茶坊最多，有些大茶坊成為市民娛樂的場所，而且脫離唐代茶肆附屬於旅舍、飯店的形式，完全獨立出來。南宋臨安的茶坊也所在多有，經營規模大的，裝潢有如酒樓，門口設花架，內部懸掛名人字畫，擺設奇松異柏等物，以吸引顧客。茶肆的顧客涵蓋了僧道、婦人、商賈、官員、秀才、公吏等階層，不論道俗、男女、職業、身分都利用茶肆，儼然成為上流階層與庶民階層的接觸點。宋代茶肆不僅在大城市十分興旺，小城鎮也比比皆是。茶成為民間社交不可或缺的媒介，而茶肆也成為交誼的場所。

　　元代以後，飲茶風尚依然不衰，但飲茶的方式稍有改變。就茶藝的角度來說，宋代文人繼承唐代的點茶法，標榜精緻的品茶風格，當時所飲的茶以團茶為主，煮茶方法考究，也注重泉水。在茶藝史上，宋代是精緻期。元代到明朝，舊的團茶法逐漸式微，新的葉茶法轉為主流，飲茶方法由精緻華麗回歸自然簡樸，強調俗飲是這一時期的特徵。晚明以後，文人雅士興起品茗之風，沖茶術的講求，茶器的考究，及區分茗品的高下，品茗場合的雅俗，都顯示文人茶風的趣味。文人集團的園亭茶會、山寺茶會也蔚為流行。清代以後，茶藝在士大夫階層仍然盛行，但民間百姓則以俗飲為主。當然，茶館的普及，大至城市，小至村落，大眾化的茶館、茶棚、茶亭、茶社，也處處皆有。茶館具有排難解紛、安頓旅客、同行聚會、閒坐敘舊等社會功能，可說是近世中國社會庶民文化的重要內容之一。

理學、佛學的世俗化

　　在晚明世風趨於「世俗的情趣，民間的格調」之餘，理學也受到影響。王陽明的「心學」體系與宋學那種遠離人情的特質不同，而是將天理建立在世俗人情之上。他主張經「簿書錢糧」具體的官事中求得心性道德的最高修養，並且人人都可以通過這一過程達到「聖人」的道德境界。王陽明將道德倫理通俗化，使儒家學說更具世俗人文的氣息，容易為更多的百姓所接受。王學主張人人可以明德，滿街都是聖人，在精神生活上無高下之分。其門人王艮推而廣之，承認人我平等、「百姓日用是道」。王艮所開創的泰州學派，以及稍後李贄的思想，大體上是平民化的儒學思潮。

　　在此一潮流的衝擊下，佛學也世俗化，有人提出「世事」即

「佛事」，不論是習舉子業、做官，還是治家，都堪稱「淨業」，
是「菩薩行」，與晚明平民化、通俗化的思潮是一致的。

研究與討論

1.時代在變，社會也在變，回想你小時候至長大的過程，所居住地方
　（都市或鄉間）社會生活與社會風氣的變化，再去訪問上一兩代的
　人，記錄他們的看法。

2.挑選兩三種宋元明小說，或讀全本，或讀其中的一些篇章，看看它
　們描寫的時代、社會、人物與文化。

3.時下大量出現有關休閒的去處（如咖啡廳、泡沫紅茶店、酒吧、
　KTV 等等），請思考其於都市社會功能上所扮演的角色，並比較彼
　此消費群的差別。注意比較新舊形式的休閒場所，它們反映的時代
　訊息，有些形式雖舊卻加入新的內容，你想想品味有何不同，何以
　要作此改變？

第十二章
近世中國的國際世界

傳統中國人心目中的理想世界，是以中國為中心，所有人及所有地區皆應納入居於最高位置的天子管轄之下。這個理想起自周代「普天之下，莫非王土；率土之濱，莫非王臣」的觀念。在這個世界中，雖有諸侯統治萬邦萬國，卻都是周天子的臣屬，必須向周天子稱匭納貢。這樣的說法使秦漢以後的帝王面臨一種困惑：一位中國天子（皇帝）究竟是以現有的中國版圖為統治範圍？還是必須將普天之下皆納入教化？

事實上，這樣的世界秩序理想一直受到周邊民族國家的威脅與挑戰，以農為本的華夏文明與以游牧營生的草原文化之間便一直有著難以化解的扞格，更何況其他民族國家未始沒有爭霸東亞之心。於是當「王天下」的大目標不可企及時，閉關自守，「嚴夷夏之防」的論調又會適時出現，長城的建築便是一道具體的界限。

一般而論，中國與外國的接觸都是在以中國為中心的朝貢體制下發展，不過中國也曾迫於無奈，與外族建立對等甚至臣屬的關係，就連政府所堅持的朝貢貿易體制與海禁政策，最後也因為民間旺盛的經濟力與頻繁的外貿活動而不得不有所更革。這是政治上的不得已，卻為中外關係帶來另一種接觸。

第一節　長城的故事

　　橫亙在中國北方的萬里長城，是人類歷史上最大的建築物，在一般人的印象中，長城乃是暴君秦始皇所築，由於他役使人民過度，秦王朝因此快速地滅亡。但事實上，我們今日所見的長城，乃是明朝所修，當時稱為「邊牆」。明朝修長城而改稱為邊牆，與暴君秦始皇曾修長城的刻板印象不無相關，這種印象部分得自正統史書的批評，部分來自民間習知的孟姜女千里尋夫，哭倒萬里長城的故事傳說。

　　孟姜女哭倒長城的故事，並未在歷史上發生，或者我們應該說歷史上根本沒有孟姜女這個人。這樣一個虛構的故事可以用來了解歷史嗎？孟姜女和長城的關係又是如何建立起來的呢？

孟姜女的眼淚

　　在目前一般通行的故事中，孟姜女之所以會哭倒長城，是因為她的丈夫被暴君秦始皇徵去修築長城而死，骸骨埋在長城中，因此哭倒長城求取遺骨。從現存的文獻來追查，這個故事最早見於唐人的記載。不過，在唐之前的文獻中，還有另一個女人也曾哭倒過城牆。她是齊國戰將杞梁的妻子，傳說在杞梁為國捐軀後，她傷心哀哭，城牆為之崩頹。

　　杞梁之妻與孟姜女都為了哭悼亡夫而哭崩了城牆，只是前者悼念的是戰死的將軍，後者哀哭的則是被暴君奴役的築城民夫。這兩個故事都幾近神話，當然不可能真正發生過，但我們可以追問，是什麼樣的時代，什麼樣的人需要藉這樣的故事來澆自己心

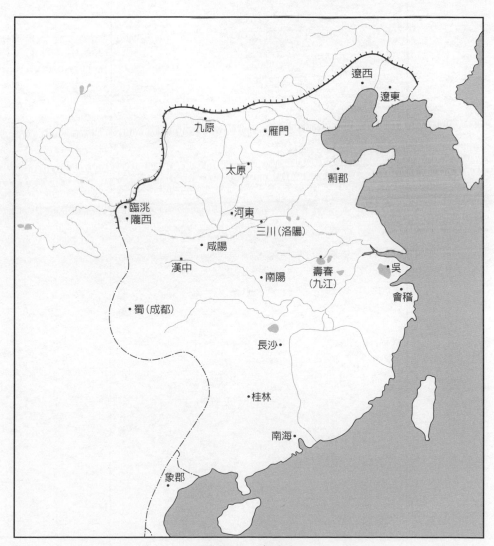

圖 12-1 秦長城

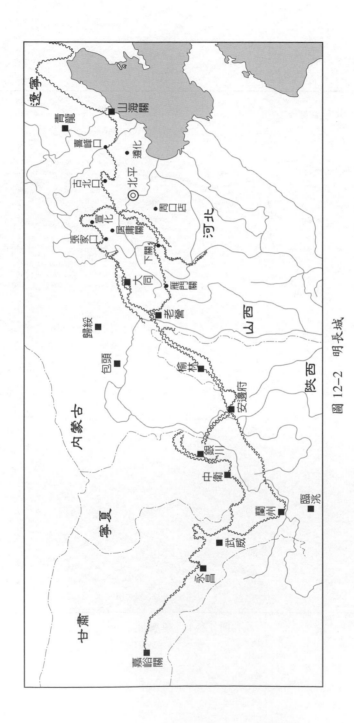

圖 12–2　明長城

中的塊壘呢？

杞梁從一名戰將變成築城的民夫，杞梁妻被命名為孟姜女，都是唐代發生的事情。隋唐號稱盛世，唐太宗並曾威服外族，得到「天可汗」的尊號，但這實在是無數征戰與徭役堆積出來的成果。唐太宗曾經誇獎他的軍隊，稱他們是比長城更好的長城，然而在這功業背後，乃是無數戍卒將士與家人生離死別的悲情。於是杞梁妻的哀哭化成了孟姜女的眼淚，她所哭崩的城也變成了自秦始皇以來即被視為國防象徵的長城。千千萬萬的婦女都隨著孟姜女的哭聲，悼念她們守邊不歸的丈夫，還有父、子、兄、弟。

不過，在當時，這個故事還只是一個簡單的雛形，今日我們所見的孟姜女長篇故事，乃是宋元以下各代人共同的創作。由於各時期、各地方的時勢、風俗及關心重點不盡相同，因此醞釀出各種歧異的情節，就連孟姜女的生地、死地、哭城地點、尋夫路線都有諸般說法。但這正是民間故事有趣的地方，因為我們可以藉此體會：在不同時期、不同情境下，究竟是什麼樣的故事才能觸動那些說故事人、聽故事人的心弦，那些情節才是古人真正的喜、怒、哀、樂。

孟姜女的故事曾在明代掀起另一回的高潮，那是從明朝中葉開始為孟姜女立廟的運動。這與明朝重修長城的活動不無相關。雖然明朝政府將這項工役名之為「邊牆」，卻無法阻止民眾將它與長城聯想在一起。至於那位在民間流傳已久，和民眾們境遇類似的孟姜女，也就得以在各地立廟、立祠，甚至被神化了。

明朝為什麼要重修長城？這與秦始皇的長城是否有所不同？自秦至明，是否還有其他時代修過長城呢？

築城的歷史

　　明朝修築長城的工程前後進行了兩百多年，幾乎與整個朝代（1368～1644 年）相始終。這條全長達一萬二千華里（六千公里）的防禦工事，採分段建築的方式施工，除了牆體本身，還有無數的瞭望臺、烽火臺、防砦與城門。明朝之所以進行如此巨大的築城工程，自然是為了防範當時北方草原上的蒙古人，但也與中國歷代遭異族入侵的經驗有關。

　　明朝之前，除了秦曾大規模修建長城外，兩漢及北朝、隋、金也都曾整建過長城。秦、漢築城是為了防胡（外族），而本是外族的北魏與金，也在入主中原後興修長城，以防禦其他的外族。

　　對秦始皇來說，修築長城是不得已的， 他在統一六國後，原想成為普天之下唯一的君主，琅邪石刻上 「人跡所至，無不臣者」的句子說明了他的期望。 但是北方強大的「胡」迫使他必須築長城來抗拒，將長城以北劃在「皇帝之土」以外，只做一位中國人的皇帝。

　　築長城是為了防「胡」，所以它是一條國防的界線，但它也是一條地理與文化的分水嶺。在龐大的諸山系與印

圖 12–3　築城

度、太平兩大海洋的影響下，亞洲大陸分裂成南亞的濕潤氣候與內陸亞細亞的乾燥地帶；並因而形成農耕與游牧兩種不同的生產方式與生活文化。雙方文化上的差距，造成了對立的心理，中國固然以自己的華夏文明為豪，游牧民族也不見得沒有他們的驕傲。中國有努力「王天下」的皇帝，認為自己有責任將優越的文化傳播給不知禮義的四夷；但被中國人稱為「胡」的游牧民族也有創造世界帝國的征服狂熱。

秦、漢與匈奴間的衝突是雙方第一次大規模的接觸。秦始皇決定只做中國的皇帝，築起了長城，但他將所有可從事農耕的地區盡量劃入城內，訂下農耕區域的北界（所以秦的長城要比明長城偏北，將今日河套地區也包括在內）。漢武帝則立意成為天下的君主，他突破這道界限出塞遠征，卻付出相當大的代價，耗盡了漢初六十年的積蓄，使百姓賦役三十倍於古。

漢一面與匈奴作戰，一面增修「城障」、「堡壁」，最後匈奴終於向漢稱臣，長城也暫時被人們遺忘。不過漢的勝利並不能永久維持，不但中國內部朝代更迭，塞外也不斷有新興的胡族繼起。這些外族進入長城後，漸漸放棄自己的文化傳統，成為中國農業社會的一員，北魏便一面推行華化政策，一面重修長城。

隋、唐與突厥的對抗關係，很像秦、漢與匈奴的翻版，隋修長城以求守土，唐則以攻擊代替防衛。唐太宗相信他的軍隊比長城更有用，長城只是無戰略價值的古蹟。但是這條「新長城」並不像唐太宗想的那麼可靠，外族很快就越過了長城線，長期佔領農業地區，先是契丹，繼之以女真，最後是蒙古，他們先後建立了遼、金、元三個王朝。在大約八百年的時間中，長城只存在於歷史的記憶中。代表中國的宋王朝國防線一再南撤，最後蒙古終

於突破了長江的江防，襲捲了整個中國。這中間只有女真的金朝為了阻擋蒙古的攻勢，修築過一些防禦工事，卻毫無效果。

相對於這段沒有長城的歷史，明朝人不但重建了長城，而且比過去任何一個時期都重視邊防。被趕出中國的蒙古人依然在北方形成威脅，固然是主要的原因，不過在此之前宋朝與異民族王朝間不和諧的關係，也深深影響了明朝人的心理。

第二節　天有二日──宋遼夏金元的多國世界

從傳統中國的理想世界秩序來看，宋朝與異民族間的關係的確相當不成功。宋朝不但無法「王天下」（讓北方的契丹、女真歸附稱臣），也不能嚴夷夏之防（宋朝皇帝與契丹皇帝約為兄弟，稱女真皇帝為叔伯），甚至不能保有完整的中國（北宋未能收復燕雲十六州，南宋更失去了中原）。

從歷史的後見之明來看宋人當日的問題，我們發現，宋人的窘境固然有部分是他們自己造成的（如過分地猜忌武將），但也有部分是迫於時勢而不得不然。澶淵之盟正是當時歷史情勢的產物，也是諸多問題的開始。

澶淵之盟的歷史意義

唐的「天下」崩解後，中國本身固然是群雄擾攘，塞外各種游牧民族的勢力也起了變化。興起於東蒙古的契丹，統一了本部部族，並征服周邊各族；它成為蒙古高原的新霸主後，又向中國進軍，滅了五代中的後晉。契丹君主耶律德光在汴京登上了中原皇帝的寶座，大遼帝國正式建立。不過他雖有一統天下之心，卻

因水土不服而在班師途中病死，遼的對外擴張行動因此中挫。然而遼已取得了向來屬於農耕漢人所有的燕雲地區（今河北、山西部分），並且帶走了周、秦、兩漢以迄隋、唐的所有傳國寶物。

就在這樣的歷史情境中，「中國」王朝宋誕生了，宋採取「先南後北」的策略，先專力征服江南諸國，再圖恢復燕雲，最後的目標則在征服北方的契丹，建立以中國為中心的世界秩序。不過，宋雖順利統一了南方，北伐卻慘遭敗績，並且受到遼人報復性的攻擊。宋遼關係因此陷入了僵局，雙方都無力發動大規模的攻擊行動，致敵於死命，卻又衝突連連，兵鋒不斷。

打破這個僵局的正是「澶淵之盟」，宋遼兩國的君主約為兄弟，宋每年贈遼銀十萬兩，絹二十萬匹。宋遼的君主都暫時放棄了統一天下的雄心，為安民而息兵，建立起和平友好的對等關係。

不過，無論是宋或是遼，雙方都未能真正學習到如何在國際世界中與其他國家和平共存。傳統中國的皇帝制度強調「天無二日，民無二王」，現在大宋與大遼都各有一位皇帝，豈非是天上出現了兩個太陽？於是，遼在進士考試時，出了這樣一個題目：「有傳國寶者為正統賦」，希望從擁有傳國寶來論證世界秩序的中心在遼。宋真宗則宣稱上天給了他一封信（天書），信中說明他才是唯一的真命天子。

雖然也有部分宋人理性地認識到契丹存在的事實，並且用天地間有陰就有陽，有白天也有黑夜的自然之理來解釋中國可以和夷狄並存的道理。但是，唯中國是尊的優越感以及稱契丹為「醜虜」、「豺狼」的字眼，也常在宋人的文章中出現。北宋末年，宋人用聯夷制夷之策，與新興的女真聯合滅遼，說明宋人始終都不曾忘記中國中心的理想。

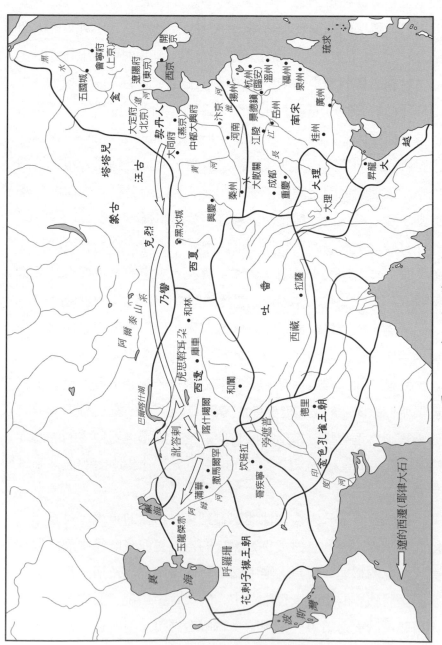

圖 12-4 十二世紀的亞洲

　　宋人聯金滅遼之後，北宋也被金人所滅；一百多年後，南宋
又在與蒙古聯合滅金後，為蒙古所滅。宋在對外問題上的失敗，
史家多歸因於宋本身的積弱。但從另一方面看來，宋人固然昧於
時勢，拋不開過去唯中國獨尊的傳統，然而這些新興的外族為何
變得如此強盛，也是我們不能不注意的問題。

「番」性之所便

　　在外族之中，逐水草而居的游牧民族，最能對農業文化的華
夏中國構成威脅。游牧民族的特色在其富於移動性，他們為順應
季節的變化，終年輾轉於數處牧地之間，這種大規模的移動必須
仰賴馬匹和精湛的騎乘技術。游牧生活必備的騎乘技術一旦轉化
為移動快速、機動性強的騎兵戰術，對農業民族便形成某一方面
的軍事優勢；若再有英雄式的領袖人物適時出現，便可建立強大
的游牧王國與華夏中國一爭短長。

　　匈奴正是憑恃著這樣的條件與漢爭霸東亞，而漢之所以能擊
敗匈奴，除了因為漢能「師夷長技」，學習游牧民族的騎兵戰術，
在戰場上取勝；也因為匈奴尚未能有效克服游牧經濟的弱點，終
於為漢所制。

　　逐水草而居的草原游牧是一種高度仰賴自然的生產方式，對
自然的變化——尤其是雨量的多寡——也極為敏感，生產力往往
因氣候變化而發生大幅的波動，必須靠周邊的農業社會或綠洲來
支援。漢認識到此中的原委，所以積極地通西域，切斷了匈奴在
綠洲方面的經濟來源。

　　游牧民族經濟上的弱點，在契丹立國之前已經解決，那就是
以人為的方式在游牧地區內營造綠洲，將南方的農耕民移居其中。

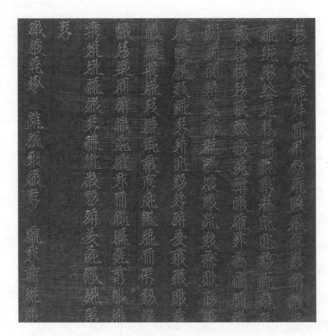

圖 12-5　西夏文字

圖 12-6　女真進士題名碑

圖 12-7　竹筆木簡

為了配合這種二元經濟的社會結構，契丹人設計出二元的政治制
度，即以契丹制度管理契丹人，漢制度管理漢人。足以與中國相
拮抗，甚且壓倒中國的遼王朝由是建立。

在此同時，游牧民族也發展出一種對自身文化的自信。就連
當時的小國西夏也曾說出這樣的豪語：「穿毛皮衣，經營牧業，是
我們番人的本色，……中國的綾羅綢緞要它何用？」他們不相信
只有一套以中國為中心的世界秩序，他們要建立自己的國家與自
己的文化。遼與西夏便都曾創製出自己的文字。

值得一提的是，長城之外的胡人，並不全以游牧為生，代遼
而起建立金朝的女真人就是兼營農耕與畜牧、漁獵的定居民族，
他們也飼養定居民才飼養的豬。他們吸收了游牧民族的騎射技巧，
發展出驚人的戰鬥力，滅遼與宋，入主中原。

蒙古至上——游牧民族的世界帝國

將游牧民騎兵傳統帶至顛峰的是十三世紀新興的蒙古人，在
八十年間，蒙古人橫掃歐亞大陸，兵鋒所指，東及日本，西達中
歐，北迄西伯利亞，南至爪哇、越南、緬甸，建立了歷史上幅員
最廣的陸上帝國。

這個帝國涵括兩大區域：北方的游牧草原地區和南方的農耕
定居地區。為了兼顧這兩大地區，帝國的第五位大汗——也是帝
國創建者成吉思汗的孫子——忽必烈，決定將統治中心遷移到農
牧混淆地帶的華北地區，建立起君主專制的集權官僚國家，並將
大蒙古帝國的名稱改為大元帝國。

不過，元朝的官僚仍是以蒙古的游牧貴族為主體，也就是所
謂的有「根腳」。事實上，在元朝政權下，除了營游牧生活的國族

蒙古人，還有西亞綠洲社會中由各色人種所組成的「色目人」；華
北乾燥農耕社會的「漢人」（包括原屬金朝治下的契丹人、女真
人）；以及原在南宋治下的華中、華南濕潤農耕社會之「南人」。
為了減少這個複合社會中不必要的衝突與摩擦，元朝當局廣泛地
承認各個小社會中的習慣法，遇到不同社會發生爭執時，則採取
「約會法」，即由負責官員與當事雙方做協調性裁判。當然，身為
統治民族的蒙古人會享有較多、較優越的特權待遇。換言之，元
朝雖然實行複數法系，但基本上仍不脫蒙古至上主義的身分制。

第三節　朝貢體制

　　宋遼之間的對等外交關係，其實是宋人的一種遺憾，因為傳
統中國的理想對外關係，乃是要與其他周邊國家間維持朝貢的體
制。所謂朝貢體制，就是以中國為中心，令諸國為藩屬，並且按
時入貢，以示臣服。朝貢是一種政治外交關係，但也是一種貿易
方式。朝貢使節除了直接從中國朝廷獲得賞賜，也從事採購、銷
售等交易活動。至於不願行朝貢禮以示臣服的外國，當然就失去
了與中國進行貿易的機會。不過，這個原則有時會因中國本身的
財政考量（對貿易活動的需要）而不嚴格執行。

貿易的需要

　　游牧是一種相當專業化的生產方式，他們雖然「食獸肉，飲
其汁」，但也需要米穀佐食和釀酒；而當牲畜生產過剩時，他們也
會向農業社會進行傾銷。中國政府當然了解游牧民族這種現實的
需要，遂常以准許通商來籠絡外族，或是以停止貿易來制裁外族，

其標準即在外族是否願意向中國朝貢。不過這種朝貢關係常常只是一種形式，向中國進行朝貢的外族，仍保有獨立的地位，只是在名義上尊中國為天朝，奉中國為宗主而已。

事實上，對於中國而言，政府因對外貿易而徵得的商稅也是重要財源。宋遼邊境上便設有多處「榷場」，國際貿易的商人必須在此進行交易，政府則就其交易額徵收商稅。宋朝政府單靠榷稅的收入就已足夠支付遼的歲幣而且綽綽有餘。

需要與中國進行貿易的外族當然不只游牧民族，早在漢代，中國的絲綢就已循著「絲路」經過中亞、西亞等地運往大秦（羅馬），據說利潤高達十倍。後來因為居間的安息（伊朗）有意壟斷漁利，中國與大秦的商使乃試圖另闢海上交通路線。東漢末年（166 年）羅馬使節從海路抵達中國，這是西方國家經由海上東來的開始。不過，當時中國船的活動範圍大概只在今日南洋一帶；直到六朝長期立國江南，積極對海外發展，中國與印度之間才有直接的海上交通。東晉時高僧法顯往印度求佛法，回程就是乘坐商人大舶，這艘船可以乘坐兩百人，船後還拖著一條小船，以備緊急逃生之用。

海路交通貿易之轉盛，始自唐代，阿拉伯商人的船隊成群地湧向廣州，為了處理海路貿易與外商之事，唐代開始在沿海港口設置「市舶」機構。所謂「市舶」，是指由中國出航外國之貿易船，或由外國來華的貿易船。

隨著造船技術的發展，對季風風向的掌握，還有航海針路的應用，宋元時代的海外貿易尤為繁盛，與中國通商的諸「國」（有些是地區）多達六、七十個。市舶司除了對進出口商品徵稅，也收買禁榷物品。大致說來，當時的進口物品多為香料、藥材，以

圖 12-8 中國帆船

圖 12-9 漢代司南

圖 12-10 用東南亞進口之
犀牛角所雕成的荷葉杯

及象牙、真珠等奢侈品，至於出口物品，除了一般習知的瓷器、絲綢、漆器之外，可口的荔枝也很受歡迎，往往遠銷到今天的韓國、日本，甚至阿拉伯各地。

　　為了增加稅收，宋朝政府還要求市舶司招納外人來華進貢貿易，朝貢者可以得到與所帶禮物等價的回賜，有些外國商人便冒稱使臣。番商的貿易金額若達到一定額度，可以封贈官職，以示獎勵。為了便於管理，宋朝為外國商人在海港城市中劃定了專門的居住區域，稱為「番坊」。泉州城外還有番商公墓，可見當時外國商人的人數一定不少。

海上長城——貢舶制度與海禁政策

　　宋元之世不重朝貢而重貿易的趨向，朱明之後作了相當大的調整。明朝不但在北方築起了長城，與游牧民族劃清界限，海路方面也嚴格執行朝貢貿易的原則。想要和中國通商的海外諸國，必須先接受中國的冊封，成為中國的藩臣，然後再由中國頒給「勘合」（許可證），才可以在明朝所規定的時間前來朝貢，順便帶些貨物來交易，其他私人貿易一概禁止。

　　貢舶貿易阻擋了外國商人的來華，中國商人則因為明太祖頒布的海禁政策而不得出洋貿易。貢舶貿易與海禁這兩項辦法，大大限制了明朝與海外各國的往來交通，無異是繼萬里長城而起的另一條海上長城。

　　明朝之所以行海禁，是想用堅壁清野的辦法，擺脫自元末以來沿海地區猖獗的海盜，保護中國人民的生命財產。可是這種閉關自守的政策並不能真正地解決問題，反而逼得自五代以來已經習慣「以海為田，以舶為家」的閩浙人民無計為生，他們或違禁

通商，淪為走私貿易；或攜家出海，流寓國外；當然也有人鋌而走險，乾脆下海為盜。

　　明成祖雖然派遣鄭和七下西洋，但那並不是要為民間重新打開海外貿易之路，而是一種宣揚國威，勸誘南海諸國朝貢的官方活動。這項大規模的航海活動（第一次出航時，共有二萬七千八百多名軍士分乘六十二隻大船，船長一百三十七公尺，寬五十六公尺）展現了大明帝國在當時世界中所居的優勢，重建了以中國為中心的世界秩序，但這只是皇帝一人的聲威，至於本國商人仍嚴禁出海。

　　可是，官方轟轟烈烈的海上活動對民間產生了引誘刺激的作用。海禁確實森嚴，一旦下海通番被覺，不但個人被誅，家屬流戍，鄰里亦遭連坐，然而冒險之徒依然是絡繹不絕。不少人遠走異國後，受到當地政府的重用，搖身一變成了外國貢使、通事，或是擔任通譯；但也有人行賄勾結海防官員，公然出入，之後竟膨脹成以豪門勢家為後盾的私梟組織，劫掠沿海。明代中葉擾攘沿海的倭寇中，據說真倭只有十之二三，其餘十之七八盡是假倭之華人。

當東方遇見西方——民間貿易的蓬勃

　　於此同時，隨著西方世界地理大發現的航海活動，歐洲人來到了東方。他們帶著從美洲得到的白銀，到亞洲來大肆採購，除了東印度群島的採集產品如胡椒、香料，他們更迫切地蒐購中國的絲綢、瓷器、糖與茶葉。因為這些東西無論是運往歐洲還是美洲，都有驚人的利潤。

　　1567 年，明朝政府解除海禁，長期為官方所壟斷的海外貿易之利終於向人民開放了。不過，外國人仍受限於朝貢貿易體制，

圖 12-11　16 世紀西洋繪畫中侍女手捧青花瓷

不能隨意來華，因此中國的貨物就必須先運銷到菲律賓、爪哇等地的港埠，再轉運到歐美各地。當時由菲律賓開往美洲的大帆船，可載重數百噸至二千噸不等，由於船中貨物以中國絲貨（生絲及絲綢）最為重要，因此被稱為「絲船」。比起一支隊商三十匹駱駝，只能馱載九噸貨物，而且行走緩慢的陸上「絲路」，十六世紀以降的海上「絲路」貿易量之大，確實相當驚人。而且它不但為中國賺取了鉅額的白銀，還順道引進了美洲的番薯、玉米與落花生，這些繁殖力旺盛的作物為中國解決了部分的糧食問題。

　　十六至十八世紀的東亞海域有著相當濃厚的國際氣氛，中外商船往來頻繁，諸國人士皆在此雲集。鄭成功的父親鄭芝龍就是其間知名的國際性人物，他曾在澳門做過葡萄牙人的翻譯，又曾與荷蘭人合作過生意，娶了日本女子為妻，還在他本名一官之前加了一個外國名字尼古拉斯 (Nicholas Iquan)。

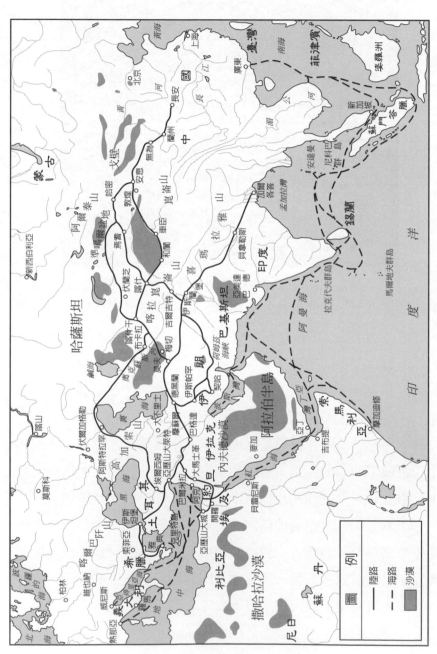

圖 12-12　絲綢之路

　　歐洲商人雖然無法突破朝貢貿易體制的限制，直接進入中國，拓展對華貿易；尾隨他們而來的基督教傳教士則在努力研讀儒家經典後，突破了士大夫的心防，開始傳播「上帝的福音」。這些傳教士也將他們所知曉的歐洲學術介紹給中國的士大夫，如數學、地理學，不過明朝政府真正有興趣的，恐怕只有維護統治所需要的曆法、大砲等技術。

　　明朝的統治者雖然有了威力驚人的西洋大砲，卻仍阻止不了東北新起的滿洲人，他們征服了蒙古，也滅了明朝，陸上的長城卸下了它歷史的任務——游牧民族與農業民族都成為中國的部分。清朝雖未再禁止中國人民出海貿易，但仍堅持外國人必須在朝貢儀制下進行貿易，並將貿易港口限定在廣州一地。直到清末，中國才在西人的砲艦威脅下，勉強放棄了中國中心的世界秩序，走入國際的社會。

研究與討論

1. 中國政府為什麼不斷地修築長城？這樣辛苦修建的長城，孟姜女為什麼要把它哭倒？

2. 明人為什麼堅持在朝貢體制下進行貿易？又為什麼實行海禁？現代走私貿易與明代走私貿易有什麼不同？

3. 傳統中國的理想世界秩序與今日列國平等的國際關係有何不同？我們應該如何看待這種歷史的變化？

第四篇　近現代

新舊文化的交替

總　　論

　　從鴉片戰爭到今天，短短一個半世紀間，中國歷史可以說經歷了幾千年來最激烈的變革。這些變革可以從幾方面來觀察。一是在東西方各國的衝擊下，中國被迫在軍事、科技、制度、思想各方面展開一連串的「現代化」歷程。兩千多年的君主專制政體在形式上被廢除，「主權在民」的觀念開始出現。宋以來制度化的科舉考試在 1905 年取消，知識分子能夠從「八股文」和四書五經的桎梏中解放出來，文理法商工農醫等專門學科和知識紛紛出現，也受到知識分子同等的重視。政府和民間積極推展各種輕、重工業建設。商人和商業的地位抬頭，新思想的引進，大批青年的出國留學和教育的普及，使這個時期繼先秦和魏晉之後，成為中國歷史上第三次思想大解放的時代。

　　國家與社會勢力的消長則是另一個重要的課題。十七世紀末人口開始快速增長，造成了各種問題，其中最怵目驚心的是十八世紀末葉以後爆發的大規模民眾叛亂。除了共同的社會、經濟因素外，宗教——不論是中國傳統的民間宗教或外來的基督教——也為這些群眾運動提供了重要的凝聚力量。從義和團之亂開始，民族主義則成為另一個動員、組織民眾的利器。清廷在這些嚴厲的挑戰下，必須仰仗地方的力量，國家的權勢因此日漸削弱，社會的力量則相對提高。1949 年共產黨建立政權，雖然完成了「國家再造」的過程，卻也同時將中國傳統的民間社會或「士紳社會」徹底摧毀。一個連明清專制政體也無法望其項背的「極權國家」，

得以進入中國的每一個村落，對人民做直接的控制。以馬克思主
義為藍本的公有、共產式經濟制度，也是從漢朝王莽以來最大膽
的實驗。

　　從現代化的觀點來看，「臺灣經驗」無疑地是一個歷史的高
峰。不論是在物質生活的富裕、社會的多元開放，還是民主制度
的運作上，臺灣的成就在中國歷史上都無有其匹。從清末的立憲
運動、辛亥革命，民初的五四運動，到文化大革命之後的「北京
之春」和 1989 年的天安門民運，「民主」一直是中國知識分子和
民眾生死以之的奮鬥目標。就此而論，臺灣的民主建樹不僅有其
突出的歷史意義，實在也可提供所有的中國人參考。

第十三章
帝國的衰亡

第一節　門口的陌生人

三元里事件

　　1841 年 5 月 30 日，一群向廣州進軍的英國士兵，在廣州城北方約五里的三元里，受到七千多名中國民眾的攻擊。第二天早晨，另外一萬兩千名來自附近一百零三個村莊的居民加入。6 月 1 日下午，英軍撤到停在珠江上的軍艦，廣州圍城之危暫解。這次「三元里事件」，對英軍來說，死傷輕微，只不過是一次小小的衝突；但對當地的百姓，及當時中國的士紳，這卻是一次重大的勝利。中共的史學家更認為這是中國近代史上，第一次由人民自動自發組織起來，對抗帝國主義侵略的英勇鬥爭。儘管中外學者對這次事件的重要性有不同的評估，但在這個中國南方的小村落中爆發的衝突，卻極具代表性的預示了一個山雨欲來風滿樓的大變局。

　　1840 年中英鴉片戰爭爆發，英國以優越的軍事力量，擊敗了自以為是天朝上國、文明中心的大清帝國。長期閉關自守的局面被打破，一批批膚色、面容迥異，身材高大的陌生人，從中國沿岸的幾個重要商業城市，漸漸走向中國的內地。他們帶來新的商品，也帶來新的宗教、新的制度。在此後一個世紀與異文化接觸

的過程中，東西方列強帝國主義式的行徑，激起了中國知識分子和一般民眾強烈的民族主義情緒。「三元里事件」正是鴉片戰爭初期，來自海上的「外夷」意欲敲開中國南方的第一道門戶，而和城外的鄉下人全面衝突的前哨戰。

　　「三元里事件」中，一萬多個鄉民在地方士紳的領導下，迅速集結，對盜挖民眾祖墳，強暴當地婦女的異國入侵者迎頭痛擊，也反映了當時中國社會的一些特質和新的動向。第一，將中國專制制度帶到高峰的清政府，在十八、十九世紀之交，因為人口暴增，統治階層的貪腐無能，漸漸不能有效地控制地方政府。從1796 年的川、楚白蓮教之亂開始，一個世紀中，民眾叛亂頻仍。洪秀全在 1851 年創建的太平天國，更席捲半壁江山。清政府最後雖然靠著曾國藩、李鴻章領導的地方軍隊而倖免於亡，卻造成地方勢力的興起。三元里鄉民組織的「團練」，正是地方勢力日漸抬頭的寫照。第二，來自一百多個村落的一萬多民眾，能夠那麼快動員起來，顯示中國的基層社會，並不像一般人說的真是一盤散沙。中國傳統的鄉村聚落中，實際上存在著各式各樣的經濟、宗教、慈善及防衛性組織。在這些組織中，士紳、家族、秘密會社都扮演了重要的角色。下面我們會一一述及。

盛開的罌粟花

　　1840 年中英鴉片戰爭爆發前七十年間，英國透過設在印度的東印度公司，陸陸續續把鴉片賣到中國。美國商人也從土耳其進口鴉片到中國。剛開始，英國商人主要是向中國進口毛織品和印度棉花，出口茶、絲等物。但因為中國自給自足的經濟，和清政府對進口貿易的限制，英國商人始終打不開市場，而出現貿易逆

圖 13-1　廣州十三行

差。鴉片因為吸了就會上癮，市場需求量大，再加上利潤豐厚，商人自然趨之若鶩。

　　由於鴉片的進口數量不斷增加，中國的統治階層益發意識到問題的嚴重。嘉慶、道光年間，朝廷數度降旨，嚴令禁止販賣、吸食鴉片。關心時政的地方官員和士大夫，也一再強調鴉片可能帶來的危害。歸納當時的禁煙主張，大致有兩點：一是經濟上的；一是個人、國家的安危。當時人寫的一首詩中說罌粟「塊土價值數萬錢，終歲但供一口煙，久之黧黑聳兩肩。眼垂淚，鼻出涕，一息奄奄死相繼」，講的是個人如何因為吸鴉片而傾家蕩產，形銷骨立。更糟的是，吸鴉片不是偶發現象，而是全國上下，男女老少，公卿大夫，平民百姓一致的嗜好。十九世紀重要的政治思想家魏源這麼感歎著：「阿芙蓉，阿芙蓉，產海西，來海東。不知何國香風過，醉我士女如醇醲。夜不見月與星兮，晝不見白日，自成長夜逍遙國。長夜國，莫愁湖，銷金鍋裡乾坤無。」美麗的阿芙蓉就像包著糖衣的毒藥，成為社會的風尚，在吞雲吐霧中，人

們忘記了憂愁，忘記了昏天黑地，也忘記了天下國家。在舉國若狂、努力吸煙的昇平景象下，邊防日以傾頹，國庫也日以空虛。

　　魏源、林則徐這批對窳敗的內政深懷憂心，對「中」國之外的世界認真探討的士紳，自然注意到鴉片對國民健康、國家戰力和財政的負面影響。士兵吸鴉片吸得面黃肌瘦，不能打仗，當然是一個嚴重問題。鴉片大量進口引發的財政危機，影響深遠而廣泛，更引起普遍的關注。在清代通行的貨幣，基本上是白銀和銅錢。政府支出百分之九十以上是白銀，在民間，工資的給付和零售交易都用銅錢，納稅和大批的交易買賣則用白銀。由於買賣鴉片是用白銀支付，鴉片進口愈多，就表示愈來愈多的白銀流出中國。

白銀外流

　　白銀外流，供給量減少，價格相對於銅錢就不斷提高。從1808到1850年，四十多年間，白銀大約昇值了二·五倍。銀貴（銅）錢賤的現象在鴉片戰爭前後十年間，特別嚴重。在1830年，一兩銀子可以換銅錢一千三百六十五文；到1849年，同樣一兩銀子則可以換到二千三百五十五文。一般升斗小民賺的和用的都是銅錢，完糧納稅卻要用白銀。銅錢不斷貶值，使老百姓更難籌措銀子繳稅。而士兵的軍餉大部分以貶值的銅錢搭放，生活日益拮据，士氣也隨之低落。

　　因為白銀外流和經濟蕭條所引發的一連串社會問題，在鴉片戰爭前就已經存在，在鴉片戰爭後不但沒有解決，反而愈演愈烈。1850年以後的太平天國之亂、捻亂等一波接一波的動亂，和這些經濟、社會問題，有相當的關係。一方面，政府採行禁煙政策；另一方面，市場需求量有增無減，走私進口煙就成了風險高卻有

厚利可圖的事業。各級地方官員，或是從走私販子處得到大量賄賂，或者乾脆自己親身參與走私活動。甚至兩廣總督也用官船販運毒品，一些中央大員也輾轉透過地方官得到好處。原本就已經貪污腐化的官僚體系，至此更是不堪聞問。

兩大帝國的決戰

鴉片進口帶來的這些經濟、社會、安全和制度問題，引發了官員、士紳間關於鴉片政策的辯論。「弛禁」論者主張讓鴉片貿易合法化，這樣不但可以杜絕賄賂、貪腐，政府也可以藉課稅來增加財源。另一派以黃爵滋為代表，認為只在沿海一帶禁止鴉片進口是沒有用的，根本辦法是禁止吸食鴉片。他主張以一年為期，全面禁止吸食鴉片，過期後依然吸食者處以死刑。道光皇帝將黃的奏摺發交各省官員徵求意見，湖廣總督林則徐對黃的主張堅表贊同，並在兩湖一帶實際推行禁煙運動，取得相當的成效。

當時文武百官、衙役、軍人吸食鴉片者比比皆是，處以死刑的主張顯然過於激烈而無法施行。但黃、林等禁煙派的主張，不論從個人、社會、國家哪一個層面來看，都難以辯駁。此後，雖然從軍機大臣以下，不斷有人暗中抵制、破壞禁煙措施，但再也沒有人敢公然提出「弛禁」之議。道光皇帝更被「禁煙」派的主張說服。

1838 年底，林則徐被任命為欽差大臣，到廣州查禁鴉片進口，為中國近代史上關係重大的鴉片戰爭，揭開了序幕。林在次年 3 月到達廣州後，雷厲風行地迫使英美商人交出鴉片，並當眾焚毀。他又進一步要求外商具結，保證以後不再夾帶鴉片，否則「貨盡沒官，人即正法」。英國商務監督義律 (Captain Charles

Elliot) 指使英商拒絕這項要求，並率眾退出廣州。義律一方面下
令英國商船，停止與中國的貿易；一方面向英國政府報告，要求
派遣軍隊，準備以武力解決問題。從事鴉片貿易的英商，則在倫
敦積極地展開遊說和宣傳工作。

　　1840 年 2 月，英國首相決定派一支「東方遠征軍」到中國。
4 月，英國國會為此展開激辯。反對黨認為，再也沒有比為鴉片
而戰更不正義的戰爭了，它將使英國永遠蒙羞。英國首相則否認
政府在支持邪惡的鴉片貿易。在他巧妙的操縱下，爭論的焦點成
為：如何擔保未來貿易的平安與英國公民的安全。林則徐對英商
的各種作法，則被解釋成對大英帝國的侮辱。最後，反對戰爭的
反對黨以五票之差落敗。工業革命之後，急於向世界各地開拓市
場的「日不落國」，和從康熙皇帝以來，閉關自守的「天朝上國」，
展開一場改寫中國歷史的大戰。

圖 13-2　林則徐銷毀鴉片

第二節　西力衝擊

從朝貢制度到條約制度

　　憑著堅船利砲，英軍在中國東南沿海一帶，取得一連串的勝利。1842 年 8 月，英國軍艦兵陳南京下關。中國代表毫無異議地簽訂了城下之盟——〈南京條約〉。在此後的一個世紀中，來自海上的列強，憑著優越的武力，從南方打到北方，從沿岸進入內地，一步一步打開中國的門戶。新的事物、商品，新的宗教、制度和思想，緩慢而深刻地為中國這個古老的文明，帶來新的面貌。

　　本書第十二章說過，中國的統治者和士大夫一向認為「中」國就是天下，是聲教文化的中心，環繞四周的夷人都應該近悅遠來，奉表稱臣。這些藩屬國每次到中國朝貢，都帶著大批貢品。中國皇帝也禮尚往來，除了冊封名號外，還賜予金錢、絲綢等贈品。所以這種政治上的朝貢制度，實際上還有在經濟上互通有無的國際貿易色彩。

圖 13-3　中英南京條約簽字　1842 年 8 月 29 日，鴉片戰爭後，中英雙方代表在英國軍艦上簽訂〈南京條約〉。這是中國近代史上第一個不平等條約。

　　十八世紀末，英國人因為工業革命和資本主義的發展，到中國拓展市場時，清帝國依然用這種四裔朝貢的心態來看待。1793年，馬戛爾尼 (Lord George Macartney) 率領的特使團，以補賀乾隆皇帝八十壽辰為名，在熱河覲見清帝，提出開放通商口岸等要求。乾隆則用對待藩屬的口氣，對英王下了幾道「敕諭」。一方面嘉許他們遠涉重洋而來，所表現的「傾心向化」與「恭順之誠」；一方面也駁斥英人自由通商的要求，認為違反了「天朝加惠遠人，撫育四夷之道」。

　　清朝入主中原後，為了對付東南沿海和鄭成功的反清活動，曾先後宣布嚴厲的「海禁」和「遷海令」，命令閩、粵、蘇、浙等省的居民，向內陸遷徙三十里。沿海居民不但不准航海貿易，也不准下海捕魚或耕田種地。這種「片板不許下水，粒貨不許越疆」的海禁政策，一直到 1684 年才正式廢止，清廷並開放四個關口，進行對外貿易。到 1757、1758 年間，清廷又改變政策，下令各國的對華貿易，只能在廣州一地進行。馬戛爾尼向乾隆皇帝爭取的第一點，就是在廣州之外，再增加幾個港口，讓英國商船能夠登岸做生意。這種獨口貿易的局面，一直到 1842 年，中國被迫簽訂〈南京條約〉，開放廣州、福州、廈門、寧波、上海五口通商後，才被打破。

　　對傳統的統治者而言，朝貢制度是對藩屬國的一種恩賜。驕傲的中國統治者並不覺得這種形式的貿易是平等互惠的行為。所以乾隆在給英王的敕諭中就說：「天朝物產豐盈，無所不有」，根本不需要靠「外夷」的貨物來互通有無。中國之所以允許西洋商人在澳門開設洋行，買賣「天朝所生茶葉、瓷器、絲斤」，完全是為了讓外夷能享受這些日用百貨的「加恩體恤」之舉。因鴉片問

圖 13-4　清代職貢圖

題引起的商業戰爭，和各種不平等條約的簽訂，使得閉關自守、自給自足的大清帝國，慢慢納入全球性的資本主義網路，和國際性的政治、法律體系。

當馬戛爾尼覲見乾隆時，雙方為了要行「三跪九叩」之禮，或照英國習慣，屈膝親吻皇帝御手而爭執不下。1815 年，英國使臣又因堅持不願跪叩，拒見嘉慶皇帝。嘉慶在盛怒之餘說：「中國為天下共主，豈能如此侮慢倨傲。」表面上看起來，雙方爭的似乎是禮節儀式，其實卻反映中國傳統天下觀，和西方現代平等國際觀的衝突。在傳統的天下觀中，中國在處理對外關係與藩屬各國的關係時，都由禮部和「理藩院」負責。1861 年，第二次英法聯軍之役後，清廷被迫在北京成立了「總理各國事務衙門」。在西方各國的堅持下，中國成為國際社會的一員，開始引進「萬國公法」（國際法），允許各國設立常駐中國的使領館，並派遣常駐各國的外交代表。

八國聯軍攻打北京之後，清政府又在 1901 年，依照〈辛丑條約〉的規定，將「總理衙門」正式改為「外務部」，排名且在傳統的中央政府六部之前。由勉勉強強的「籌辦夷務」，到慎重其事地把外交當成國家首要之務，說明了中國從一個自給自足、自尊自大的傳統帝國，到一個門戶洞開、走向世界的現代國家的深刻轉變。

數千年未有之強敵

第十二章也說到中國自秦建立一統帝國以來，每個朝代最大的國防問題就是如何應付來自北方和西北的外族入侵。秦始皇連結戰國城牆而成為有名的萬里長城，就是為了防阻北方蠻族的入

侵。蠻族總是在秋高草長的季節，穿過長城，南下牧馬。從漢朝的匈奴開始，經過魏晉南北朝的五胡，到後來的突厥、蒙古、滿洲，來自北方的民族，不斷給城牆內的帝國嚴重的威脅。

但這些游牧民族建立的征服王朝，或者徹底漢化；或者一方面固守自己民族原有的文化、制度，一方面允許被征服的漢人，採行原有的文化、制度，所以中國本土雖然受過北方民族的統治，漢文化卻一直居於優勢、主導的地位。但鴉片戰爭卻改變了這一切。第一次，來自東、南，而非西、北的「蠻夷」，重重羞辱了這個文明古國。第一次，敵人率領著龐大的艦隊，從海上而來。中國要面對的，再也不只是來自塞外草原，揮鞭策馬的游牧民族了。位居西北的俄國，雖然在十九、二十世紀成為新的心腹之患，但更多的敵人跨海而至。更重要的是，從此以後，優勢主導的漢文化日漸衰頹。中國被迫一步一步地，接受一個更先進、更現代、也更「文明」的西方文化。從1860年代開始主掌中國外交逾三十年的李鴻章，對這個「數千年來未有之變局」有深刻的體認，也了解到西方列強「輪船電報之速，瞬息千里」，「軍器機事之精，工力百倍」，「砲彈所到，無堅不摧」，「水陸關隘，不足限制」，實在是「數千年來未有之強敵」。

師夷長技以制夷

為了應付這種劇烈的變化，清廷展開一連串自強變法、富國強兵的奮鬥，為此後中國一個多世紀的現代化歷程揭開序幕。這些努力的第一波，是同治、光緒年間（1860～1894年）推展的自強運動。由於這個運動的基本精神，是模仿西洋人的技術、制度，所以又稱作「洋務運動」。

　　第一個提出「師法外夷」主張的是前面提到的魏源。魏源在1842 年出版了一本開風氣之先、介紹世界情勢的鉅著《海國圖志》，有系統地描述從東南亞到歐洲、美洲、非洲各國的歷史地理和政情，以及製造、使用西洋大砲、輪船、水雷的方法。在序言裡，他提到寫這本書的動機在「以夷攻夷」、「以夷款夷」、「師夷之長技以制夷」。簡單地說，就是要學習西洋人的長處來對付或制服西洋人。

　　魏源的看法，在鴉片戰爭之後，被實際主持政務的內廷重臣和封疆大吏所奉行。總理衙門綜結各省督撫的討論，對清廷的洋務政策作了最扼要的說明：「查治國之道，在乎自強」，而考量當時的實際情勢，「則自強以練兵為要，練兵又以制器為先」。

　　在這樣的政策綱領下，清廷在軍事、外交、經濟實業各方面推動現代化的措施。李鴻章、左宗棠、張之洞等人開始積極建立兵工廠、造船廠、鋼鐵廠和新式海軍，以鞏固國防。民營或商辦的輕工業，像紡織、五金、碾米、麵粉等，紛紛出現。重工業方面，除了鋼鐵廠外，相關的煤礦開採工作也受到重視。鐵路郵電等交通、通訊設施，更被視為富強的根本，變成洋務運動的重頭戲。

　　不過鐵路建設卻出人意表，在日後引發了中國近代史上最戲劇性的高潮。1894 年，中日甲午戰後，鐵路興建開始快速成長。由於修建鐵路需要鉅額的資金，政府乃向民間徵募「商股」。在四川，所謂「商股」多半是由地主從地租中抽集。1911 年，清政府突然宣布鐵路收歸國有政策，擁有鐵路股票的地主士紳激烈反對，在他們的領導下，四川爆發了一連串的革命風潮和武裝暴動。清政府忙著派兵到四川鎮壓，湖北武昌的革命軍乘著清軍後防空虛而引爆了辛亥革命。一項為了達到富強的目的而推展的現代化建

設，因為處理失當，最後竟成為推翻舊王朝的導火線，這大概是
當初推動自強新政的王公大臣始料未及的吧？

第三節　變法圖強

中學為體、西學為用？

自強運動的著重點，主要在軍事、技術方面。但光緒初期，
漸漸開始有人主張，西方的長處不只技術，整個西學，包括政教
制度，都有可取之處。這種看法對以「中學為道，西學為器」的
洋務派來說，是完全不能接受的。推動「自強運動」的洋務派認
為：西方在實際、應用和器物層次上固然超過中國，但根本的思
想、道德、政法制度卻完全不能和中國相提並論。他們借用《易
經》「形而上者謂之道，形而下者謂之器」的說法，認為「中學」
是根本的大道，是本體；西方事務則是枝末的器物，只能落在應
用，甚至「奇技淫巧」的層次。

1884 年以前，「中學為體，西學為用」的看法，可以說是洋
務派的理論基礎。他們以此對抗保守派的攻擊，從事比較溫和的
改革。但如果有人膽敢更進一步，談論西學，必定會為百官所不
齒，甚至被指為漢奸。中國第一任駐英公使郭嵩燾在光緒二年出
版的一本書中，提到西方的政教有本也有末，馬上引起軒然大
波，被認為是「驚世異俗之議論」。書遭禁止發行，郭本人也受
到彈劾。

但敢談「西學」的人卻慢慢多了起來。買辦出身的鄭觀應、
協助英國傳教士把四書五經翻成英文的王韜、在香港出生受西方

教育的何啟與胡禮垣、出身天主教家庭，曾在李鴻章的幕府中做
顧問文書工作，後來又留學巴黎的馬建忠、考上進士卻認為西方
文化可比美三代——中國傳統的黃金時代——的馮桂芬，都不約
而同地談論起西方政教之美。

　　這些人的共同特徵是他們在上海、香港等沿海城市，與外國
人和西方事務有頻繁的接觸，因了解而產生羨慕、模仿之心。東
南沿海城市，成為新的人文薈萃之地和改革思想的前哨站。變法
思想由此引進，孫中山領導的革命運動也在這一帶醞釀發展。一
個世紀之後，中共的改革開放浪潮，也再度由東南的廣州、深圳、
上海開其端。海洋和中國近代歷史上的重大變革，實有著密不可
分的關係。

　　在東南各地漸漸萌芽的變法思想，在 1895 年的〈馬關條約〉
之後，成為知識分子普遍的共識。中國從 1860 年代開始積極推展
自強運動，卻在三十多年後，被夙所輕視的「蕞爾小國」——日
本劃上一個慘烈的句點。李鴻章苦心經營的北洋海軍，在黃海戰
役中遭到日本艦隊的重挫。派駐在朝鮮平壤的清軍也被日軍擊
敗。日軍很快地渡過鴨綠江，一路勢如破竹，直逼山海關。和戰
不定的清政府，眼看著又是一個兵臨城下的危急局勢，只好派出
年邁的李鴻章在日本馬關簽訂和約。臺灣從此割讓給日本，原為
中國藩屬國的朝鮮獲得獨立。中國賠償給日本史無前例的鉅額軍
費，總數超過清政府每年國庫收入的三倍。

　　李鴻章與日本總理大臣伊藤博文在春帆樓簽訂的〈馬關條
約〉，很快就經由電報傳回北京。正在北京等候放榜的康有為，聯
合了一千三百多名赴京趕考的舉人，聯名上書給光緒皇帝，除了
抗議割讓臺灣外，並提出「變法」的主張。以這種主張為基調的

維新運動，從此正式展開，而在 1898 年的「百日維新」中達到最
高潮。

求為長安布衣而不可得

　　變法維新運動的主要領導人是康有為。康有為的學生，在清
末民初的思想、學術界有重大影響力的梁啟超，也積極參與組織
學會、主導興論的工作。康有為生在廣東，1879 年，他二十二歲
的時候，第一次到香港遊覽，對當地瑰麗的房舍、整潔的街道、
嚴密的巡捕，留下深刻的印象。二十五歲時到上海，看到繁盛的
市容，更加相信西方人的統治有本有末。他開始從香港、上海收
集大量的西學書籍和報刊。三十多歲後，他在廣州成立萬木草堂，
講授西方學問和變法之道。近一千名學生中，有不少成為後來維
新運動的推動者。

圖 13-5　1898 年戊戌維新的光緒帝　　圖 13-6　上書請求變法的康有為

　　康有為的變法思想，在幾封上清帝書中，表達得非常清楚。他告訴光緒，如果不實行「新政」，改變「祖宗成法」，一旦亡國，皇帝將「求為長安布衣而不可得」，甚至可能像明末崇禎皇帝那樣吊死在煤山上。這些話很可能真正打動了光緒的心，使他在 1898 年 6 月正式下詔「變法自強」，厲行新政。

　　新政的內容，除了練兵、制器外，在政治方面是廣開言路（康有為原來的主張是開國會、立憲法），准許自由開設報館、學會。經濟方面，提倡實業，設立農工商、礦務、鐵路總局，並鼓勵興辦農會和商會；同時創辦國家銀行，編製國家預算。文教方面，要求在全國各地設立兼授中學與西學的學校，開辦京師大學堂（北京大學的前身），廢除以八股文取士，派遣學生留日。

　　在短短幾個月內，實行新政的詔書一道接一道的頒布。以慈禧太后為首的「后黨」眼見權力被一步一步削減，終於採取反擊行動。在權力爭奪的最後關鍵時刻，光緒派遣譚嗣同夜訪負責訓練新式陸軍的袁世凱，要求袁出兵先殺掉保守派的領袖榮祿，然後包圍慈禧的住處頤和園。但狡猾的袁世凱，卻出賣了年輕而位如傀儡的皇帝。9 月 20 日，袁向榮祿告密，全盤說出光緒的計劃。第二天，慈禧發動政變。「百日維新」如曇花一現，即開即逝。光緒被囚禁在瀛臺，飲恨以終。

　　「戊戌政變」雖然使變法運動遭到暫時的頓挫，但從 1895 年以後開始快速蔓延的變法思想，卻對知識界產生很大的影響。各式各樣的學會、新式的學堂和現代化的報紙開始出現。知識分子開始有了現代意義下的出版、結社和言論自由。中國近代史上的第一次思想啟蒙運動從此展開。

第四節　舊王朝的夕陽餘暉

十年新政

1900 年，八國聯軍攻陷北京。倉皇辭廟，一路向西安逃竄的慈禧太后這時才真正體認到喪家亡國的危機已經迫在眉睫。1901 年，在劫後餘生，離開西安重返北京的前四天，慈禧頒布了一道文告，也開始高談變法，要求中外臣工力行新政。

清末最後十年的「新政」，大抵不出康有為的變法思想。其範圍包括改革官制，整頓司法、吏治，建立新的警察制度，和禁絕鴉片。另外，在中央成立商部，在各地設立商會，以展示政府對工商實業的重視。軍事則花費巨大的財力，籌建新式陸軍，由袁世凱總其成。袁由於掌握了軍權，成為清末民初最有實力的軍事強人。1911 年，受清皇室之託，與南方的革命軍討價還價，最後終於迫使清帝退位。民國成立後，袁世凱因為其軍事實力，被列強視為最能穩定中國局勢的領袖人物，取代孫中山，成為中華民國的大總統。1916 年，袁世凱稱帝八十三天失敗病亡，中國陷於軍閥割據的局面，其中的北洋軍閥，多半出自袁氏籌建、訓練的北洋新式陸軍。

新政中另外一系列影響重大的措施是廢科舉、辦學堂和派遣留學生。中國從宋以後，科舉取士成為常規化的制度。讀書的最後目的是為了通過考試，取得一官半職。1905 年廢科舉之後，讀書和做官成了兩件事。一方面，士人的地位受到嚴重的衝擊；另一方面，四書五經不再是教育最主要、甚至唯一的內容，各種專

圖 13-7　科舉榜單（道光二十四年武進士）

業的知識和學門開始出現。「讀書人」的定義為之一變，現代性的知識分子也開始出現。

　　自強運動期間，清政府曾短暫的派遣小留學生赴美。1901 年以後，中央、地方又開始積極推動海外留學。日本由於地近費省，再加上文字近似，特別受到青睞。前往歐洲、美國者，也絡繹於途。中國二十世紀的留學風潮於焉開始。這些留學生返國後，對中國的政治、文化、思想都有深遠的影響。

立憲與革命

　　從變法思想剛出現時，就備受知識分子重視的議會制度，也

在清末最後幾年，在立憲派的積極鼓吹之下，略具雛形。宣統元年（1909 年），清廷宣布實行預備立憲，令各省成立諮議局。立憲派人士經由選舉，成為地方議會的代表。這些分布各省的諮議局議員，絕大多數是曾通過科舉考試的地方士紳，有一些也曾留學日本和受過新式教育。他們多半都有相當的財富，不少人曾在清政府擔任過官職。這樣的出身背景，使他們雖對清政府不滿，卻主張採用溫和漸進的改良方式來解決中國的問題。

　　立憲思想最主要的指導者是康有為的學生梁啟超。戊戌政變發生後，梁逃到日本，先後出版了《清議報》和《新民叢報》。他雖人在日本，但透過獨具一格，半文言、半白話，「筆鋒常帶感情」的「梁啟超式」文體，卻風靡了新一代的知識分子和年輕學生，可以說是清末最重要、也最有影響力的思想家和宣傳家。

　　在二十世紀最初的十年中，我們一方面看到清廷為了「一姓一家」的存亡努力推行各項新政。另一方面，我們也看到反對清廷、批評清廷的勢力紛紛出現。梁啟超所代表的立憲派主張溫和改良，實行君主立憲。孫中山所代表的革命派，則主張採取激烈的手段，以武力推翻專制王朝，建立以人民為主體的共和國。1905 年，孫中山在日本東京聯合留日學生、華僑和革命團體，成立「同盟會」，為中國二

圖 13-8　清末最有影響力的思想家和宣傳家梁啟超

十世紀的革命運動，揭開序幕。在海外，兩派人馬為了如何解決中國的各項問題，有過激烈的辯論。但在中國境內，滿清王朝能夠被迅速推翻，立憲派和革命派同樣功不可沒。

清政府在新政中傾力籌建的新軍，一方面成為日後北洋軍閥的搖籃，一方面也為反清的革命黨所滲透。1911 年 10 月 10 日晚上七點，武昌新軍工程營的革命軍人鳴槍宣布起義。在此後一個多月間，全國有十四省響應，宣布獨立。各省諮議局的議長或副議長，原都是地方上有實質影響力的領袖人物。他們在武昌起義後，或與革命派，或與舊官僚合作，控制各省政局，操縱了革命形勢。兩千多年的帝制，在短短時間內，沒有經過大規模的流血、戰爭，就易幟成亞洲的第一個共和國，實與這些立憲派領袖的態度有關。而立憲派之所以從溫和改良轉而支持革命，又與清廷不願早開國會、實行真正的立憲制度有關。「鐵路國有」政策，犧牲了地方士紳的現實利益，更如火上加油，給帝制帶來致命的一擊。

辛亥革命推翻舊王朝，建立民主共和制度，在中國政治史上固然是石破天驚的大事件，但僅由傳統士紳接掌各地政權這一點來看，我們也可以了解到中國的社會、權力結構，並沒有真正深刻的改變。不論從抵抗列強的侵略，建立主權在民的民主社會，或增進人民生活的福祉那一點來看，孫中山在 1925 年病逝北京前說的：「革命尚未成功」，都是真實的警語。

研究與討論

1. 乾隆、嘉慶皇帝和英國使臣為了是否行「跪拜之禮」而爭執不下，乾隆和嘉慶為什麼一定要英國人磕頭？今天外國大使來臺灣覲見總統時，只要鞠躬、握手就好，這種儀式的改變有什麼意義？鴉片戰爭之後半個多世紀的發展和這種轉變有什麼關係？

2. 魏源說鴉片戰爭前中國人吸鴉片吸得「自成長夜逍遙國」，今天臺灣人吸安非他命也可以吸得整個晚上不睡覺，鴉片和安非他命為什麼都有這樣的魔力？你可不可以把今天臺灣人吸安的盛況和十九世紀中國人吸鴉片的情形作一個比較？吸鴉片可以讓人「一息奄奄死相繼」，吸安呢？除了對個人的影響，吸鴉片和吸安又分別對社會產生什麼樣的後遺症？

3. 近代中國轉變的重大刺激或參考模式多來自海上，1968年放映的「河殤」也希望中國離開黃土，走向蔚藍的海洋。這種意願不論是否合理，至少反映相當成分的歷史真實，你不妨想想看，十九世紀末的香港、上海在中國近代歷史的轉變中扮演什麼樣的角色？今天的香港、上海又會對中國大陸的轉變有什麼影響？1990年代推動的亞太營運中心，你認為與中國文化長期的發展有沒有關係？

第十四章
社會的動盪與變遷

第一節　民眾叛亂

叛亂的世紀

　　十九世紀中葉以後的中國，不僅要面對東西列強的蠶食鯨吞，同時也為此起彼落的民眾叛亂而疲於奔命。實際上，整個十九世紀可以看成是一個叛亂的世紀。年邁的乾隆皇帝在 1795 年，稱帝六十年後，讓位給嘉慶。1796 年，嘉慶即位的第一年，就爆發了長達八年的「白蓮教之亂」——官方所說的「川楚教匪之亂」。1804 年，亂事雖得以平定，卻花費了大約五年的國家總收入。這場發生在十八、十九世紀之交的叛亂，非常具有象徵意義地顯示出：十八世紀的盛清帝國已經一去不返，中國一步一步走向衰亡。

　　1850 年，白蓮教之亂後的半個世紀，又出現了同樣有強烈宗教色彩，但規模更龐大、影響更深遠的太平天國之亂，清政府最後必須仰仗地方的軍力才得以平亂。此後直到 1949 年，一個世紀中，中國多半時間沒有一個強有力的中央政府。即使結束軍閥割據之局的國民政府，能確實掌控的也只有長江中下游幾省而已。太平天國之亂促成地方勢力的興起，也開啟了近一個世紀的國家再造過程。

　　1900 年，太平天國之亂後五十年，一批結合了中國民間宗教

和武術的「拳民」，又在華北各地掀起波瀾滔天的義和團之亂。結果招致八國聯軍攻陷京師。由南方「教匪」揭開序幕的十九世紀，卻在北方的「拳匪」手上劃上句點。

這幾次大動亂各有原因，但整體來說，一些在十九世紀變得日益嚴重的社會問題，顯然和日趨頻密的民眾叛亂有直接的關係。其中，人口的快速增長特別值得注意。從十七世紀晚期到十八世紀末白蓮教之亂發生前，長期的太平歲月使中國人口從一億五千萬增加到三億人以上。此後，從 1779 到 1850 年太平天國叛亂前夕，人口又增加到四億三千萬。

人口增加，可耕地卻未隨之增加。在現實生活的壓力下，安土重遷的人民大量向偏遠地區移民。四川盆地是十八世紀中國境內移民潮的一個主要目標。四川東部的山區——白蓮教之亂爆發的起點——也布滿了從其他各省逃荒而至的難民。廣東東部的客家人也在十八世紀移民到廣西河谷地，這個地區後來成為太平之亂的起點。富饒的長江下游各省，更承受了最大的人口壓力。

移民固然暫時舒緩了人口壓力，卻因為新移民與原住民或邊區少數民族（如漢人與湖南貴州邊境的苗族，廣西的客家人與當地人）間，種族和語文上的差異，而引發緊張關係，造成新的問題。臺灣、四川邊境山區、廣西落後的鄉村和湖南貴州邊境的苗族盤據區，成為叛亂最早發生的地區，就是最好的例子。在這些蠻荒新闢之地，政府的統治能力一向薄弱，新舊居民為了自衛，也為了攻擊別人，紛紛組織社區自衛武裝團體。這種地方軍事化、武裝化的傾向，成為十九世紀中國基層社會的一大特色，也為一觸即發的民眾叛亂，提供了現成的基礎。

從書生到教主

從一個落魄不第的書生到打下半壁江山建國稱王，洪秀全的一生就和他建立的太平天國一樣，充滿了傳奇而詭異的色彩。1814 年，洪秀全在廣州北方三十公里花縣的一個小農家出生，他的先祖是由廣東東部遷來的客家移民。1836 年，他第二次參加生員（秀才）考試，不幸落第。在廣州應考時，一位正在傳福音的外國傳教士送了他一套題為《勸世良言》的小冊子，作者是曾在廣州作過印刷工人的梁阿發。

第二年，洪三度落榜後，病倒在床。在精神恍惚之際，他夢見自己昇天，換了一套新的肚腸，因此滌盡罪惡，獲得再生。然後一個表情莊嚴的金鬚人交給他一方金璽和一把寶劍，要他誅盡魔鬼。在這些征戰中，有時會有一個中年人和他在一起，他稱這個人為他的長兄。

1843 年，洪秀全四度落榜。回家後，他開始翻閱梁阿發的《勸世良言》。在接受了書中的基督教信仰後，他為自己的夢境找到合理的解釋：莊嚴的金鬚老人是耶和華，中年人是耶穌。他則是上帝的次子，耶穌的弟弟。他的神聖使命，是在這世間傳播耶和華的旨意。

這時的廣東已處於天下大變的動盪局勢中。鴉片戰爭中的「三元里事件」，就發生在洪的老家花縣鄰境的廣州城郊。騷亂的局勢和堅定的信仰，反而讓洪秀全看清自己的「使命」，洪秀全成為一個狂熱的基督徒。在失去私塾教師的職位後，和他的表弟，同樣是屢試不第的馮雲山，一起在廣西山區傳教。馮以村落為單位，把窮困孤立的客家人組成地方性的聚會組織，最後組成「拜上帝

圖 14-1　天王洪秀全玉璽

會」。總會設在桂平縣的紫荊山，分會則布於各縣。

　　1847 年，洪秀全在廣州第一次讀到聖經《舊約》和《新約》的中譯本。沒有多久，他又來到廣西和馮雲山一起傳道。他們利用基督教的洗禮、禮拜和祈禱等儀式，吸引徒眾。洪並寫了〈原道醒世訓〉等文章，四處送人，也作為講道的基礎。表面上，他傳播的是基督教教義，但從小為了準備科舉考試所熟讀的儒家經典，像四書、五經，卻對他有深遠的影響。所以在〈原道醒世訓〉等文章裡，我們看到的是一個奇異的混合體：包括了模仿「摩西十誡」的「十款天條」，《禮記》中「天下為公」的大同思想，以及中國民間傳統中的神怪、妖魔和帝王思想。

圖 14-2　太平天國的禮拜堂

洪等奉「天父皇上帝」為唯一之真神，把一般人民祭拜的「菩薩佛像」當成魔鬼。為了打擊魔鬼，「拜上帝會」的信徒四處摧毀神像，破壞廟宇。這使他們與信奉中國傳統宗教的民眾發生嚴重衝突。結果「拜上帝會」與其他民眾組成的地方團練各擁兵自重，呈劍拔弩張之勢。在 1849～1850 年的大饑荒中，雙方經常有公開的戰鬥。

太平天國

1850 年對「拜上帝會」而言是關鍵性的一年，一方面，他們的軍事組織不斷擴張，殘暴、不識字、卻有卓越軍事才能的燒炭工人楊秀清取代馮雲山，成為重要的領導人；另一方面，在周遭敵對的環境中，他們的處境日益困難。7 月，他們決定起來造反。兩萬多名包括農人、燒炭工人和失業礦工的信徒在金田村起事。

1851 年初，洪秀全三十八歲生日那一天，屢敗清軍的「拜上帝會」首領宣布成立「太平天國」。

太平軍迅速向人煙稠密、經濟富庶的長江下游挺進。兩年後，太平軍攻下武昌，這時他們的部眾已增加到五十萬人。一場小型的地方叛亂，變成聲勢浩大的全國性運動。1853 年初，太平軍攻下南京，改稱「天京」，席捲東南各地。此後十幾年間，太平天國雖歷經嚴重的內訌，但仍能在長江中下游和曾國藩等人領導的清軍展開一連串你死我亡的爭奪戰。同治皇帝即位後不久，清軍在李鴻章、左宗棠等人率領下，對長江下游的一些城市進行猛烈的攻擊。1864 年，天京城陷。第二年底，太平軍餘眾全被消滅。長達十五年的太平天國之亂告一段落。

太平軍擾攘十五年，清政府固有的常備軍——八旗、綠營——全不堪使用。最後是靠曾國藩、李鴻章等人自行籌組的湘軍、淮軍平定亂事。地方勢力因為督撫有練兵、籌餉的權責而興起。李鴻章在與太平軍作戰時購買了大量的新式武器，並僱用英、法軍官訓練淮軍。1863 年起，又在上海、蘇州、南京陸陸續續建立兵工廠，生產現代化的武器。鴉片戰爭使魏源等人領略到「師夷長技以制夷」的道理。太平天國之亂則使曾、李、左等地方督撫得以崛起，並開始大規模地推行練兵自強的新政。「自強運動」就在內憂外患夾擊的局勢下展開。

連年戰亂引起的天災（如水患）、人禍，使得死亡人數高達三千萬以上。長江下游一帶因為是兩軍攻防的主戰場，災情尤為慘重。原有八十多萬人的杭州，在戰後只剩幾萬人。富庶的江蘇城鎮，或數里、或二三十里無居民。荼毒最甚的常州甚至「村市平毀，農田全荒，白骨荊榛，絕無居人」。亂事平定十年以後，江、

浙、安徽各省還將如何解決荒廢的田畝問題列為「自強大計」之一，富庶的江南經濟所受的影響，於此可見。

新興宗教

太平天國和其他民眾叛亂不同之處，不僅在其規模的龐大和影響的深遠，也由於它背後有一套獨特的意識型態。其他的宗教性叛亂，絕大多數和中國傳統的民間宗教有關，太平天國卻是打著基督教的旗號，四處招兵買馬。他們對儒家倫常禮教的否定，使他們無法受到多數士大夫的支持；對中國民間宗教信仰的攻擊，則使他們無法和其他反清勢力——如南方著名的秘密會社三合會、三點會、天地會——合流。這些都是他們失敗的原因。而洪楊等人的神權統治，動輒進入癲狂狀態，假耶和華、耶穌之名發號施令，更為這個政權的領導階層帶來嚴重的危機。

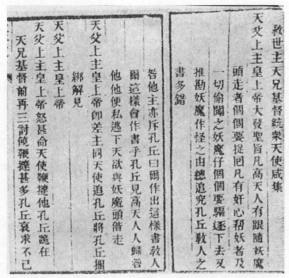

圖14-3　洪秀全在《太平天日》一書中，對妖魔及孔子多所攻擊，孔子甚至被迫跪地求饒。

　　不過他們揉合基督教平等思想和儒家大同理想的教義、制度確實吸引了許多民眾。打破尊卑、男女之別的平等觀念，從漢代「太平道」以來，就是許多民間宗教團體共有的特色，是弱勢者對經濟、社會地位不平等的傳統社會的反抗。洪秀全則從「人在上帝之前一律平等」的教義出發，對不公平的社會再次提出強烈的批判。

　　鴉片戰後，廣西的局勢日益紛亂，盜賊蜂起。1849 年，米價高漲，更是雪上加霜。天地會和其他叛亂團體乘勢而起。他們打著「替天行道」、「劫富濟貧」的旗號，吸引了一批批的飢民和下層社會的群眾。在這樣的時代背景下，太平天國能夠憑著平等的教義，迅速擴張，實在不難理解。一無所有的窮苦民眾，藉著平等的呼聲和大規模的叛亂，表達了他們對官紳、地主等有錢有勢者的抗議。

　　1853 年頒布的「天朝田畝制度」，可以說是這種平等、大同思想的最佳寫照。所謂「有田同耕，有飯同食，有衣同穿，有錢同使，無處不均勻，無人不飽暖」，更明白具體地說明太平天國所追求的烏托邦，能讓那麼多的民眾生死以之，只反映了當時下階層中國人民的悲慘處境。太平天國的這套「共產」制度，雖然在當時並沒有實行，卻在一個世紀以後，受到中共史學家的高度推崇，認為是「偉大的農民革命綱領」。中國共產黨最後雖然是靠著另一套西方學說——馬克思主義——建立了一個看似平等的共產政權，但他們所面對的、所處理的根本問題，和太平天國並無二致。

洋教與拳民

　　1850 年，「拜上帝會」在金田村起義。幾年之內，中國其他

地區也爆發了各種叛亂活動。西南方面，先有貴州的少數民族，接著是雲南的苗族、彝族之亂。東南各省，則有天地會的各個支派在江南、福建、湖南、上海、江西各地起事。華北各地，則在1853到1868年間，有長達十幾年的「捻亂」。在曾、左、李等「中興名臣」及地方勢力的協助下，清政府總算克服了世紀中的一連串嚴重挑戰。一直到1900年，才再度爆發大規模的民眾騷亂。

　　1858年，第一次英法聯軍後簽訂的〈天津條約〉中，准許西方傳教士自由到中國內陸傳教。從此，基督教和天主教漸漸在中國鄉村發展。但由於信仰、習俗的差異，往往受到中國士紳和民眾的抵制。民教衝突不斷，「教案」也屢屢發生。傳教士向本國政府求援，各國政府向中國政府施壓，中國政府轉而責成地方政府加強保護教會、傳教士與一般信奉洋教的教民。由於有母國的武力作後盾，不少傳教士變得囂張跋扈，地方政府因有所忌憚，在處理民教衝突時，往往左袒教民。民眾的仇教心理，因此日益滋長。

　　1897年，山東鉅野縣曹家莊的大刀會，攻打該縣最大的德國天主教堂，殺死兩名教士。德皇在教會的慫恿下，乘機進佔膠州灣。山東巡撫因此一教案被免職，德國主教志得意滿，從此「像上司一般地進出山東省各級衙門」。山東各地民眾的仇外情緒變得益發激烈，教案不斷出現，德軍自行出兵，焚毀民房，轟斃民命。清政府明知德軍「恃強逞凶」，但畏懼其蠻橫，反而出兵協助德軍鎮壓，義和拳的勢力就在這樣的情勢下迅速擴展。

神明附體、刀槍不入

　　以練拳習武為目的的結社在華北鄉村社會原是非常普遍的組織，但到清中葉，武術團體和民間宗教合流的現象卻日漸普遍。

許多教派結合了拳術、氣功、咒語和巫術，四處吸引徒眾。義和團就是這種揉合了武術與巫術的民間團體。山東義和團的來源有二：一是大刀會，一是神拳，分別出自魯西南與魯西北。魯西南一帶，地瘠民貧，一向是盜賊淵藪。西北一帶則是農業地區，人口過剩，一遇災荒，危機就容易出現。而事實上，這兩個地區的天災比率也高於山東其他地區。

大刀會又稱「金鐘罩」，在 1896 年成為一個反洋教的秘密組織，號稱喝符唸咒、運氣練功之後可以刀槍不入。朱紅燈領導的神拳則以降神附體、畫符唸咒為號召。1899 年，二者結合，義和團的名稱也開始出現。到 1900 年，山東、直隸的拳民普遍改稱義和團，山西、東北也都有類似的組織。1900 年，黃河在拳場最多的山東荏平縣決口，華北許多地方也出現乾旱，大量流離失所的飢民，使得局勢一發不可收拾。

義和團最基本的組織稱作「壇」，有幾個村莊合設一壇的，也有一村一壇，甚至一村多壇的，壇多設在各村落的道觀、寺廟或其他公共場所。參加的人絕大多數是一般農民，此外還有傭工、木匠、船夫、廚役、修傘的、開店鋪的等等。後來許多地方士紳、官員也積極參與。更特別的是完全由婦女組成的團體，如年輕少女組成的「紅燈照」、老婦人的「黑燈照」、成年婦女的「藍燈照」、寡婦組成的「青燈照」，她們往往有自己獨立的壇口。

每壇的人數少則數十人，多則幾百人，甚至上千人。團民都是晚上練習，所謂「白天幹活沒空練，一到夜晚就入壇」。各壇口都供奉牌位，拜的神明包括玉皇大帝、洪鈞老祖、達摩老祖、關聖帝君、張天師、梨山老母等。被神明附身的人，就做出該神明特有的動作和特色。他們對神祇個性、特色的了解，多半來自戲

圖 14-4　義和團旗幟

圖 14-5　在練習中的義和團員

神助拳　義和團　只因鬼子鬧中原　勸奉教　自信天
不信神　忘祖仙　男無倫　女行姦
如不信　仔細觀　鬼子眼珠俱發藍
金是教堂止住天　神發怒　仙發怒
一同下山把道傳　非是邪　非白蓮
念咒語　法真言　升黃表　敬香煙
請下各洞諸神仙　仙出洞　神下山
附著人體把拳練　兵法藝　都學全
要平鬼子不費難　拆鐵道　拔線桿
緊急毀壞大輪船　大法國　心膽寒
英美德俄盡消然　大清一統靖江山
詩曰　弟子同心苦用功　遍地草木化成兵
仙人壇　定滅洋人一掃平　忠義之體
右傳云山東聖府抄傳
其一

圖 14-6　義和團小冊子

曲、說書和講唱文學。參加紅燈照的婦女，則穿紅色的衣服和鞋子，一手持紅扇，一手持紅帕。練法時焚香唸咒，據說「一搖扇，即高起空中數丈許」。

很多拳民事後回憶說，他們其實並不懂唸咒、附體之類的法術，純粹是為了打洋人，「才放下鋤頭、鐮刀開到天津、北京的」。但無疑的，神奇的法術和「扶清滅洋」的口號是義和團運動中兩個最明顯的特色。1900 年，拳民在各處張貼的一份揭帖中說：「神助拳，義和團，只因鬼子鬧中原。……神出洞，仙下山，扶助人間把拳玩。」「挑鐵道，把線砍，旋再毀壞大輪船。大法國，心膽寒，英吉俄羅勢蕭然，一概鬼子全殺盡，大清一統慶昇平。」神怪思想和仇外心理在此表露無遺。

粉墨登場的民族主義

清政府對拳民的政策一直搖擺不定，官員的處置也不一樣，有的大力鎮壓，有的主張安撫，最後慈禧被主張安撫的大臣說服，決定允許義和團進京。1900 年 6 月，北京全城設立了一千多處拳壇，拳民不下十萬人，鐵鋪日夜不停地為義和團趕製刀矛，拳民們開始毀教堂、拆鐵路、剪電線，並殺了幾個外國人，列強則從天津派兵進京。

6 月 21 日，慈禧下令宣戰，拳民受此鼓舞，開始在山西、河北、河南等地大力攻擊洋人和教堂。山西巡撫毓賢將外籍教士和眷屬召至太原，佯稱予以保護，但當這四十四人，包括男女、小孩到達後，他卻下令殺害。在北京，義和團包圍使館區達八週之久。8 月 4 日，二萬名主要由日、俄、英、美、法軍隊組成的聯軍向北京挺進，德國的遠征軍也隨即加入。號稱刀槍不入的拳民

很快就被擊潰，山西、河南、直隸各地的亂事也隨即平定。

　　從 1841 年的「三元里事件」開始，中國的民眾從南到北，被迫和一群面貌迥異的陌生人，以及一套全然不同的文化相接觸。在接觸的過程中，有的受其影響，如洪秀全；有的則與之發生嚴重的衝突，義和團之亂可以說是這種衝突的戲劇性高潮。一批批以農民為主的民眾，以他們所熟悉的中國民間文化、宗教作後盾，企圖以血肉之軀和土製的大刀長矛對抗入侵者的槍砲、子彈。二十世紀中國歷史中最重要的主題之一──民族主義，就在這看似荒唐，卻有些悲壯的事件中，粉墨登場。

　　拳民憑著「刀槍不入」的宗教信仰，挑起釁端，卒致釀成慘禍的事實，更讓知識分子相信：「愚夫愚婦」的宗教迷信實是中國落後的根本原因。他們開始大力抨擊宗教迷信，轉而提倡科學信仰。各種以「開民智」為目的的新措施──白話報刊、閱報社、

圖 14–7　八國聯軍攻佔北京後，被洋人和清巡捕逮捕的義和團拳民。

講報處、拼音識字班、半日學堂、新式演說、改良戲曲——紛紛出籠，蔚為近代中國第一波專以下層社會人民為對象的啟蒙運動。這種相信人民潛在力量，並試圖加以開發利用的「民粹主義」，在二十世紀初葉首發其端，而在中共的群眾路線中達到高潮。

第二節　地方勢力的興起

從鄉勇到子弟兵

太平天國勢力坐大後，中央政府的常備軍隊無法平亂。1852年，曾國藩奉命辦理湖南團練，以一介儒生，建立了以地方子弟為主幹的湘軍。後來曾氏又撥出一部分湘軍，協助李鴻章成立淮軍。這一類的「地方軍」，在 1860 年代末期，成為清帝國的主要國防武力。

這種地方軍是從地方防衛團體——通稱為團——演變而成。前面提到，在鴉片戰爭前後，華南社會動盪不安，鄉民通常結合鄰近的幾個村莊，在地方士紳的領導、支助下，組成民團。這種靠「鄉勇」組成的團體，通常又和華南社會的家族組織及市場圈有密切的關係。血緣、地緣，再加上共同的經濟生活，使這些組織有很強的凝聚力，能夠為了共同的利益全力奮鬥。歷來認為中國基層社會缺乏組織，中國人民是一盤散沙的說法，其實是很大的誤解。

1852 年，曾國藩被任命為團練大臣後，就以明代戚繼光等人所著的兵書為組織原則，將家鄉湖南湘鄉的鄉勇逐步擴編。湘軍的規模雖然不斷擴大，但因為成員不是親族，就是來自鄰近鄉里，

所以仍能維持緊密的關係。士兵、將領之間也能建立個人的從屬、效忠關係。這些特質，再加上嚴格的篩選、訓練，及儒家的精神教育，使湘軍的作戰力，遠超過腐化的綠營、八旗軍隊。

　　湘軍成功的另一個原因是待遇優厚。一個普通士兵的薪俸，相當綠營中最高薪餉的兩倍。為了籌措軍餉，除了出售官銜外，就是徵稅。1853 年，一種稱為「釐金」的商業稅開始出現。地方政府在各個交通要津普設關卡，課徵屯積、轉運或生產稅。曾國藩等人因為深受儒家忠君觀念的影響，再加上士紳身分，使他們與統治階層利害與共。換了別人，既有軍權又控制財源，割據稱雄也是很自然的。

群雄並起

　　地方勢力的高張，從義和團之亂中也可以看出。原來政府官員對義和團就分成主撫、主剿兩種意見，義和團進京後，兩派爭執更烈。慈禧宣戰後四天，時任兩廣總督的李鴻章堅決反對，其他實力雄厚的地方大員如張之洞、劉坤一等，也公開反對朝廷的政策。他們和以英國為首的列強，簽訂了〈東南互保章程〉。照傳統「大夫無私交」的標準，這種與外國自訂條約的作法自然是對中央政府的嚴重挑戰。

　　極為推崇洪秀全排滿思想的孫中山與各地革命黨人，以民族（種族）主義為號召，結合了受新式思想影響的知識分子、地方軍隊和長久以來活躍在南方社會的秘密會社如洪門、哥老會，在各地掀起反抗既有政權的武裝革命。這支革命勢力和傳統地方叛亂不同之處，在於他們提出了一套符合時代需求、又自成體系的理論架構：以民族主義推翻滿人的宰制，對抗帝國主義列強的壓

迫，以民權主義對抗兩千多年的君主專制統治，以民生主義解決
長久以來土地分配不平均、人民不溫飽的嚴重社會問題。

在滅洋仇外的義和團之亂，提倡議會制度的變法、立憲運動，
和「有田同耕，有飯同食」的太平天國之亂中，我們分別看到這
三種主義的影子。孫中山承繼了這些歷史課題，卻能別具洞識地
提出「三合一」的對策，也難怪他能贏得知識分子的支持——而
這正是太平天國和義和團所缺乏的。但從中央—地方的觀點來看，
辛亥革命實在延續了十九世紀中葉以來，華南社會的動盪不安，
和對國家權威的挑戰。清廷的覆亡，可以說是這個歷史過程的里
程碑。代表地方菁英勢力的立憲派，在自身利益等因素的考量下，
最後決定倒戈相向，使得改朝換代的革命運動，兵不血刃，迅速
完成，更說明了地方勢力左右全局的影響力，和國家力量式微的
程度。

1912 年，清帝退位，中國表面上有了一個新的中央政府，但
各黨各派爭鬥不已。1915 年底，袁世凱稱帝，欲重新建立君主專
制統治，各省紛紛獨立，展開了反帝制運動。1916 年，袁世凱病
死，他於清末在天津小站籌練的新軍，乘勢崛起，展開了十幾年
的軍閥割據之局。南方各個勢力也以廣州為基地，另建中央政府，
形成南北對立。此後，一直到 1928 年底，以國民黨的黃埔軍校為
班底的國民革命軍在蔣中正的統領下，擊敗其他各地的軍事強人，
中國才又出現了一個形式上一統的政府。

這些軍閥為了雄據一方、逐鹿中原，合縱連橫，結成各種聯
盟。血緣、地緣、師生、校友、親族、黨羽、主從關係，都成了
擴大網路、建立聯盟的憑藉。和半個多世紀前的湘軍、淮軍一樣，
他們握有軍權和財政權。一旦中央政府土崩瓦解，而他們又不再

受忠君思想的制約時，地方割據之局就自然出現。

第三節　現代城市的出現

十里洋場

　　唐代的長安，宋代的開封、杭州，都是當時世界上首屈一指的大都市。明清之世，中國的國內和海外貿易仍然持續發展。到了十八世紀，地區間交流的擴張和人口的劇增，使都市化的程度加強，大概有兩千四百萬人口住在城市中。鴉片戰爭後，沿海的口岸城市對外開放，外國資本、技術、制度逐漸引進，中國城市出現了新的風貌。在矮舊擁擠的胡同房舍，泥濘的道路，舊式的牌樓、茶館之外，出現了現代化的大學、商會、銀行、警察、電車、百貨公司，也出現了新式的工廠、勞工和資產階級。

　　十里洋場的上海是標準的西力衝擊產物。1842 年，上海成為五口通商口岸之一，很快地取代廣州，成為中外貿易的中心。廣州的行（洋行）商為買辦取代。「買辦」一辭，譯自葡萄牙文，原

圖 14-8　熱鬧的上海街頭，廣告招牌、霓虹燈到處可見

圖 14-9　上海的市容

圖 14-10　1917 年在上海成立的先施百貨公司

圖 14-11　上海的先施化粧品發行所

義是買賣時的仲介、經手人。他們受雇於外商，與中國客戶交涉。
這些人很多後來自己也投身銀行、船務、工業發展等部門，成為
二十世紀的中國現代資本家。

　　1909 年，清廷為了準備實施立憲，除設立各級議會外，也頒
布了「城鎮鄉地方自治章程」。上海商人在這些地方自治機構中，
扮演很重要的角色；此外，他們還組織了自己的商會。清末民初之
際，商會、教育會一類自由結社團體的出現，意謂著在政府之外，
地方菁英在民間社會扮演愈來愈積極的角色。上海商人和他們倡
導的組織，在立憲運動和辛亥革命中的貢獻，就是很好的例子。

　　形同「國中之國」的租界區也為上海帶來不同的風貌。由列
強分別向中國政府租借土地而形成的法租界和公共租界（由英美
租界合併而成），有獨立的司法、警察和行政、立法之權，當然是
對中國主權的侵犯。但另一方面，不滿政府的思想、言論及人物

卻在這些「化外之地」上，得到比較多的保護、自由。清末革命
黨人鄒容寫的慷慨激昂的排滿作品《革命軍》，就發表在租界刊行
的《蘇報》上。共產黨 1920 年在上海成立後，左翼文人的活動，
書刊的印行發售，也都與租界有密切的關係。

　　甲午戰爭之後，列強依據最惠國待遇的原則，和日本一樣取
得在中國設立工廠的權利。上海因為交通便利、商業發達、勞動
力充足低廉，吸引了大量外資。棉紡織、機器、造船、造紙、煙
草、食品、航運等各部門都開始快速成長。新設立的工廠吸引了
大量從其他地區湧入的勞工。1910 年，大約有十萬人，到 1919
年前後，已經有二十萬左右的工人在工廠工作。如果再加上交通
運輸、手工業及服務性行業，人數可能有五十萬。工人階級隨著
資本主義和資本家一起出現、成長。西方十九世紀資本主義所面
臨的勞資問題也開始在中國出現，中國共產黨以上海為基地，為
無產階級尋求社會正義的反抗運動，就在這樣的時空背景下登場。

北京黃包車

　　新興的商業城市上海無疑是二十世紀中國最現代的國際都
市，但即使北京這樣一個古老的帝國都城，也開始一步一步緩慢
的轉變。泥濘的「馬」路，漸漸地鋪上堅實的碎石路面。驢車、
馬車之外，路上開始出現了黃包車，乃至汽車。因為老舍的《駱
駝祥子》一書而馳名中外的黃包車，在後世人看來，和辮子一樣，
都是落後中國的象徵，但在 1900 年代，這種輕巧的人拉二輪車卻
是先進的東洋舶來品，在新鋪設的道路上，他們比傳統的驢車更
快捷地奔走 。 在 1915 年 ， 北京的黃包車伕大概有兩萬人 ， 到
1920 年代中，人數增長了三倍。他們的收入和警察、傭人、店員

圖 14-12　1920 年代的北京黃包車與外國遊客

相當，在勞工階級中並不算高，但卻能夠讓一名進城逃難的鄉下地主，在詢問比較之後，自歎不如。

　　城市中新鋪設的馬路旁裝置了水管、街燈、郵筒、公廁，以及電報、電話線，通衢要道旁也架設了警亭。新式警察制度的出現反映城市生活風貌的轉變，早在 1898 年，上海的一位道臺就請了一位日本警官，打算將原有的保甲制度轉換成新式的警察制度。八國聯軍進京後，外國警察在保護皇室財產上的努力讓留守的慶親王奕劻印象深刻，第二年開始，他積極推動新式警察的訓練，聘日本人為北京警武學堂的負責人。各省督撫像張之洞、袁世凱，也紛紛派遣留學生赴日學習警政。

　　除了要應付城市日增的犯罪事件，由於新政的推行和新事物的出現，新式警察掌管的業務可說是包羅萬象。戲曲演出前需先由他們審核，以免有顛覆政府的思想、言論或妨礙風化的場景出現。他們要勸誡百姓戒除因為宗教迷信而焚燒紙錢的「陋俗」，以免引起火災。禁止販賣春藥、赤身裸體。規定養狗的人在十二點

以後就要把狗關在家裡，以免擾人清夢或咬傷路人。要求民眾清掃街道，勸告賣水和飲水者講求衛生，以維護公共衛生，並防止瘟疫。還要發布告示，警告大人小孩不要追著電車跑，以免葬身輪下。這種對公共秩序、公共衛生、公民道德、公眾安全的講求，是此後中國各大城市都要面臨的嚴重問題。

鴛鴦蝴蝶

大量人口的移入，工人階級的出現，外國文化的影響，現代科技的引進，也帶動了新的「市民文化」的發展。從清末開始，各種以遊戲、消遣為目的的小報像《遊戲報》、《笑報》、《及時行樂報》、《花世界》，一個接一個的出現。其中影響最大的是一種叫「鴛鴦蝴蝶派」的小說。這類小說發表在各大報副刊，以及《禮拜六》、《紫羅蘭》等雜誌上，內容多半是關於才子佳人間風流浪漫的愛情故事，佳人又多半是說著一口吳儂軟語的上海名妓。由於當時人常用「卅六鴛鴦同命鳥，一雙蝴蝶可憐蟲」這兩句詩來概括這一類言情小說，所以通稱「鴛鴦蝴蝶派」。

這些愛情小說的性質及流行程度，和 1970 年代流行在臺灣的瓊瑤小說差堪比擬。它們在上海和天津特別受到歡迎，是都市文學、大眾文化的典型。生活在城市的一般民眾，在繁忙、緊張、壓抑、平淡的工作、生活之餘，從這些頑艷哀感的小說中，找到一個想像、逃避和享樂的空間。

鴛鴦蝴蝶派的小說更藉著電影，提供了新的娛樂形式。中國電影在 1920 年代與商業資本結合。從五四以後到 1931 年，共生產了六百多部故事片，其中絕大多數都由鴛鴦蝴蝶派的作家參與製作。此外多是一些武俠神怪片，其中最受歡迎的 「火燒紅蓮

寺」，三年之內拍了十八集。

　　在小說、電影之外，一般人，特別是不識字的民眾，最喜愛的文藝活動就是戲曲。北京的茶館和天橋一帶有各種各樣講唱文學，像說書、彈唱的表演。而北京的每一家饅頭鋪，除了賣饅頭之外，幾乎都兼做一項副業，就是鈔寫唱本，出租給客人。這些唱本像《三國志》、《濟公傳》，原是說書、講唱者的底稿，文字淺顯，一般粗通文字的人都可以了解。而在這些民俗曲藝之外，最受重視的就是京劇和各種地方戲。北京的京劇多在舊式茶樓、戲園演出，梅蘭芳是其中最傑出的演員。上海則從二十世紀初年開始，從日本引進現代化的舞臺、燈光、布景，發展出集聲光色電之大成的「海派京劇」。真馬、真槍、汽車都上了改良京劇的舞臺，這種勇於創新的精神，類似臺灣的金光布袋戲。而不管是京派、海派京劇或越劇、粵劇等地方大戲，在一般人日常生活中的地位，就像歌仔戲之於臺灣民眾一樣。

　　到 1930 年代末期，上海的人口已經增加到五百萬，成為世界三大城市之一。龐大的人口為商業消費文化提供了最好的市場，中外商人也不負期望地用各種聲色犬馬、日用物資來妝點這個「東方巴黎」的門面。1917 年以後陸續建立的先施、永安、新新、大新四大百貨公司，面積遼闊，出售的貨品超過一萬種。1920、1930 年代又加裝了冷氣、電扶梯等設備，是上海人最引以為傲的「四大公司」。遠東最豪華的「百樂門」、「大都會」舞廳，以及戲院、咖啡館、酒吧、跑馬廳和各種等級的妓院，造就出一個紙醉金迷的世界，一個和廣大的內陸中國、貧窮的農村社會迥然不同的現代資本主義世界。

第四節 轉變中的鄉村社會

村落生活

中國幅員廣大，區域性差異極大，農村也不例外。一般來說，華南地區，像四川盆地、江南、福建、廣東，佃農制度盛行，階級分化較明顯；商品化程度高，農民傾向種植像棉花之類價值較高的經濟作物，與市場關係密切；家族組織也特別發達，所以鄉村社會與外在世界的聯繫比較密切。華北地區，像山東、河北，自耕農比例較高；農業商品化的程度較低，農產品多半是自耕自食，產品銷售多半在與鄰村合組的市集中進行，不像華南農民那樣有較強的市場取向；家族組織也不像華南那麼發達。所以比較孤立自主，與外在世界的聯繫比較薄弱。

雖然華北農村與廣大外在世界的聯繫比較薄弱，但與鄰村之間卻有頻密的關係，這一點和中國其他地區的鄉村並無差別。根據一種相當通行的理論，中國的鄉村社區都是以市集（場）為中心發展出來。通常以市場所在的鎮為中心，四周環繞著十八個村莊，構成一個生活共同體或市場圈（見圖 14–13 註）。每一個村莊到市鎮大約有兩里半的路程，一天可以輕鬆來回。市鎮除了有定期的市集或固定的市場外，還有茶園（樓）、廟宇。鄉民在此除了可以買賣農產日用品外，還可以與朋友閒話家常，交換消息。宗教節慶、戲曲演出和其他的社區活動也多半在市鎮舉行。

這樣共同依存的社區生活，當然必須建立在和諧的人際關係上。不論是地主、佃戶，領導者（鄉紳、地主、者老）或被領導

者，都不能逾越尺度，作過度的需索，或不履行應盡的義務。但從二十世紀初開始，這種和諧的關係卻有了變化。上面提到，從太平天國之亂以後，中國將近有一個世紀，面臨了中央政府式微、地方勢力坐大的問題。不過這只是一個大的趨勢，並不表示在這一百年內，國家勢力完全消滅。事實上，在清末力行新政的十年，在國民政府建都南京到對日抗戰爆發間的十年，因為建設和軍費的需要，國家努力從鄉村汲取更多的稅收，而干擾了鄉民原有的生活秩序。在北洋軍閥和日本佔領軍統治時期，情況也是一樣。

原來農民都透過他們所信賴的鄉紳或地方領袖經手稅收的工作，這些包攬財稅的中介人因此賺取了額外的手續費，鄉村卻可以免除官府胥吏、衙役更多的苛索。所以在村民與地方領袖兩蒙其利的情況下，每個人都能適如其分地扮演好自己的角色。

破產的農村

但從二十世紀初開始，滿清、民國、軍閥、日本等各個政府需款孔亟。稅收增加，村中殷實或有聲譽的領袖多不願繼續擔任原有的職務，土豪劣紳型的稅務包攬者取而代之。這些人很多不是村裡的居民，所以能夠無所忌憚的橫徵暴斂。貪污腐化的情形也日益嚴重。鄉民與這些新領導者的關係變得疏離對立，鄉村裡原有的一套權威結構與社會、人際網路也因此逐漸解體。

除了稅收造成的影響外，農民的土地收入與生活狀況也是歷來論者所關心的課題。但在這一點上，學者並無一致的看法。有人認為從十九世紀中葉開始，中國的農村經濟就不斷惡化。農民在地租、借貸、稅賦上，不斷受到地主、商人和統治階級的剝削，土地的分配愈來愈不平均。十九世紀末葉，帝國主義入侵，使得

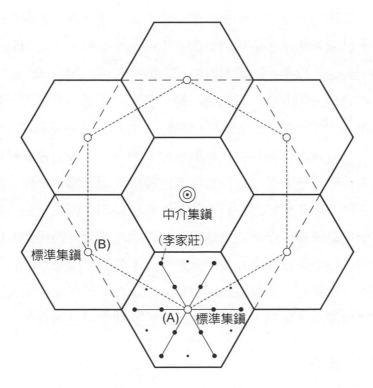

* 村莊
○ 標準集鎮
◎ 中介集鎮
－ － } 中介集鎮的區域，包括三至四個標準
┄┄┄┄ } 集鎮區

依照施堅雅 (G. W. Skinner) 的理論，以四川為主的中國鄉村的市場結構，大致成六角形。每一個標準集鎮可以服務十八個村莊，包括內環六個，外環十二個。中介集鎮則可以服務三至四個標準集鎮區。在市場圈外圍的李家莊到標準集鎮 (A) 或 (B)，距離都差不多。

註：為了滿足一般人民的生活需求，定期市集很早就在中國各地的村落出現。但受限於傳統的交通工具，市場所在地不可能離村落太遠。而巡迴各地的商販也不可能深入每一個村落，所以十幾個村莊形成一個市場圈乃是相當自然又合乎經濟原則的發展。施堅雅的理論不過是將這一個常識條理化，並不是說每一個市場（圈）一定服務十八個村莊。村民也可以在市集所在地從事共同的宗教祭祀、婚姻介紹和較大規模的家族活動。

圖 14–13　鄉村市場結構圖

情勢更為惡化。物美價廉的進口貨取代了手工業製品，而後者往往是農民的主要副業和收入的重要來源。中外貿易商壟斷、控制進口農產品，也對農民和小商人經營銷售的農產品造成打擊。通商口岸快速的經濟發展，不但不能刺激落後的農村經濟，反而剝削、犧牲了農村的發展。親中共的學者和知識分子特別宣揚這種剝削和分配不均的理論，所以到了 1930 年代，農村破產的呼聲高唱入雲。共產黨以農村改革者的姿態崛起，階級鬥爭和土地革命則成了他們的主要工作。

另一派學者則認為以龐大的人口壓力和有限的可耕地而言，華北農村經濟的表現其實相當不錯。除了戰亂時期外，二十世紀農民的生活並不比十九世紀更壞。中國農村的根本問題，在於農業技術的停滯不前。這種對農業技術的重視，從 1920、1930 年代開始，受到另一批農村改革者的重視。這些受過高等教育（很多是留學生）的知識分子，同樣相信百分之八十以上的農村人口是中國問題的所在，也是中國希望的所在。他們要改變農民的「愚、窮、弱、私」，而致力於鄉村的建設運動。

在 1930 年代初，將近七百個鄉村建設團體中，晏陽初在河北定縣展開的實驗工作，是一個最好的例子。晏氏是美國耶魯大學的畢業生，1920 年代開始在中國各大城市推展平民識字運動。後來他號召許多學有專精的知識分子到鄉村實際從事改革運動，其中最重要的就是農業技術的改良。他們引進或實驗新的品種，增加棉花、小麥、高粱、玉蜀黍的產量，改進豬、雞等牲畜的品質，然後將相關的科學知識、技術在定縣農民中普遍推廣。南京金陵大學農學院和後來農復會走的就是這種溫和改良路線。

不論是溫和的技術改良，或激烈的制度、社會革命，都突顯

出中國農村潛存的嚴重問題。二十世紀的城鄉差距愈來愈大，新式的知識分子，多半居住在有現代風貌的大都市中，與農村生活愈來愈疏離。但或是出於對中國富強的追求，或是因為人道的關懷和對貧苦農民的罪惡感，他們反而更加注意起中國的農村問題。一套新的意識型態——從西方和俄國引進的共產主義，更為知識分子的關懷提供了堅實的理論基礎。不論中國的農村經濟是否真的更為嚴重惡化，但在 1920–1930 年代知識分子的心目中卻認定這是一個真正嚴重的問題，在積極的鼓吹、宣傳下，中國的農村和農民受到無比的重視，而在左派知識分子的引導、參與下，一場改寫中國歷史的群眾運動，從南方富庶的城市，到北方偏遠遼闊的鄉村腹地，開始慢慢蔓延。

研究與討論

1. 義和團的拳民中很多都會氣功，並宣稱能夠降神附體，你認識的人中有人有這樣的能力嗎？你覺得宗教和廟宇在臺灣今天的社會中還有什麼樣的功能和影響？

2. 請試從十九世紀下半葉中國歷史、社會發展的脈絡，來評估孫中山領導的革命運動和他所倡導的「三民主義」。

3. 在今天臺灣的鄉鎮或縣市中，那些人可以算是地方領袖？這些地方菁英在地方上做什麼事？有什麼影響？如果把時空背景推到清末民初的華南社會，你認為地方上重要的勢力有哪些？他們又在地方上做了什麼事情？

第十五章
五四運動
──知識分子的啟蒙運動

「五四運動」狹義的說，指的是民國八年五月四日發生在北京的學生愛國事件；廣義的說，則是一個以《新青年》雜誌和北京大學為中心的新文化、新思想運動。起迄年代，約當 1917 年初到 1921 年底，「五四事件」則是一個分水嶺。由於新文化、新思想的提倡，乃有學生的普遍覺醒；學生的覺醒和示威遊行喚起更多人的關注，使得新文化、新思想的影響，更為普及和深入。

第一節　五四事件

又是日本

民國八年（1919 年）五月四日下午，北京各個學校的三千多名學生，在天安門前廣場聚集，然後在市區遊行示威。學生高喊著「外抗強敵」、「內除國賊」的口號，抗議北洋政府屈從列強的壓迫，在第一次世界大戰後的巴黎凡爾賽和會中，將原來德國在山東的權利，讓給日本。後來出任臺灣大學校長的傅斯年，被選為這次遊行示威的總指揮。他們一路散發一份用白話文寫的「北京學界全體宣言」，上面寫著「中國的土地可以征服，不可以斷

送；中國的人民可以殺戮，不可以低頭；國亡了，同胞起來呀！」

1895 年，康有為領導一千多名舉人，在北京一所宅院集結，聯名上書，抗議清政府簽定喪權割地的〈馬關條約〉。抗議的對象同樣是衰弱腐敗的中央政府，和後來居上的東方列強日本。但抗議者從舉人到學生，從室內到街頭，抗議文字從文言到白話，卻顯示了二十多年間，中國知識、文化界的變化。1890 年代，由康有為、梁啟超、嚴復等人開啟的第一波思想啟蒙運動，到 1910 年代開花結果，產生了中國近代歷史上最重要的新文化運動。

甲午之戰後，日本成為中國最大的外患。民國成立，日本對中國事務的介入與影響，益發深遠。第一次世界大戰中，日本對德國宣戰，然後明目張膽的進佔山東。1915 年，日本又向袁世凱政府提出所謂的「二十一條」，要求中國正式出讓在山東及南滿、內蒙的權利，急於稱帝的袁世凱於五月九日訓令代表簽字同意。其後，北京的軍閥政府又以山東的鐵路作抵押，向日本秘密借款。凡爾賽會議中，日本就以這些正式簽字的密約為理由，再加上列強的支持，名正言順的取得山東。

學生運動的典型

「二十一條」的簽訂，在當時就被視為國恥，並引發了抗日浪潮，巴黎和會則讓青年學生的舊恨新仇一起湧上心頭。他們原就準備以國恥紀念的名義發動示威遊行，五月初從巴黎傳回來的消息，使得動盪的人心為之沸騰。由於局勢的緊急，以北大為首的學生決定提前在四日走上街頭。

這項學生愛國運動，很快在上海等各大城市引起熱烈的回響。商人、工人、店員紛紛加入，罷工、罷市、抵制日貨。十里洋場

圖 15-1 五四運動爆發後，各地的學生、婦女、民眾紛紛走上街頭。

的歌女、妓女也投身「勿忘國恥」的活動。這種以學生為主體的抗議活動，在清朝的專制政體中是三令五申，嚴格禁止。但從五四以後，在民族主義的浪潮和愛國救亡的熱情下，學生運動卻常常成為推動社會改革，追求民主理想的原動力。

1920 年代開始，國共兩黨均積極介入、利用和主導學運。另一方面，由於他們深知學運、學潮的影響力和顛覆力，為了鞏固既存勢力，也毫不留情地壓制學生運動。但作為一個新時代的里程碑，「五四運動」卻成為永難磨滅的標識，為後世知識分子的抗議活動提供了道德的鼓舞和歷史的典範，即使在中共的極權統治下，五四傳統仍然發揮了積極的現實作用。

第二節　白話文和新文學

書同文

「五四運動」能夠在短短幾年間，變成一個影響深遠的啟蒙運動，獲得知識分子和青年學生的支持，與新的書寫工具白話文有密切的關係。事實上，在二十世紀初，白話文就已經有蓬勃的發展。為了開啟「民智」，讓一般粗通文字的下階層民眾也能接觸新知識、新思想，當時許多官府告示都已經改用白話，懷有救國理想的知識分子也開始用白話寫作。從 1900 到 1911 年間，就至少出了一百種以上的白話報。陳獨秀和胡適這兩個在五四時期提倡「文學革命」的領袖，也在清末寫了許多白話啟蒙的文章。

但清末寫白話文的士大夫，基本上看不起白話，認為只能以此來教導無知的百姓，士大夫自己在作詩寫文章時，還是要用高

級的古文或文言文。用胡適的話來說，當時寫白話文的知識分子，都認為「我們不妨依舊吃肉，但他們下等社會不配吃肉，只好拋塊骨頭給他們吃去罷！」

　　「五四運動」卻改寫了白話文的歷史。1917 年初，在美國讀書的胡適和《新青年》雜誌的主編陳獨秀往復討論後，提出了「文學革命」的主張，並很快獲得北大教授錢玄同及北大學生傅斯年、羅家倫等人的支持。胡適在 1918 年初寫的一篇文章中，正式宣告古典文學的死亡。他認為過去兩千年中，中國文人用文言文寫的文學都是沒有生氣的古董。文言是死的文字，自然寫不出活的文學。從《詩經》以來，中國文學中有價值的作品，都是用白話寫的。

　　在十年前，白話還被認為是扔給下層民眾吃的骨頭，現在卻成為新知識分子創作文學作品的「國語」。向來有文化、有教養的士大夫引以為傲的文言文，現在被棄如敝屣。原來是街上拉車子、賣豆漿的一般民眾用的口語土話，現在卻被用來從事最精緻的文學創作。這當然是一個革命性的變化。

　　1918 年 1 月起，《新青年》改由六位北大教授編輯，並且完全改用白話；五四事件後，大多數的學生刊物也開始使用白話。

圖 15-2　五四時期倡導白話文和新文化運動的胡適

白話文運動很快地向全國各地擴展。1920 年，教育部通令全國各級學校廢止文言文寫的教科書，改用白話。新的「國語」就此出現。除了書寫的文字統一改用白話之外，如何讓說不同方言的人說統一的國語，也在這個時候受到普遍的重視。1918 年，教育部正式公布了今天我們通用的注音符號。1924 年，「國語統一籌備會」決定以北京話為標準來修定「國音字典」。1949 年之後，國共兩黨分別在臺灣和大陸雷厲風行地推行「國語」和「普通話」，北京話成為中文世界最通行的語言。在臺灣，國語運動推行的成功，雖然使閩南人、客家人、說各地方言的外省人和原住民能夠輕易地溝通，但在 1990 年代的本土化運動中，政府早期強迫說國語的作法卻引起激烈的批評，說母語（特別是臺灣話）成為新的文化乃至政治認同的表徵。

感時憂國的文人

白話文的使用，確實如胡適、陳獨秀所鼓吹的，帶來了「文學革命」。幾年之內，各大城市裡有一百多個文學社團相繼成立。小說、新詩、散文、戲劇作品的創作帶來了新的文學運動。而在以上海、北京為中心的大城市裡，「文人」成為一種新的職業，也被賦予新的意義。在過去，士大夫或讀書人雖兼具舞文弄墨的本領，但從事戲曲、小說創作的文人幾乎都是在科場上不得意，才轉而從事文學創作。特別是在明清兩朝，四書五經成為科舉取士的正途，戲曲、小說的創作都被視為不登大雅之堂的雕蟲小技。

1905 年廢除科舉，讀書作官不再是知識分子唯一的出路，政治、法律、醫學、新聞等各種專業，都漸漸受到重視。五四新文學運動的出現，則大大提高了文人的社會地位。1921 年，兩個重

要的文學社團，「文學研究會」和「創造社」，分別在北京和上海
成立。中國現代文學史上最重要的作家多半加入。這意謂著他們
把文學當成獨立和光榮的職業，不再只是一種消遣和娛樂，而是
嚴肅的終身志業。除了引介現代的文學技巧和觀念，他們還透過
作品，批評社會、思考人生，在知識分子和青年學生中，引起廣
泛的回響。

　　從 1920 年代開始逐漸嶄露頭角的重要作家中，除了沈從文等
少數例外，絕大多數都有著強烈的感時憂國精神和寫實批判風格。
他們的理想浪漫精神和批判風格，使他們對國民黨主政下的社會
和政治多所不滿，並對共產黨運動有著程度不等的同情和支持。
這批左傾的作家，包括魯迅、茅盾、巴金、丁玲、瞿秋白、郭沫
若等人，在 1930 年代形成有組織的反對勢力。五四時期倡導的
「文學革命」，和現實政治、社會情勢的結合日趨緊密，轉而成為
「革命文學」。

第三節　新思潮

打倒孔家店

　　除了學生運動和白話文、新文學的提倡，「五四運動」在文
化、思想、社會方面也有深遠的影響。五四的領導人物一方面猛
烈地攻擊舊傳統，一方面介紹引進各種新的思想、主義和制度，
用胡適自己的話說，他們是用批判的精神重新評估一切價值。這
種批判的精神也正是西方十八世紀啟蒙運動的根本精神。

　　以胡適、陳獨秀、魯迅為首的新知識分子，對儒家所代表的

傳統，進行史無前例的激烈批評。他們反對傳統社會中男尊女卑
的家庭制度、道德倫理，反對孝道和對婦女的壓迫（包括纏足、
三從四德、婚姻制度、單方面的貞操觀念），開啟了中國歷史上最
重要的婦女解放運動。1918 年，魯迅在《新青年》上發表他的第
一篇短篇小說〈狂人日記〉，將仁義道德比作「吃人的禮教」，對
舊社會、舊文明做了最簡捷，也最具震撼力的指控。「打倒偶像」
成為這一代知識分子的心聲，儒家思想被等同於「孔家店」，成為
主要的箭靶。

西方思潮

　　他們一方面主張破壞舊傳統、打倒舊偶像，把線裝書丟到茅
坑裡；一方面提出「全盤西化」的說法。從「師夷長技」、「中體
西用」到「變法圖強」、提倡「西學」，再到盡棄傳統、「全盤西
化」，知識分子的言論、思潮，
一代比一代激烈。他們對中國傳
統文化的信心日漸消蝕，到五四
時跌到谷底。在西化的風潮下，
他們致力引進西方思想，其中最
重要的是科學與民主。因為提倡
科學，所以反對宗教迷信。因為
提倡民主，所以反對專制統治。
在此後漫長的現代化過程中，這
兩個目標一直是中國知識分子
努力的重點。

圖 15–3　在中國近代文學思想史上
有重大影響力的魯迅

　　介紹西方思想的工作，事實

上從 1890 年代就已經開始，嚴復是最主要的代表。他有系統的翻譯西方經典，將自由主義、社會達爾文主義介紹到中國。其中達爾文「物競天擇、適者生存」的進化觀更強化了知識分子的危機意識，成為一般愛國志士的「口頭禪」。胡適 1900 年代在上海讀書的時候，一個同學叫孫競存，一個叫楊天擇。本名胡洪騂的胡適也用「適之」為字，並在 1910 年正式改名胡適。不過嚴復的翻譯，用的是艱深的古文，只有一部分的知識分子能夠了解，五四的白話文運動則使新思想的傳布更普遍廣泛。

　　除了民主、科學外，五四時期受到重視的思想還包括無政府主義、自由主義、個人主義、寫實主義、功利主義。胡適是提倡自由主義和個人主義的代表人物。但在一個農民佔人口絕大多數，貧窮、衰弱、文盲仍是嚴重社會問題的環境下，胡適等人的信仰顯然是一個遙不可及的理想。日趨激烈的知識分子，對自由主義所主張的溫和漸進改革方式既無耐性，也無信心，他們要求一個能夠解決所有問題，並使中國在短時間內達到富強之境的萬靈丹。1917 年的俄國大革命，為急迫的知識分子提供了另一種選擇。先後擔任過北大圖書館館長和教授的李大釗，就是第一個對俄國大革命和馬克思主義做出熱烈回應的五四知識分子。他和曾任北大文學院院長的陳獨秀，在 1920 年，成為中國共產黨的共同創始人。

北京大學

　　五四新文化運動，北京大學扮演了舉足輕重的地位。北大的前身是清末的京師大學堂，1912 年，中華民國成立後，改稱國立北京大學，嚴復曾經擔任七個月的校長。1917 年，蔡元培出任北大

校長，才將一個學生被稱為「老爺」，學校被稱為「探艷團」、「賭窟」的官僚養成所，轉化成中國現代史上最負盛名的高級學府。

　　蔡元培的最大貢獻就是把大學當成學術研究機構，並致力提倡思想學術自由。校務基本上是由教授，而非行政人員或官員控制。在兼容並蓄的原則下，他聘用秉持各種文化、政治立場的教授到北大任教。從保皇黨、國故派，到自由主義、社會主義、無政府主義者，應有盡有。他也鼓勵學生自治，組織各種社團。傅斯年、羅家倫、顧頡剛、康白情等人創辦的「新潮社」和《新潮雜誌》就是典型的例子。此後，學生或青年自行創辦的社團、雜誌如雨後春筍一般，在全國各地萌芽。學生積極參與政治、社會活動，也由五四時期的北大開其先河。

　　1918 年，深受《新青年》影響的毛澤東，來到新思想和文化革命的發源地北京，在北大圖書館任職期間，他完全未受到當時主流知識分子的重視，但卻在李大釗的影響下，開始接觸馬克思主義。1919 年初，毛回到湖南，在他創辦的「新民學會」中介紹俄國革命和馬克思主義。激烈的五四新文化運動，孕育了一批批奮勇向前、「衝決網羅」的知識分子和青年學生，也開拓了廣闊的思想空間和選擇途逕。毛澤東所代表的共產主義脫穎而出，主宰了億萬蒼生的浮沉。

研究與討論

1.從甲午戰爭、立憲與革命、五四運動到對日抗戰，日本一直和中國近代歷史的發展有密不可分的關係，請你概要地分析一下日本對中國近代歷史的影響。臺灣由於曾被日本統治過，所以受到日本文化很大的影響，一直到今天，這種影響還是很強烈，可不可以從你日常生活食衣住行育樂各方面舉幾個例子？

2.五四運動期間，學生為什麼要走上街頭？你對學生運動有什麼看法？1949年以後，臺灣和中國大陸，仍然有以學生為主體的知識分子抗議運動，你可不可以找幾個例子加以比較？如果可能，請你跟韓國、日本以及其他國家也作一個比較。

3.從鴉片戰爭後的「師夷長技」到五四運動時的「全盤西化」，中國知識分子對西方文化的態度有了深刻的變化，請概略地分析這種轉變的過程。每個時期的代表人物有哪些？

第十六章
共產中國

第一節　共產黨的興起與發展

馬列主義

　　社會主義在 1900 年代初期就被介紹到中國，不過當時最受知識分子重視的是無政府主義。在巴黎和東京留學的中國學生，醉心於普魯東、巴枯寧、克魯泡特金等人對各種權威——包括政府、國家和家庭——的攻擊。這些無政府主義者所提倡的平等思想，特別是個人和婦女的解放，以及農民不再受剝削之苦，讓新一代的中國知識分子為舊中國的舊問題，找到一個全新的理論基礎。如果我們不了解社會主義中這種強烈的人道主義精神，就不能理解：為什麼半個世紀中，一批一批傑出的中國知識分子，為了一套激烈的烏托邦思想，前仆後繼，死而後已。

　　1917 年，列寧成功地領導俄國建立世界上第一個共產政權，也改寫了中國社會主義思想的發展。所謂的「馬列主義」取代了無政府主義，成為中國社會主義思潮的主流。列寧對共產主義最大的貢獻在於他對共產「黨」這種組織的倡導，他認為要喚起人民的反抗意識，動員人民的行動力量，就必須將一批信仰馬克思主義的菁英分子，一批職業的革命黨人，組織起來，然後透過這一由上而下的黨組織，去宣傳主義，動員民眾。這批由職業的革

命幹部組織的革命政黨，對中國國民黨和共產黨的組織都有深遠的影響。以黨領政、以黨領軍的運作模式，也為國共兩黨一體遵行。「黨國」以及「黨政軍」的概念，均由此衍生而出。

中國共產黨從創黨開始，就受到俄國和共產國際的影響。按照正統馬克思主義的說法，資本主義發展到極致後，造成種種罪惡，就會有無產階級起來革命，將歷史的發展帶向社會主義的階段。這些不分國籍的無產階級以工人為主幹，因為受到資本家和工廠制度的剝削、壓迫，一無所有，所以聯合起來，向資產階級宣戰。中國共產黨的早期領導人，如陳獨秀、瞿秋白、李立三以及留學俄國的王明等人，基本上都遵循正統的馬列主義路線，在城市裡策動工人革命。

農村包圍城市

毛澤東在中國乃至世界共產黨裡的獨特地位，正在於他將農民當成共產運動的主體，發展出「農村包圍城市」的策略和游擊戰術。1927 年 10 月，毛澤東在「兩湖秋收暴動」失敗後，帶領大約一千名部眾，逃到江西、湖南交界的井崗山。井崗山打游擊的實際經驗，讓毛放棄了共產國際的理論，並開始發展他自己的農民革命論。井崗山推動的激烈土地革命政策，引起富農、地主的反對，也讓毛開始更進一步地探索農村生活的實況。

從 1930 年毛對江西尋烏所作的調查報告，我們可以看出，他對鄉村的經濟生活、市集活動、家族組織、寺廟、道觀等宗教團體的財富、分布，都比以前有了更深刻的體認。對鄉村實際生活的深入觀察，使他對如何動員民眾，如何利用村民的矛盾衝突，推展階級鬥爭，別有創見。

　　當共產黨在江西逐漸建立一個紅色根據地時，蔣中正領導的國民政府軍隊，也開始對江西蘇維埃展開一連串的圍剿。1934年，在德國軍事顧問的協助下，第五次圍剿行動成功地將共產黨的據點擊破。這年 10 月，八萬名左右的紅軍殘部展開了中共黨史上著名的「長征」。一年之後，隨毛流竄到陝北的不到一萬人。這批老革命幹部後來就成為中共政權的新貴。

　　這個時候，日本對中國的侵略也一天比一天緊迫。民國二十年（1931 年），九一八事變爆發。幾個月之內，日本軍就佔領了整個東北。東北軍在張學良的率領下，移師西北。接下來，華北各地也一一淪於敵手。在高張的民族主義和愛國心理下，全國團結一致抗日的呼聲，高唱入雲。1935 年 12 月 9 日，數千名北京各級學校的學生在街頭遊行示威，要求政府「停止內戰，一致對外」。七天之後，又有三萬多名學生、教師、市民，走上北京街頭。其他各城市的學生也紛紛跟進。

　　從北伐成功後，聲譽日隆的蔣中正，當然了解人民的抗日情

圖 16-1　「長征」到達陝西的紅軍殘部

緒。但他堅持「攘外必先安內」的策略，對退居陝北的共軍殘部隨時準備做致命的一擊。1936 年 12 月初，蔣飛抵西安，決定對共產「匪」黨做最後一次圍剿。12 月 9 日，「一二九」周年紀念日，西安爆發大規模的學生請願活動。滿懷國恨家仇的張學良，在聽到「中國人不打中國人」、「打回老家去」的口號後，熱淚盈眶，決定採取行動。12 月 12 日清晨，在「哭諫」無效後，張學良、楊虎城決定「兵諫」，向華清池蔣的總部進攻。在這個震驚中外的「西安事變」中，蔣被迫停止內戰。國民黨與共產黨結成統一戰線，在民族主義的旗幟下，一致抗日。

瀕臨存亡絕續關頭的共產黨，因為「西安事變」而得以渡過建黨以後最嚴苛的考驗。民國二十六年，對日抗戰全面爆發後，他們以「革命聖地」延安為根據地，在遼闊貧瘠的華北，一步步擴張，建立邊區政權作為根據地。黨員的人數，據毛的說法，從 1937 年的十萬人，增加到 1945 年的一百二十萬人。而毛在一連串的路線和權力鬥爭後，在 1935 年，長征途中的遵義會議中，確立了領導地位。馬列主義這套源自歐洲和俄國的外來理論，在毛獨具創意的轉化後，經由群眾運動和農民革命的路線，移植到中國的土地中。從洪秀全到毛澤東，外來的宗教、思想，為中國的動亂提供了新的視野和理論架構。但這些民眾運動的領袖要解決的，基本上是同樣的農村問題。

第二節　「新」中國的新秩序與舊傳統

極權國家

1945 年，對日八年抗戰勝利，國共兩黨隨即展開為期四年的內戰。1948 年底到 1949 年初，國民政府在東北、華北的幾次主要戰役中失利，大局迅速逆轉。1949 年 10 月 1 日，三十萬群眾在天安門廣場聚集，慶祝中華人民共和國的成立。從鴉片戰爭以來，長達一世紀的動亂之局暫時告一段落，中國又建立了一個強固的中央政權。

明清帝國雖然被看成中國專制統治的高峰，但代表中央政府的皇權只及於縣，對縣以下的基層社會，政府官員並無法直接有效的控制，而必須依賴地方士紳的協助。具有科名的士紳、擁有財富的地主和華南地區的家族，在地方建設、安全防衛、經濟活動及文化教育等地方事務上，扮演重要的角色，一般人民也享有充分的宗教自由。

共產黨建立的「新中國」，則相當成功地改變了這個舊秩序。到 1953 年為止，中共的黨員多達六百一十萬，透過從中央到村落，從工廠到學校的委員會（黨委）組織，中央政府能夠有效而靈活地滲透到社會的每一個角落，建立一個絕對的極權統治，傳統中國原有的民間社會被徹底摧毀，民間宗教信仰和組織也被查禁。由於可以與國家制衡、對抗的中介團體被摧毀無遺，思想、言論的自由也在 1956 到 1957 年的「百花齊放、百家爭鳴」運動之後，被毛澤東壓制、禁絕，中共因此建立了一個無有其匹的獨

裁統治。

共產經濟

　　在經濟方面，共產黨以馬克思主義為藍圖，逐步廢除私有財產制度。1952 年，土地改革大致完成，所有的農民都依其財產而有一定的階級屬性（如貧下、中、富農）。地主階級則經由公審、群眾大會，被鬥垮鬥臭，幾百萬人慘遭殺害。1953 年，中共透過生產合作社的方式，在農村推展共產共有的集體制。1958 年，人民公社出現，在生產小隊、生產大隊之上，全國兩千個縣共建立了七萬個人民公社。國家取代了地主，直接控制農民的經濟生活。

　　工業方面，中共模仿俄國的策略，大力推展以重工業為主的國有企業。1953 到 1957 年，第一個五年計劃中，整體表現相當成功，經濟成長的速度高於其他發展中國家。在工農兵掛帥的新意識型態下，國有企業工人的地位大幅提昇。從薪資、福利、津貼，到醫療住院、子女教育，國家一手包辦。1949 年以後建立的新的社會、經濟秩序中，這批無產階級成為受益最多的新階級。但在龐大的國有企業體制下，傳統官僚組織的弊病也展露無遺。看似平等的企業體制中，領導者的好惡足以決定工人的待遇與前途，靠關係、走後門、重權威、結黨營私、因循包庇的老問題又一一浮現。

紅還是專？兩條路線的鬥爭

　　中共新政權建立後不到十年，路線之爭又浮上檯面。第一個五年計劃中，犧牲農業以加速工業化的策略雖有成效，卻也走進死胡同。五年之中，農村和都市的人口都快速增加，糧食生產卻

沒有什麼改善。快速的都市化超過都市工業化的發展，大量湧入
的人口無法為工業部門吸收，因而出現了都市失業問題。針對這
種困境，技術官僚建議放慢對重工業投資的步調。毛澤東卻以延
安經驗為例，主張透過群眾動員與道德誘因，使中國的經濟飛速
躍進，超越英美先進國家。基本上，這是紅（意識型態）與專（經
濟技術）的路線之爭。

毛對常規化的官僚制度沒有耐心，他認為要克服制度化所蘊
含的因循怠惰，就必須不斷發動革命，不斷透過思想改造和道德
激勵，讓民眾維持高昂的鬥志、純正的思想，和赤誠的道德。只
有如此，才能向共產主義的烏托邦邁進。

1958 年，毛澤東開始領導人民大躍進。六億五千萬人被動員
起來造橋、修路、築壩，人民在後院裡用土法熔鐵煉鋼。農產品
也在一片情勢大好聲中增產一倍，第二年各地普遍出現荒歉，但
各地仍不斷誇大戰果上報。上級政府乃根據浮誇的數字徵收賦稅，
結果造成一場人為的大饑荒，死亡人數高達兩三千萬。

十年浩劫──文化大革命

毛在這次瘋狂的冒進運動之後，受到元帥彭德懷等人的攻擊，
不得不釋出權力，退居第二線。1965 年底，在江青等人的策劃
下，姚文元在上海刊登了一篇批評歷史劇〈海瑞罷官〉的文章。
明朝的清官海瑞被比成彭德懷，被罵的皇帝則換成了毛澤東。江
青等人批評這齣歷史劇的作者北京副市長吳晗利用歷史人物影射
時政，藉此批評毛澤東的大躍進。1966 年，批評〈海瑞罷官〉的
文章，在全國各地的報刊殺氣騰騰的出現，一場血腥的政治鬥爭，
以文化之名揭開了序幕。

　　1966 年中，毛正式發動攻擊。首先撤銷了彭真、楊尚昆等北京和黨中央高幹的職務。接著在北大、清大發動學生運動。透過大字報、公審，要求消滅一切「牛鬼蛇神」，打倒黨內走修正主義的反革命分子。對劉少奇等人的批鬥，已隱然可見。8 月，毛自己寫了〈砲打司令部——我的一張大字報〉，正式瞄準中共國家主席、官僚機構的首腦劉少奇。為了打倒當權的官僚和黨機構，毛再一次訴諸群眾路線。這一次，他利用的是純真的年輕學生。從 8 月 18 日開始， 他在天安門廣場開始接見來自全國各地的紅衛兵，到 11 月下旬為止，毛先後八次接見的紅衛兵，達一千八百萬人次。

　　在毛「革命無罪，造反有理」的號召下，這群紅衛兵四處串聯，食宿、車費全由國家供給，手拿著《聖經》一般的小紅書《毛語錄》，口中高喊「誓死保衛毛主席」的口號，開始在大街小巷「搧革命之風，點革命之火」。他們向一切既存的權威挑戰，攻擊政府機構，攻擊知識分子，攻擊自己的師長、父母，也彼此自我攻擊。在「破四舊」的呼聲中，對一切舊的思想、文化、風俗、習慣，進行破壞鬥爭。毛的否定、破壞意志，透過這些千千萬萬未成熟的學生徹底實現。在打倒一切的虛無狂亂中，人性的黑暗面如出柙猛虎，一發難收。中國人的心靈，因此受到深刻的創傷。

　　1967 年，紅衛兵派系林立，互相攻訐之際，軍隊也陷於同樣的分裂，加入大混戰之中。面對日漸失控的情勢，毛在重大壓力下，在 1968 年 7 月，下令解散紅衛兵。學生利用價值已失，開始被一批批的下放到農村。文革初期的鬥爭中，學生忙於串聯、破壞、戰鬥，學校形同虛設。此後，大量青年的流放，加深教育的斷層。

第三節 向資本主義之路邁進？

改革開放

　　1976 年，毛澤東在鬥倒了所有的革命同志，包括欽定的接班人林彪之後，病死於北京。以江青為首的四人幫，被看成是毛的打手，文革的執行者，在毛死後，頓失依靠。10 月，中共中央逮捕四人幫，文化大革命正式落幕。

　　文革初期和劉少奇一起被當成黨內「走資派」而受到鬥爭的鄧小平，在幾次戲劇性的起伏後，於 1977 年底正式復出。鄧從 1978 年起開始掌握全權，將中共的發展帶到一個新的方向。表面上，中共中央雖然一再堅持馬列社會主義的基本原則，但在鄧小平「實事求是」的務實哲學下，經濟發展的重要性遠超過對意識型態的效忠。毛澤東的不斷革命論，被實際的治國策略所取代。1977 年的「四個現代化」政策，使領導階層可以努力朝農業、工業、國防、科技的現代化發展，不必只在意識型態的領域作無謂的鬥爭。

　　鄧小平堅持「改革開放」的大方向使國有企業和集體式農業經濟都開始出現重大的轉變，以利潤為導向的個體經濟，和公私混合的體制，使城市和鄉村都出現新貌。蓬勃的商業活動和「一切向錢看」的社會心態，讓人們在「中國式的社會主義」的招牌下，看到資本主義的內涵。

　　但在這個快速轉變的經濟和社會秩序之下，共產中國仍然面臨了一個半世紀以來，許多未能克服的問題。十二億人口的溫飽

固然已大致解決，但過剩的人口、教育水準的不齊，使得勞動人口的生產力無法提昇。經濟發展使沿海城市和內陸腹地的差距愈來愈懸殊。而對一個基於平等主義的政權來說，少數人口快速致富所造成的貧富等差問題，顯得格外尖銳嚴重；再加上官僚的貪污腐化，在在都對統治階層構成嚴重的挑戰。1989 年民主運動的爆發，實與此有密切關係。

乍暖還寒的北京之春

在發展經濟的同時，如何滿足知識分子和一般民眾日漸高張的民主訴求，則是另一個嚴苛的考驗。從 1976 年在天安門爆發的「四五運動」；1978 年底在北京西單開始出現的「民主牆」，以及雨後春筍般出現的要求人權、啟蒙、民主的地下刊物；延續到 1979 年的「北京之春」；一直到 1989 年，震驚全世界的民主運動和天安門事件，清楚地顯示在共產黨的高壓集權統治下，知識分

圖 16–2　北京之春

子和民眾一直沒有放棄對民主制度的追求。天安門則成為一個世
紀來,被統治者批判、抗議精神的象徵。

　　從 1989 年民運,上百萬北京人民的狂熱參與,我們隱隱然看
到一個制衡政府的「公民社會」如曇花之一現。雖然中共的官方
歷史不斷宣稱中國共產黨曾經領導了五四新文化運動,並承繼了
五四傳統,但中共是否能夠真正實踐五四傳統,完成魏京生所說
的「第五個現代化」——民主制度,至今仍然看不出任何跡象。

研究與討論

1. 你覺得共產黨為什麼能夠在 1949 年以後統一中國？他們對農村和
　 土地的看法,和太平天國有什麼共同之處？和 1949 年以後的國民
　 黨又有何異同？
2. 請你讀一、兩本有關毛澤東的傳記(譬如李志綏的《毛澤東私人
　 醫生回憶錄》),以深入了解他人格上的特質和對中國的影響。你
　 覺得他和傳統的帝王有沒有差別？毛統治下的中國和傳統帝國有
　 什麼異同？
3. 請你讀一、兩本和文化大革命有關的小說或記載(譬如陳若曦的
　 《尹縣長》),然後分析一下為什麼文革是一場空前的浩劫。
4. 你覺得當前的中國大陸面臨什麼樣的問題？

第十七章
臺灣經驗

第一節　移民社會

十五世紀末的地理大發現後，歐洲的海上強權紛紛向外拓展商業，建立殖民帝國。此後一個世紀中，西班牙和葡萄牙的艦隊穿梭海上，主宰了世界貿易。但到十七世紀，兩國的地位被後起的荷蘭和英國所取代。大英帝國的勢力更延續到十九世紀。

1840 年的鴉片戰爭，打開了中國本土的門戶，將清帝國漸漸納入世界貿易、外交體系中。但地處中國邊緣的臺灣，卻早在兩百多年前，就與來自西方的貿易帝國有了接觸。1624 年，海盜出身、以劫掠致富的鄭芝龍，在嘉義、雲林一帶建立漢人聚落。與此同時，荷蘭人正據有臺南一帶，西班牙人則從菲律賓轉進臺灣東北角，中部另有原住民以臺中大甲為中心，建立「王國」。臺灣歷史從草莽初闢之期，就受到不同政治、文化勢力的影響，在此後三百多年中，紛沓而至的外來勢力，編織出這個移民社會的主旋律。

原住民

移民社會的主幹是從大陸來的漢人，但在漢人建立各個政權之前，臺灣島上的主要住民是「原住民」。原住民包括「平埔族」和「高山族」。平埔族是住在平地民族的總稱，先受荷蘭人和西班

牙人的影響，後來又與漢人毗鄰而居。他們深受漢文化的影響，很早就失去了原有的風俗習慣，今天我們已經很難辨別他們與漢人的差別。

原住民共有十六個族群，阿美族人數最多，住在花蓮、臺東一帶。達悟族人數最少，集中在蘭嶼。泰雅族分布在中部南投埔里和花蓮山區。賽夏族住在新竹尖石鄉。布農族則分散在南投、花蓮和高雄、臺東的山區，他們與排灣族和鄒族雜居，漸漸失去自己獨有的風俗習慣和語言。此外還有卑南和魯凱兩族。這些原住民屬於南島語系。

漢人入主

鄭芝龍的兒子鄭成功，雖是中日混血，卻以孤臣孽子之心，效忠明室。1645 年，他從小金門出兵，反攻大陸，財源則來自海上貿易。他完全控制了中國海上的航行權，旗下的商行，以日本為外貿重心，建立了當時東方海面上財力最雄厚的大商社。1661年，反清復明的北伐大業徹底失敗後，鄭氏從金門出兵攻佔臺灣，在祭拜過隨身攜帶的媽祖像後，進入鹿耳門，建立臺灣第一個漢人政權。

鄭成功據臺後，帶來數萬漢人。再加上明鄭之前及據臺時，陸陸續續移民或偷渡來臺者，到十七世紀末，臺灣島上的漢人大概有十幾萬，原住民人數也約略相當。明代為了國防因素，從太祖開始，就實行海禁政策，禁止人民渡臺。清政府為了對付明鄭等反清活動，更進一步，下令沿海居民一律向內遷徙三十里，意圖斷絕與臺灣的一切商業活動，封鎖鄭氏政權。

1683 年，鄭成功之孫鄭克塽投降滿清。第二年，清廷討論臺

灣，有人主張棄守，有人主張借給荷蘭人，最後決定在臺灣設府，隸屬福建省，臺灣於是正式納入中國版圖。1684 年，清廷同時取消通海之禁，允許人民出海貿易、捕魚。但對大陸和臺灣之間人民的來往訂定了嚴格的管制辦法，欲渡航臺灣者，需報經官府審核通過，且不准攜帶家眷。

思想起

雖然有這樣嚴格的管制，大陸沿岸人民，或是為了謀生，或是為了避難，仍不惜遠離故土，跨海東來，在充滿了未知恐懼，卻也蘊含希望機會的東南海島，另建家園。和清初的四川等地一樣，臺灣也成為移民的終站。從 1684 年取消海禁後，一百年間，移民臺灣的人數大概有七、八十萬。到十九世紀初，臺灣的人口增加到兩百萬。十九世紀末，割讓給日本前，又增加到兩百五十萬，其中絕大多數來自福建，其次為廣東。

辭別家鄉、渡越海洋、走向未知的痛苦疑懼，使無助的移民者更加仰仗神明的福佑。和海洋、行船密切相關的女性守護神媽祖，因此發展成為臺灣民間信仰中最重要的神祇。從鄭成功在臺南鹿耳門建立第一座媽祖廟開始，媽祖信仰就變成臺灣民眾日常生活和宗教活動中密不可分的一部分。

由於禁止移民攜帶家眷，1684 年後將近一個世紀移民者只能隻身渡海，結果使得臺灣人口結構嚴重失衡，壯丁無法娶妻生子。在福建、廣東一帶的華南社會，原先就有家族、族群械鬥的傳統。因為就業困難來臺發展的青壯移民──特別是後來者──又不能充分就業。臺灣社會於是出現了大量的游民，或所謂的「羅漢腳」。各種叛亂、械鬥及暴力活動層出不窮。好勇鬥狠的精神，一

方面表現在強悍的民風上，一方面也可以從不拘成規、四處開拓的商業活動中窺見端倪。孤苦的移民經驗，再加上數易其主的被統治歷史，則使臺灣文化染上悲涼哀怨的色彩。臺語流行歌曲，陳達演唱的恆春民謠「思想起」，及以哭調為基礎，廣受一般人民歡迎的歌仔戲，都是很好的例子。

日本統治與抗議運動

1895 年，在香港割讓給英國半個多世紀後，臺灣成為另一個被大陸割讓給列強的邊緣島嶼。在五十年的殖民統治中，先進的日本把中國邊緣的臺灣建設成向東南亞殖民的前哨站。日本統治雖加速了臺灣社會與經濟結構的現代化，但在政治方面，則激發了臺灣知識分子與民眾的抗議運動。1915 年以前，武裝抗日活動不斷。在 1895 到 1902 年這個階段，是有組織的抗日時期。從基隆、宜蘭到恆春，大小戰役不下數十次。此後到 1915 年為止，則為個別的武裝起義時期。1915 年，余清芳在臺南西來庵王爺廟策謀抗日活動，他以神仙劉伯溫和符水法術、刀槍不入為號召，組織革命軍，在臺南縣玉井鄉的噍吧哖起事。牽連此案被判死刑的民眾有一千多人，死難的民眾，有人甚至認為高達三萬。這個慘烈的事件為武裝抗日劃下一個句點，此後的抗議運動走向非武裝的政治運動。

這個在 1920 年代達到全盛時期的政治運動，是以士紳和留學日本的新知識分子為主體。他們一方面有著強烈的民族主義意識，一方面又和五四新文化運動時中國本土的知識分子一樣，受到世界思潮——像無政府主義、共產主義、自由主義、民主制度——的洗禮。五四啟蒙運動最醒目的口號之一是「民主」，臺灣的政治

運動也同樣以啟蒙與民主為主軸。1921 到 1934 年的「臺灣議會設置請願運動」就是知識階層向統治者爭取民主的典範。在林獻堂、蔣渭水等人的領導下,《臺灣民報》、文化協會及民眾黨積極鼓吹、推動,前後發動了十五次的請願活動,為臺灣的民主、自治運動發展史寫下重要的一頁。

第二節　國民黨治臺

經濟發展

1949 年,國民黨政府失去大陸後,退居臺灣,建立新政權。共產黨建立的「新」中國,改採社會主義路線和極權統治,並在建國不到十年後,在領導階層間爆發嚴重的路線鬥爭。蔣中正在臺灣建立的新政權,則選擇資本主義制度。由於無人能挑戰中央的絕對領導權,蔣遂能在威權統治下,重用技術官僚——尹仲容、李國鼎是典型的代表——透過從大陸帶來的大批技術、行政人才,貫徹經濟發展,為「臺灣經驗」奠定重要的基礎。由於臺灣經濟發展的成功,也使得國際學術界重新探討國家權力、決策在開發中國家所扮演的角色。

國民黨統治大陸時期在農業、農村問題上的失敗,讓共產黨以農村改革者的姿態崛起,有鑑於此,遷臺後乃特別重視農業建設。國民黨政權和臺灣本土的地主階層沒有利害瓜葛,於是大膽的推行 「土地改革」,並藉此鏟除地方勢力。從民國三十八年(1949 年)到民國六十一年,陸續實施「三七五減租」、「公地放領」、「耕者有其田」政策,解決了土地分配和租佃問題。1948 年

成立的「農復會」，在蔣夢麟、沈宗瀚等人的領導下，致力農業生產技術的現代化。農復會的發展方向，與 1920、1930 年代晏陽初領導的鄉村建設運動，及南京金陵大學的農技改革，實有一脈相承之處。

　　農業現代化對臺灣經濟的貢獻，在提供低廉的糧食與工業原料給非農業部門，同時賺取外匯以供進口工業用的機器與設備。這種「壓擠」農業以發展工業的政策，長期下來，卻造成了農工部門的失衡。農民收入偏低，人力大量外流，農業部門也日漸萎縮。

　　1960 年代開始，臺灣政府設定了出口導向的經濟發展策略，以減免租稅等為誘因，鼓勵中外投資，增進中小企業廠商出口。並在高雄成立加工出口區，以優秀而廉價的勞力促進臺灣對外貿易的成長。從 1961 到 1973 年，對外貿易持續成長。平均每年的經濟成長率達 10.4%，遠高出其他開發中國家。國民所得在 1952 年是五十塊美元，1973 年增到六百九十五美元，1989 年則增到七千五百一十二美元。一個以經濟快速成長為主要內涵的「臺灣奇蹟」，在資源有限的小島上被創造出來。積極進取、無遠弗屆的臺灣商人，像上一個世紀的英國商人一樣，也開始四處拓殖。

民主政治

　　國民黨統治臺灣的前三十年，致力經濟發展，政治上卻不容許任何挑戰。1979 年在高雄爆發的「美麗島事件」，是對國民黨三十年威權統治的最大挑戰，也是臺灣民主政治發展的里程碑。

　　實際上，對國民黨高壓統治的挑戰，從蔣中正遷臺後就隨之開始。1949 年底，《自由中國》雜誌創刊。雷震、殷海光等人以五四傳統自任，在雜誌上積極提倡自由主義和民主制度。 1958

年，從美國返臺接任中央研究院院長的胡適，號召知識分子出來
組織一個在野黨。1960 年，《自由中國》的成員雷震等人宣布籌
組「中國民主黨」。沒有多久，雷震以涉嫌叛亂的罪名被逮捕。

　　1971 年，一批在臺灣接受大學教育的知識青年，創辦《大學
雜誌》。但兩年後，他們所倡導的政治改革運動就沉寂了。其中一
部分成員轉與臺灣本土的民權運動結合，在 1975 年創辦《臺灣政
論》，這是臺灣黨外民主運動的濫觴。創刊人康寧祥、黃信介等，
成為民進黨初期的中堅人物。這批反對運動的領袖，很快地藉著
選舉，拓展他們的影響力。1977 年的地方選舉，「黨外」人士贏
得四名縣市長及十四名省議員的席次，國民黨遭到前所未有的挫
敗，臺灣的議會民主政治乃現雛形。

　　選舉的勝利，使得由「黨外」和本土人士主導的民主運動益
形蓬勃，群眾運動不斷發展。1979 年，《美麗島》雜誌創刊，網
羅了臺灣各地的黨外人士。這年年底，高雄爆發激烈的衝突抗爭，
美麗島雜誌社所有重要成員都鋃鐺入獄，統治者和抗議者的對決
達到最高潮。黨外菁英雖然在這次事件中被一網打盡，反而突顯
了統治者的壓迫、不公，和他們這群被迫害者的正義、勇敢。黨
外人士敢於和國家的警察、武力對抗，更將反對運動的尺度向前
推展。民主抗爭的潮流雖有頓挫，卻再也不會回頭。1980 年底，
多位「美麗島事件」受難者的家屬以高票當選中央民代，正式籌
組反對黨的共識也逐漸形成。

　　1986 年，在「美麗島事件」後流亡到美國的許信良，宣布要
在海外組黨。島內的反對勢力快馬加鞭，在 9 月成立「民主進步
黨」。時任總統和國民黨主席的蔣經國，在盱衡局勢後，宣布解除
黨禁。兩黨民主政治，到此確立。接下來，各種社會力量匯聚加

速政治自由化的步調，1987年，長達三十八年的戒嚴令正式解除。1988年元旦，報禁也正式解除，臺灣人民在集會、結社權利之外，也開始享有充分的言論自由。而在反對黨和群眾、學生的不斷抗爭下，長年未改選的立法委員和國民大會代表，在1991年底退職，國會全面改選。1994年底，臺灣省長和臺北、高雄市長由官派改為民選。1996年，總統也已經由人民直接選舉產生。

　　一個中國歷史上前所未見的民主政治，到此可說是燦然大備。但在民主制度建立的過程中，也出現了各種流弊，其中金錢、暴力的介入，特別受到詬病。而一些民意代表坐享特殊的權益，則讓人想到清末的地方士紳，或民國時期的土豪劣紳。

多元化社會

　　隨著經濟的持續發展和政治的自由、民主化，臺灣到1980年代末，已經成為一個相當現代的多元社會。集會、遊行、請願活動不斷，各種各樣的社會運動蓬勃發展，異議聲音此起彼落。原住民、婦女、同性戀、工人、農民、殘障者、消費者、老兵，紛紛走上街頭，爭取權益。這些運動反映出：定於一尊的價值觀逐漸崩解，人們試著建立一個更具包容力，更重視人權的生活環境。

　　經濟的發展和社會的開放，也促成了一個消費力驚人的商業性大眾文化。明亮的百貨公司陳列著從世界各地進口的服飾、化妝品和器具。昂貴的酒廊、普及的KTV、銷售量龐大的國臺語流行歌曲、包裝精美的偶像明星和爭議不斷的日本漫畫，為二十世紀末的臺灣人，提供了便捷快速的感官聲色之娛。

第三節　國家認同與現代化的困境

二二八事件

　　民國三十六年二月二十七日，臺北圓環附近，發生因為查緝私菸，引起警民對立的案件。第二天，不滿的民眾罷工罷市，包圍長官公署，公署衛兵開槍還擊。由此引發一連串官民對立與省籍衝突事件，並蔓延至全省各地，這就是對臺灣歷史有深遠影響的「二二八事件」。動亂在各地展開，當時手握臺灣軍政大權的陳儀、柯遠芬、彭孟緝等人處置失當，在動亂大致平息的情況下，從三月起在各地展開「清鄉」，大肆株連，逮捕無辜。又不經公開審判，逮捕處決民眾。其中有許多是臺籍菁英與知識分子。

　　臺灣的漢人原本來自中國，卻在〈馬關條約〉之後被自己的母國拋棄，淪於敵手。在激烈的抗爭失敗後，多數人無奈的接受現實，變成日本國民，學習說寫日文。在五十年的異族統治之後，這些相當程度日化的臺灣人再度簞食壺漿的歡迎王師登陸，重新學習漢語，再為漢人。沒想到不久前才夾道歡迎過的祖國政府、軍隊竟對他們妄加迫害，臺籍人士的憤恨之情不難想像，也讓他們再一次面臨認同的考驗。此後，本省人把國民黨和外省人等同為外來統治者。被迫害的經驗，隨著時間沉澱為本省人的集體歷史記憶。黨外人士對抗國民黨統治的民主運動，一個重要的來源，就是這種被迫害的歷史經驗。由於政治、社會的解嚴和兩黨政治的確立，在 1990 年代初期，這段被壓抑、塵封了近半個世紀的歷史記憶，才一個一個地被揭露出來。

　　1995 年 2 月 28 日，由政府興建的「二二八紀念碑」在臺北新公園落成。時任總統的李登輝以國家元首的身分，在紀念儀式中承認政府所犯的過錯，並向罹難者家屬和子孫表達深摯的歉意，希望人民能由此走出歷史的悲情。長久以來，二二八被當成一個「圖騰」，強化了外省人與本省人，統治者與被統治者，當權者與被壓迫者的對立。1990 年代喧騰不已的族群問題，實與此有關。在政治權力資源重新分配之際，族群間的矛盾也常常被刻意的渲染、誇大。當二二八作為政治抗爭運動的象徵意義告一段落之後，如何弭平因此引發的族群傷痛，是每一個社會成員都必須正視的現實問題。除了互相容忍外，學者也呼籲本省人和外省人以傳統儒家思想中的恕道為原則，設身處地的為對方著想，尊重彼此的語言、歷史與文化。

　　因「二二八事件」造成的省籍對立，隨著臺海兩岸政治、經濟、文化的差異，和民進黨的發展，在 1990 年代初，漸漸轉化成日益激烈的統獨爭議和國家認同問題。由臺籍菁英為主體組成的民進黨，以臺灣自決、獨立建國為號召，和揭櫫統一的新黨旗幟鮮明對立，和主張漸進統一的國民黨也明顯有別，三黨競相爭取選票。國家認同和統獨爭議不幸地混淆在一起，成為民主化運動後臺灣政治社會最嚴重的問題。

邁向二十一世紀

　　快速的經濟發展，則使臺灣面臨各種現代化的困境。其中最嚴重的是生態與環境污染。從 1970 年代，臺灣經濟起飛以後，學者、民眾和立法者，就已經開始注意到空氣、河川、土壤污染和噪音造成的公害。此後，農藥氾濫、垃圾、核能廢料也一一搬上檯面。

到 1980 年代，官方的環境、生態保護機構陸續成立，相關的法案陸續通過。反污染和生態保育也成為民間社會運動的重要工作。如何在經濟發展和環境保護之間取得平衡，對地狹人稠、快速現代化的臺灣顯然是更急迫的考驗。而在政治勢力介入各種社會運動的趨向下，如何客觀地評估與環保密切相關的各項經濟建設，以減少為反對而反對的泛政治化流弊則是另一個嚴肅的課題。

　　臺灣在政治、經濟、社會成功的現代化之後，如何建立現代化的觀念與行為是亟待解決的問題。以小農經濟為基礎的傳統中國文化缺乏現代社會所需要的公民觀念。由於不能隨著社會的發展，建立一套新的公民觀念和公共規範，臺灣都市的日常生活中，充斥著隨處可見的失序和衝突。如何從法律、教育等層面入手，建立一套新的群己關係準則，是邁向二十一世紀的臺灣居民應該共同承擔的責任。

研究與討論

1. 訪問你的祖父輩及父親輩的親友，看他們所感受到的臺灣社會的變化。而在你成長的十幾年當中，你覺得臺灣社會有什麼明顯的轉變或特色？比較這三代人的看法。

2. 我們為什麼說臺灣是一個「移民社會」？你是否可以從日常生活中經歷的語文、族群問題和文化現象，來說明「移民社會」的特質。

3. 什麼是「二二八事件」？試選兩三種書閱讀，並分析這事件對臺灣的影響。

4. 你是不是可以從實際生活的經驗，探討一下臺灣今天面臨的各種問題？

結語——中國文化的未來

　　讀過本書，對幾千年來中國文化的形成、發展和興衰可以獲得一個粗略的梗概。不論出於好奇或關懷，有人也許要問中國文化的未來會怎樣？興或衰？光彩或暗淡？按理說，歷史家不是預言家，是不作興推測未來的，但歷史學既然不是純粹的古董，讀史的目的也想知古而鑑今，根據過去的發展大勢，衡量客觀條件，對未來的走向也可能有一些看法。

　　近現代這一兩百年，中國文化跌到谷底，西風壓倒東風。物極必反，對於中國文化的評價也趨於兩極化，每每落入意氣之爭，不是貶斥就是迴護。其實「浪淘盡千古風流人物」，文化亦然，適合時代，人民們能接納的，自然保留下來，否則勢必遭到淘汰。然而由於政策的決定或社會的自覺，特別強調或提倡，喚起大眾的醒悟，某些文化也可能比較能夠保留或快速淘汰，所以人為的因素也不能排除。大概民生日用之常，衣食住行方面自然因素佔的比率大些，如傳統服飾基本上只存在於某些儀式性的場合而已，但中國菜則屹立不搖，這一類的淘汰或保存都不是任何人能干預的。有些方面人為努力倒可補救自然趨勢，譬如和人們生命息息相關的醫療，過去將近一個世紀，中國傳統醫學幾乎被西方醫學淘汰，但經過多年來的研究、改進，中醫逐漸再確立它的地位。一般所謂吸收外來文化長處，融合於傳統文化之中的創新或改造，大概都屬於這一類。

　　不過從未來世界的急切需求來看，中國文化倒有一些方面可

以提供給全人類參考。人類未來總的需求是和諧——人與自然的和諧，人與人的和諧，以及人與自己的和諧。西方文明強調物我對立，崇尚征服自然、利用自然，但自二十世紀下半葉以來，人類逐漸嚐到征服自然所帶來的苦頭，反過來重視生態、環保，要求珍惜資源，與自然和平相處，中國的道家文化崇尚自然，與大自然合而為一，正和西方的反省可以互通。這應是未來中國文化能對世界文明提出貢獻的地方之一。

　　其次，由於交通資訊突飛猛進，二十一世紀人類真正進入「天涯若比鄰」的時代，所謂「地球村」的觀念也將具體實現。人與人愈緊密，但過去不同的民族文化傳統依然存在，人類必須懂得適當的對待之道，才可能和諧相處。中國的儒家雖輕忽純知識的探索，對生前死後的「世界」也沒有興趣，但它專注現世人生，講求人際相與的倫理，對未來人類可能有很大的啟示作用。儒家始祖孔子一生追求的人生最高目標是「仁」，就是講人與人相處的道理，譬如父親對兒子，一個要慈，一個要孝；哥哥對弟弟，一個要友愛，一個要恭敬；丈夫對妻子，一個要和易，一個要順從；朋友之間則要互相信任。至於不相識的人，「仁者愛人」，對任何人都要出之以愛。待人處世，據曾子解釋，孔子有一貫的道理，那就是「忠恕」，「忠」是審核自己從嚴，看看有沒有盡自己最大的力量；「恕」則是對待別人從寬，處處為別人設想，也就是孔子另外說的「推己及人」。未來世界要和平相處，大概不出仁愛、忠恕之道和推己及人吧。

　　人生在世不及百年，對許多超自然的現象或想像不能解答，於是歷史上形成各色各樣的宗教，人們崇信膜拜，以求得心靈的安頓。一般學術概念歸入人與超自然的關係，其實也是人與自己

的和諧問題，中國的宗教以及不具儀式的人生義理都發揮這方面的功能。和基督教或回教文化相比，中國文化對待不同的信仰較具包容性，幾乎不曾因為信仰不同而發生過戰爭。中國文化這種特質對未來人類的和平一定具有正面的意義。

以上指出中國文化重視和諧的特性，人與自然、人與人、人與自己的和諧，這是中國人能對世界人類有所貢獻的歷史文化資產。但另一方面，中國文化中也有不少違反人性人權，和時代潮流背道而馳的成分，應該加以清除。

中國文化的一大指標是皇帝制度，雖然在中華民國建立時，形式上就取消了，但皇帝制度的精魄一直陰魂不散，迭有形形色色的皇帝登場。最諷刺者，莫過於高舉著「人民」招牌的毛澤東，兩千年來，中國沒有那個皇帝比他更「皇帝」。而到 1980 年代，臺灣的中華民國政府已經穩健地走上民主之路；中國大陸的民主還有一段坎坷的路要走，個人權威或神權統治的落幕並不表示集權政治的終結。中國長期以來實行中央集權的統治，或說集權是常態，或「理想」狀態，分權是變態，或「亂象」。不過，今天我們不免要問：政府的最終目的是什麼？為什麼而存在？這個問題在二十一世紀，中國人當會追問得更緊。兩千三百多年前的孟子說過「民為貴，社稷（國家）次之，君（政府最高領導人）為輕」，如果那一天能具體落實，那才是中國文化的一大革新。

中國文化也有一種王道思想，對內，認為政府的存在要以人民衷心的支持為基礎，對外則強調「以德服人」，但可惜都和「民為貴」一樣，只停留在思想的層次而已，從沒有真正落實過。現代的中國不只對臺灣，即使對西藏或新疆，北京政府隨時準備「以力服人」。人類歷史走到二十一世紀，還靠槍桿子維持政權，實在

是野蠻的象徵。中國文化的未來有沒有光彩，當以人民有無意願作為國家的子民來衡量，也就是以古代王道思想能不能落實作為判定是否文明的準則。

　　我們現在在臺灣該如何看待中國文化？對於未來中國文化的發展我們該扮演什麼角色？在傳統中國人的心目中，臺灣原是東南邊陲的「化外」之地，但隨著近世海通，歷史重心從大陸走向海洋，臺灣轉而居於樞紐的地位。客觀而言，臺灣文化包含大量的中國文化，雖然她還有其他的文化成分，但臺灣這些年來的成就不能說與中國文化優良面沒有關係。以臺灣具備的優越條件，應有能力創造一種新文化，提供中國文化未來發展參考。

　　本書「導言」開宗明義就說過，文化是生活方式的總體表現，上文指出中國文化含有和諧的成分，但也存在不少的不合理性，都是從人的生活著眼的。讀者當然也可以採用別的指標，另外檢驗，但如果脫離人的生活，而侈談文化，恐怕沒有什麼意義吧！

圖片出處

國立故宮博物館

各篇扉頁：宋劉松年博古圖。

圖 2-4：良渚文化晚期玉璧。

圖 2-6：良渚文化晚期玉琮。

圖 9-1：明仇英觀榜圖。

圖 9-2：無款人物；無款古木竹石。

圖 11-1：清姚文瀚畫賣漿圖。

圖 12-10：明雕犀角荷葉式杯。

圖 13-4：清謝遂職貢圖（四）。

Wikimedia Commons

圖 1-2(By Zhangzhugang)、6-1[By Felix Andrews (Floybix)]、8-1、9-4、10-3、10-4(by Rolfmueller)、12-3、12-5、12-7（by 三猎）、12-8、12-11、13-1、13-2、13-3、13-5、13-6、13-8、14-1、14-6、14-7、15-1、15-2、15-3、16-1。

本局繪製

圖 1-1、2-1、2-2、2-3、4-2（線描圖）、4-4、5-1、5-2（線描圖）、8-2、8-3、8-4、9-3（線描圖）、9-6（線描圖）、10-1（線描圖）、11-2（線描圖）、12-1、12-2、12-4、12-12、14-13。

其他

圖 1-3：徐光輝〈東アジアの環濠集落から見る倭国との交流〉，なみはや歴史講座第 103 回，2018 年。

圖 1–4～6：本局重繪自劉叙杰著，《中國古代建築史》第一卷，北京：中國建築工業出版社，1984 年。

圖 2–5：(WordPress) bronzes chinois antiques，現藏於舊金山亞洲藝術博物館。

圖 4–1：大紀元文化網 (https://www.epochtimes.com/)。

圖 4–3：睡地虎秦墓竹整理小組著，《睡地虎秦墓竹簡》，北京：文物出版社，1979 年，頁 119。

圖 4–5：俄羅斯百科全書網站 (https://bigenc.ru/,Р. Р. Ибрагимова, ХА́НЬСКИЕМАВЗОЛЕ́И)。

圖 6–2：現藏於大英博物館。

圖 9–5：宮崎市定，《科挙——中国の試験地獄》，東京：中央公論新社，1963 年。

圖 10–2：阮榮春主編，《絲綢之路與石窟藝術》第三卷，遼寧：遼寧美術出版社，2004 年。

圖 11–3：金瓶梅圖，明崇禎木刻版畫。

圖 11–4：蘇軾，《東坡易傳》，明烏程閔氏刊朱墨套印本。

圖 11–5：清代畫作。

圖 12–6：古代文字資料館網站 (http://kodaimoji.her.jp/)。

圖 12–9：Shutterstock.

圖 13–7：天朝大慶：皇清盛典展，中央研究院歷史語言研究所歷史文物陳列館。

圖 14–2：Thomas H. Reilly, *The Taiping Heavenly Kingdom: Rebellion and the Blasphemy of Empire*, 2001.

圖 14–3：現藏於英國劍橋大學。

圖 14–4：中文百科知識網站 (https://www.easyatm.com.tw/)。

圖 14–5：A. H. S. Landor, A Boxer Recruit at Drill, *China and the Allies*, New York: Charles Scribner's Sons Press, 1901, p. 148.

圖 14–8：澎拜新聞網站 (https://m.thepaper.cn)。

秦漢史論稿（二版）

邢義田／著

本書收錄論文計十一篇，書評與資料介紹共六篇，全書四十五萬言。論文所涉從天下觀到山東、山西之分野，從鄉里聚落到壁畫發展，雖似漫無涯際，實則皆以探究秦漢政治與社會生活之關係為重心。言天下觀、皇帝制度，意在說明中國中心之天下觀如何形成，皇帝又如何而為「萬物之樞機」（董仲舒語）。

隋唐史（上）：盛世帝國

王壽南／著

描繪隋唐帝國的盛世景色和興亡輪替，並廣及璀璨瑰麗、影響深遠的文化風采。本書從政治史的角度切入，看隋朝如何統一南北分裂百餘年的中國，卻又不到半世紀便崩毀滅亡？而李氏一家如何真正終結亂世，創建威震天下的大唐帝國？中國唯一的女皇帝武則天、唐玄宗與楊貴妃的纏綿悱惻、安史之亂與盛世的終結……帶您一覽隋唐兩代的風起雲湧！

隋唐史（下）：璀璨文化

王壽南／著

描繪隋唐帝國的盛世景色和興亡輪替，並廣及璀璨瑰麗、影響深遠的文化風采。本書分專章介紹隋、唐時代的制度與文化。科舉考試考什麼？入朝為官小訣竅？均田、租庸調、兩稅如何維繫國家命脈？而在盛唐帝國的滋養下，更成就文人雅士創造出意境深遠、萬古流芳的絕妙好詩。世界帝國的制度特色與豐富文化內涵，盡在書中！

南宋地方武力（修訂二版）

黃寬重／著

本書論及南宋為何以江南半壁山河能夠立國百餘年之原因、南宋政權之性質以及南宋對強幹弱枝國策的重大修正，而且將地方武力的問題置於南宋中央與地方關係的脈絡中討論，充分掌握了時代特性與問題關鍵。具有高度原創性，對瞭解宋代軍事、政治與社會貢獻甚大。

明清史（三版）　　　　　　　　　　　陳捷先／著

當過和尚的朱元璋如何擊敗群雄、一統天下？何以神宗皇帝二十
多年不肯上朝理政？雍正有沒有改詔奪位？乾隆皇究竟是不是漢
人？中國歷史悠久綿長，明清兩代是上承帝制下啟共和的重要關
鍵時期。作者以深入淺出的筆法，清晰地介紹明清兩朝的建國歷
程和典章制度；並以獨到的見解，臧否歷任帝王治績、析論兩朝
盛衰之因，值得關心明清史事的人一讀。

明朝酒文化（二版）　　　　　　　　　王春瑜／著

在中國歷史的長河之中，酒從一種飲品變成一種文化，上至政
治、外交、律法，下至文學、禮俗、醫學等，都有酒的身影。作
者以小見大，用酒的角度作為出發點，探究明朝政治社會文化的
發展，以酒為墨，渲染出一幅幅鮮活生動的明朝社會生活。

中國近代史（簡史）（六版）　　　　　李雲漢／著

中國近代三百年，一本全都知！豐富的圖文內容，帶您瀏覽中國
大江山河的歷史演變。本書敘事範圍橫跨三百年，從滿清建國至
民國九十年代，是一部層次分明，文字清暢的中國近代史。中國
近代史大家李雲漢教授詳盡敘寫了轟隆砲響下的大時代變化，從
晚清的近代化、中華民國對民主共和的追求，一路到近年來的兩
岸關係。

中國現代史（增訂九版）　　　　　　　薛化元／編著

本書分題論列中國與臺灣現代歷史的發展脈絡，並評析其歷史涵
義。對於這段歷史過程中的重大事件，論述不求其詳備，而取其
精義，且與時並進，希望能讓讀者有系統而概念性的理解。關於
這段歷史過程中諱莫難明的史事，也參酌最新研究成果，務求確
實無訛，盼望亦能讓讀者有超越傳統歷史論述的認知。

國家圖書館出版品預行編目資料

中國文化史／杜正勝主編;王健文等著.－－四版一
刷.－－臺北市: 三民,2023
面; 公分.－－

ISBN 978-957-14-7584-4 （平裝）
1. 文化史 2. 中國

630   111019046

中國文化史

主　　　編	杜正勝
作　　　者	王健文　陳弱水　劉靜貞
	邱仲麟　李孝悌

發 行 人	劉振強
出 版 者	三民書局股份有限公司
地　　　址	臺北市復興北路 386 號 (復北門市)
	臺北市重慶南路一段 61 號 (重南門市)
電　　　話	(02)25006600
網　　　址	三民網路書店 https://www.sanmin.com.tw

出版日期	初版一刷 1995 年 8 月
	修訂三版十刷 2016 年 6 月
	四版一刷 2023 年 2 月
書籍編號	S630040
I S B N	978-957-14-7584-4

三民書局